国家社会科学基金项目（13BJY137）：欧亚经济一体化背景下新疆外贸结构转型升级研究
子课题：供给侧结构性改革背景下新疆产业转型升级研究

供给侧结构性改革背景下
新疆产业转型升级问题研究

Research on Xinjiang's Industrial Transformation
and Upgrading under the Background of
Supply Side Structural Reform

龚新蜀　主　编

卢　豫　许晓莹　王　艳　副主编

中国财经出版传媒集团

经济科学出版社
Economic Science Press

图书在版编目（CIP）数据

供给侧结构性改革背景下新疆产业转型升级问题研究/
龚新蜀主编 . —北京：经济科学出版社，2019. 8
ISBN 978 - 7 - 5218 - 0808 - 7

Ⅰ. ①供… Ⅱ. ①龚… Ⅲ. ①产业结构升级 - 研究 -
新疆 Ⅳ. ①F127. 45

中国版本图书馆 CIP 数据核字（2019）第 184790 号

责任编辑：刘 莎 张庆杰
责任校对：蒋子明
责任印制：邱 天

供给侧结构性改革背景下新疆产业转型升级问题研究

龚新蜀 主 编

卢 豫 许晓莹 王 艳 副主编

经济科学出版社出版、发行 新华书店经销
社址：北京市海淀区阜成路甲 28 号 邮编：100142
总编部电话：010 - 88191217 发行部电话：010 - 88191522
网址：**www. esp. com. cn**
电子邮件：esp@ esp. com. cn
天猫网店：经济科学出版社旗舰店
网址：http://jjkxcbs. tmall. com
北京时捷印刷有限公司印装
710 × 1000 16 开 21. 5 印张 390000 字
2019 年 8 月第 1 版 2019 年 8 月第 1 次印刷
ISBN 978 - 7 - 5218 - 0808 - 7 定价：69. 00 元
（图书出现印装问题，本社负责调换。电话：**010 - 88191510**）
（版权所有 侵权必究 打击盗版 举报热线：**010 - 88191661**
QQ：2242791300 营销中心电话：**010 - 88191537**
电子邮箱：**dbts@ esp. com. cn**）

前　言

　　新一轮科技革命和产业变革与我国加快转变经济发展方式形成历史性交汇，国际产业分工格局正在重塑。从外部环境来看，世界各国掀起了一场"再工业化"的浪潮，种种迹象显示，世界各国正纷纷回归制造业，重视制造业的发展。以美国为首的西方发达资本主义国家纷纷调整经济发展方向，提出了复兴制造业的口号。2011年美国提出了"先进制造业伙伴计划"，希望能够复兴美国的制造业；2012年又提出了"国家制造创新网络计划"，试图创造出从科研成果到制造业产品的既能够有效竞争又能够持续发展的体系。德国于2013年提出了"工业4.0"的发展规划，希望能够在新一轮的世界制造业革命中继续独占鳌头。2013年法国总统宣布实施"新工业法国"计划，力图用10年的时间使法国工业重振雄风。2016年美国发布首份国家制造创新网络年度报告和战略规划。从内部环境来看，中国经济在保持长达30多年的高速增长，并成为全球第二大经济体后，经济发展步入了"新常态"。尤其是到2015年以后，中国经济的结构性分化趋势凸显，内需上升但投资下降，PPI与CPI连续低位运行，居民消费能力增强而实体企业利润下降，这种结构性失衡最终表现为"供需错位"，并且成为中国经济转型面临的最严重问题。产业转型升级对于解决经济中的产业结构、区域结构、要素投入结构、排放结构、经济增长动力结构和收入分配结构等六个方面的结构性问题具有重要意义。然而，中国制造业仍然大而不强，在自主创新能力、资源利用效率、产业结构水平、信息化程度、质量效益等方面与世界先进水平差距明显，转型升级和跨越发展的任务紧迫而艰巨。

　　2015年11月，习近平主席在主持召开的中央财经领导小组第十一次会议上首次提出供给侧结构性改革，并强调"在适度扩大总需求的同时，着力加强供给侧结构性改革，着力提高供给体系质量和效率，增强经济持续增长动力，推动我国社会生产力水平实现整体跃升"。2016 年 1 月 26 日，习近平主持召开中央财经领导小组第十二次会议，研究供给侧结构性改革方案，并指出："要在适度扩大总需求的同时，去产能、去库存、去杠杆、降成本、补短板，从生产领域加强优质供给，减少无效供给，扩大有效供给，提高供给结构适应性和灵活性，提高全要素生产率，使供给体系更好适应需求结构变化。"2018 年 12 月 21 日闭幕的中央经济工作会议认为，我国经济运行主要矛盾仍然是供给侧结构性的，深入推进供给侧结构性改革，必须坚持以供给侧结构性改革为主线不动摇，更多采取改革的办法，更多运用市场化、法治化手段，在"巩固、增强、提升、畅通"上下功夫。

目前新疆的经济运行同样存在结构性难题，新疆作为西部欠发达省区之一，经济发展主要表现为高投入、高耗能、高排放、低产出、低收益的特征，产业结构呈现出几大突出问题：一是加工制造业技术密集度低，回报率低，产值规模主要以资源环境的牺牲为代价。新疆加工制造业中严重依赖劳动密集型与资源型特色产业，技术密集型加工制造业稀缺，加工制造业各行业的利润率增长波动较大，价值链较短等问题严重制约着加工制造业的转型升级。二是新疆产业对石油、天然气、煤炭以及矿产开发为代表的资源型产业高度依赖，产业结构逐步向着重工业方向发展。新疆虽然拥有丰富的自然资源，但从自然环境特征上看，处于温带大陆性气候的新疆地区干燥少雨，土地多是沙漠、戈壁，绿洲面积不足全疆的 5%，生态环境极为脆弱，工业发展受生态环境约束明显。资源型产业带来了巨大的财富，但其高耗能、高污染的生产方式带来更多的环境污染，这种粗放的经济发展方式严重破坏了新疆生态环境，威胁新疆经济的可持续发展。三是新疆利用国际投资提升产业升级的动力严重不足。由于历史和区位因素，新疆市场化程度和对外开放水平较低，对国际市场的资金、技术等资源利用率偏低，无论是外商直接投资还是对外直接投资都比较小，国际参与度不足，严重阻碍了新疆产业结构的升级与经济的可持续发展。基于此，本书探讨了供给侧结构性改革背景下新疆的产业升级问题。通过对新疆的加工制造业的产业链升级、资源密集型产业结构转型升级、新疆资源型产业转型升级的金融支持、双向 FDI 驱动新疆产业结构升级以及新疆产业结构转型的环境效应及调控进行充分研究，旨在解决新疆经济发展中产业转型升级所面临的重大问题，提出解决方案和对策，以加快推进供给侧结构性改革，实现产业从数量增长向质量提升、要素驱动向创新驱动、分散布局向集群发展的根本转变，从而促进新疆资源优势转变为产业优势进而转变为经济优势。

本书综合运用经济学、管理学等学科的理论和方法，对供给侧结构性改革背景下新疆产业转型升级问题进行了研究，本书共分为六章。第一章概念界定与理论基础。主要对加工制造业、资源型产业、金融支持的内涵、双向FDI以及生态环境进行了界定，对价值链升级、资源型产业转型升级、金融支持以及资源型产业、双向FDI投资、产业结构转型的环境效应等相关理论进行了分析。第二章新疆加工制造业价值链升级路径研究。通过对新疆加工制造业自改革开放40年以来的发展历程及发展现状、具备的优势进行剖析，选取新疆规模以上企业的经济数据作为投入、产出指标的基础，运用DEA模型，量化新疆加工制造业价值链的升级效率，对新疆加工制造业价值链升级过程中所面临的基础设施相对落后、专业人才缺乏和政府行政能力亟待提升等问题及其背后的原因进行分析，最后提出了新疆加工制造业以OEM阶段–ODM阶段–OBM阶段为基础的价值链升级路径以及对策建议。第三章新常态下新疆资源型产业转型升级研究。通过阐述新疆资源型产业转型升级的基础、发展状况，从经济增长、科技进步、环境改善和结构优化方面构建评价指标体系，运用综合模糊评价法及结构方程模型对新常态下新疆资源型产业转型升级进行实证分析，从投资结构、人力资本、科技创新和对外开放四个方面对所设定的模型进行整体估计与检验，分析其对资源型产业转型升级影响的程度，并就上述结果从政策保障、自主创新、对外开放、协调发展四个方面提出相应的对策建议。第四章新疆资源型产业转型升级的金融支持研究。通过剖析金融支持资源型产业转型升级的作用机理，分析新疆资源型产业转型升级状况以及商业银行、资本市场、政策性金融支持资源型产业转型升级的现状，运用熵权法对新疆资源型产业转型升级与金融支持进行了协调度的测度，构建计量模型从金融规模、金融结构、金融效率这三个方面综合测评金融支持新疆资源型产业转型升级的效果，探究新疆金融支持资源型产业转型升级所存在的问题以及障碍，从金融规模、金融结构等层面提出相应的对策建议。第五章双向FDI驱动新疆产业结构升级研究。通过分析新疆双向

FDI 对产业结构升级的影响机制，从新疆双向 FDI 的规模、行业分布以及特点对新疆双向 FDI 现状进行分析，选取产业结构合理化、高级化与服务化作为产业结构升级指标，运用向量误差修正模型进行双向 FDI 驱动产业结构升级的合理化和高度化效果分析，测评新疆双向 FDI 对产业结构升级的影响效应，并引入金融发展水平、外贸水平、市场化水平、政府宏观调控作为制约因素探究双向 FDI 驱动新疆产业结构升级中存在的问题，最后提出基于双向 FDI 的新疆产业结构升级路径和保障措施。第六章新疆产业结构转型的环境效应及调控研究。分析产业结构转型的生态环境效应现状，并运用 IIISNE 评价方法构建新疆产业结构转型的环境效应评价体系，运用产业生态足迹确定产业结构对生态环境影响的权重，测算产业结构的生态环境效应指数，分析新疆产业结构转型存在的环境问题，并针对具体问题分析其存在的原因，同时作为依据提出对策及保障措施。

新疆具有特殊的使命，特殊的管理体制、市场机制和发展方式。而且，供给侧结构性改革背景下新疆产业转型升级问题涵盖了多学科多领域，绝非本书内容所能完全涵盖。随着学科的发展和供给侧结构性改革实践的不断创新，我们的研究也将会不断地深化。本书还存在许多不足之处，切望得到各位专家、学者和读者的指正！

目　　录

第一章

概念界定与理论基础

1.1 概念界定

1.1.1 加工制造业相关概念

1.1.1.1 研究对象与范围界定

加工制造业是对以采掘业产品与农业产品为原材料进行的加工，对加工工业的产品进行再加工，以及对工业部门中的零件进行装配的总称。包括冶金、化学、石油化工等，其主要特点是进行标准化、大批量的生产，并且以成本价格竞争为主要竞争模式。

本书为了研究新疆加工制造业价值链升级的路径，选取了新疆的食品制造业、纺织业以及有色金属冶炼及压延加工业等 19 个加工制造行业，对它们的价值链升级效率进行量化分析，并且将新疆农产品加工制造业以及资源型加工制造业这两大类新疆最具优势的特色传统加工制造业作为典型，对其进行具体分析。农产品加工制造业的价值链是指以满足消费者为最终目的，对农产品进行的能够使得该价值链上的各个环节都能实现价值增值的加工、运输以及销售等从农业到食品的一系列活动。为此，从新疆 19 个加工制造业中挑选出了 5 个新疆特色农产品加工制造业进行分析，分别是：农副食品加工业、食品制造业、饮料制造业、纺织业和造纸及纸制品业。在新疆的 19 个加工制造业中，将石油加工炼焦及核燃料加工业、非金属矿物制品业、黑色金属冶炼及压延加工业、有色金属冶炼及压延加工业等4个行业，作为新疆的资源型加工制造业的代表，对其展开研究分析。

1.1.1.2 价值链升级

在全球价值链的理论框架之中，加工制造企业通过嵌入全球价值链来获取技术水平的提高以及市场规模的扩大，通过提升自身的市场竞争力来向价值链中高附加值环节转移，最终实现由价值链低端向价值链高端转移。然而，嵌入全球价值链之后并不必然产生价值链升级的效应，因为现实中价值链升级是一个非常复杂的系统性工程，需要满足知识积累、政策支持、自主创新等多方面的条件才能实现。

汉弗莱和施密茨（Humphrey & Schmitz，2000）提出价值链升级的关键在于技术水平的高低与创新能力的差距，他们认为在价值链上的各个环节均一一对应着不同水平的技术，只有首先实现技术的升级才能实现生产环节向价值链高端的延伸。而大多数发展中国家在嵌入全球价值链之初，仅仅是以廉价的劳动力与自然资源为依托获取微薄的利润，并不重视企业发展与价值链升级所需技术条件的培育，以至于出现了诸多血汗工厂，不仅没能实现价值链升级的目的，反而存在陷入价值链低端锁定的危险。

1.1.1.3 OEM、ODM、OBM

OEM是指以代工以及贴牌生产的加工制造模式，是原始设备制造商Original Equipment Manufacturer的缩写。加工制造企业为了增加在技术与创新等方面的投入研发力度、减少用于生产的固定资产的投入，更愿意使用委托加工的方式将产品的生产与加工等低技术含量的生产环节进行外包。这种方式不仅节省了建设工厂与加工设备等固定资产折旧的费用，还能够根据市场供求变化灵活安排生产加工。与此同时，企业可以将节省的资金投资于技术含量更高、产品附加值更大，能够产生更高利润的环节。进一步提高产品的市场竞争力，使之能够在更高层次上开展资源配置活动，进而提升企业的盈利能力以及在价值链中的地位。

ODM是OEM的升级版，但是仍然属于代工的范畴，它是原始设计制造商 Original Design Manufacturer 的缩写。处于该阶段的加工制造企业在进行简单的加工组装基础上开始涉足产品的研发设计等高附加值生产环节。委托企业只需将关于产品功能以及质量的相关要求与构思提供给原始设计制造商即可，但是品牌仍为委托企业所拥有或控制。利用这种方式，委托企业能够有效减少自身的研发设计时间。在最终的销售环节上，仍需要依附于价值链上游委托方的品牌。

OBM 是原始品牌制造商 Original Brand Manufacturer 的缩写，处于此阶段的企业有机会参与到产品的研发设计生产等各个环节，其与 ODM 阶段最大的不同之处在于处于 OBM 阶段的加工制造企业拥有了自己的品牌，以自有品牌开展营销行为。能够在自有品牌的基础上占据价值链的高端环节，因而能够获取更多的品牌价值效益。OBM 需要加工制造企业较高的投资、学习能力以及源源不断地研发设计与产品创新能力。

1.1.2 资源型产业转型升级相关概念

1.1.2.1 新常态

"新常态"（New Normal）并非中国首创，早在 1997 年亚洲金融危机时期已经出现。第一次明确提出"新常态"的人应该是美国的罗杰·麦克纳米，他在 2004 年出版的《新常态——大风险时代的无限可能》，对新常态进行了定义和描述。2014 年 5 月习近平在河南考察的行程中第一次提及"新常态"；2014 年 7 月，习近平在和党外人士的座谈会上提出要适应中国经济阶段性特征，适应新常态；2014 年 12 月，习近平在中央经济工作会议进一步对"新常态"的时代特征进行了阐述，并指出中国经济正处于"新常态"。

1.1.2.2 资源型产业

学术界对资源型产业的内涵的阐述主要有：一是以能源和矿产资源开发为主的产业称为资源型产业；二是开发所有自然资源；三是从产业链看，指以资源发现、采选、保护、再生以及使资源性资产增值为目的的经济部门；四是专指矿业，即把采掘业作为资源型产业或称资源开发产业；五是认为资源型产业包括人文资源和自然资源的开发。

本书所研究的资源是指矿产性资源，即宇宙物质形成过程中由于地质翻转、断层等作用形成的，具有经济价值和储存价值的固态、液态和气态的自然资源。按照我国经济统计口径，结合新疆资源特点以及数据的可获得性和可操作性，具体选取资源型产业的行业范围包括：煤炭开采洗选业、石油和天然气开采业、黑色金属矿采选业、有色金属矿采选业、非金属矿采选业、石油加工及炼焦及核燃料加工业、非金属矿物制品业、黑色金属冶炼及压延加工业、有色金属冶炼及压延加工业九个行业。

1.1.2.3　产业转型升级

产业转型既指发展模式的转型，也指产业发展动力的转换，在某些方面上就是指以产业结构和组织形式变动为主的产业转型。而产业转型升级既囊括了产业之间的升级，也包括了各产业内的转型升级，它旨在对整个经济的需求结构和要素结构重新进行排列组合，随着对产业发展的转型升级而变化，具体包括经济增长、环境改善、技术进步和结构优化方面。产业转型升级的实质同时也是摒弃不合理的、过时的、不能满足时代要求的发展方式，即要求舍弃高投入而低产出，还对生态环境有不可逆转的负面影响，代替的发展方式是低投入带来高回报同时对环境造成的负面影响尽可能的低，甚至是不存在负面影响。这也是顺应经济规律、符合生产力发展的内在要求。

1.1.3　金融支持与资源型产业相关概念

1.1.3.1　金融支持的内涵

1. 金融支持

金融支持的概念比较宽泛，它针对的是在经济实体的实际条件下，来研究金融体系对经济发展过程中所起到的支撑与促进作用，具体表现为金融总量的提高、金融结构的适应性调整、金融效率的提高和金融市场的发展对经济发展的支撑和促进作用。从微观层面来说，因为企业是构成生产的主体，因此金融支持经济发展主要体现在金融为企业提供资金支持，就是对企业的金融支持；从中观层面来说，因为产业发展是构成经济发展的核心因素，因此金融支持经济发展就表现为金融对产业发展的支撑和支持，也就是对产业的金融支持；从宏观层面来说，因为经济总量的持续增长和经济结构的不断转型是经济发展的重要特征，因此金融支持经济发展就体现在金融对经济增长以及产业结构转型升级的支持，亦即在产业结构升级过程中，金融所起到的支持作用。

经济发展之所以需要强大的金融支持，其原因在于金融机构可以通过自身的发展和资金在不同产业间的分配，促进某一地区的产业发展，实现资本边际效率的提高，缓解经济发展面临的资金供求矛盾，有利于实现对区域经济发展的支持作用，确保区域经济平稳增长。现代经济增长理论以及一些国家或地区的实践也充分地证明了金融业发展程度的高低与该国或地区经济的增长呈一定程度的正向关系。也就是说一国或地区的金融体系的完善程度、金融规模的大小、金融结构的合理程度、金融效率的高低、金融工具的丰富程度都决定着经济增长的快慢。

本书将金融支持的类型按融资方式划分为直接金融和间接金融。间接金融主要是指资金有较多剩余的组织或部门和资金短缺的组织或部门之间，通过金融机构这个平台，通过信息交流与交换进而实现资金的流转通道。直接金融就是指最后的贷款者，即资金盈余较多的部门，而借款者就是资金短缺的部门，二者直接通过协商与沟通，不需要经过金融机构这个平台，就可以将盈余的资金顺利进入资金短缺的部门。

其中，间接金融主要以商业银行和政策性银行为代表，因为商业银行是间接金融中最典型的金融机构，是在《中华人民共和国商业银行法》和《中华人民共和国公司法》二者规范的基础上设立的吸收公共存款、发放贷款、办理中间业务、办理结算业务等一系列以营利为目的的企业法人。政策性银行则不是以营利为目的，而是主要由政府设立、参股等形式来引导的银行。政策性银行其融资对象是政府要扶持的特定行业，在经济活动过程中，它贯彻政府机构或者社会经济整体的大局，在政府要大力扶持的领域内进行筹资融资活动。政策性银行具有政府宏观控制管理的职能。直接金融主要指直接在金融市场上的资本市场进行融资，在该资本市场上，资金以及有价证券等其流动期限都是在一年以上。正是因为该金融活动过程中，资金使用时间比较长、有一定的风险但是收入比较稳定，所以称之为资本市场。资本市场一般包含债券、股票、基金等有价凭证，通过这些有价凭证的买入卖出，形成了资本市场的交易。对于本书新疆资源型产业转型和升级的研究，研究的对象将包括商业银行、政策性银行和资本市场等来全面分析其对转型和升级过程中的支持作用。

2. 金融支持的影响和决定因素

本书从金融规模、金融结构、金融效率这三个决定因素出发，阐述其对金融支持如何起到决定作用的。对金融规模来说，资本形成是资源型产业转型升级的金融基础，资源型产业资本有机构成的提高以及科技创新、科技成果产业化活动对资金需求量巨大，这将导致资源型产业比较严重地依赖资本；资源型产业转型或升级的一个重要前提就是必须要有资本总量的增加。在合理的社会动员方式下，可以将社会上金融剩余进行有效的集中和集聚，首先将金融剩余转化为储蓄，然后将储蓄经过金融机构这个中介平台使其能够在产业中进行有效的配置，进而成为产业发展的资金源泉。它对那些需要大规模技术创新的产业提供了巨大的推动力，对经济和产业的发展带来了巨大的活力。对于金融本身而言，各个国家具有不同的金融结构，金融结构能够影响储蓄转变为资本投资的效率和方式。金融结构主要由一个国家或地区的金融机构、金融工具、金融制度共同组成。随着经济的发展，金融结构也会不断地发生变化。金融发展就是金融结构进行进一步的优化。其表现为金融结构可以更好地支持产业发展、金融结构更趋于合理。金融效率的提升能够促进资源型产业进行升级的外在表现有两点：一是在资源型产业升级过程中金融资本总量的投资得到增加，在增加的过程中金融的规模并没有发生变化。二是资本能够通过金融体系这个平台顺利地导向资源型产业，为资源型产业的发展提供资本。

1.1.3.2 资源型产业的内涵

1. 资源型产业

资源指一国或地区拥有的人力、物力和财力等各种物质要素的总称，可分为自然资源、资本资源和人力资源三类。联合国环境规划署（UNEP）将自然资源定义为在一定时间、地点下能够产生经济价值，以此来提高人类当前和未来福利的自然环境因素和条件的总称，包括阳光、空气、土地、水、草原、森林、动物和矿藏等。资本资源则是经过劳动创造的各种物质财富。人力资源通常指一个国家或地区的总人口中，处于劳动阶段、未到劳动年龄和超过劳动年龄但具有劳动能力的人口之和。《辞海》将资源定义为"资财的来源"，特指天然财源。马克思认为自然资源和劳动力资源是创造社会财富的源泉。《英国大百科全书》将资源定义为人类可以利用的自然生成物及生成这些成分的环境功能。前者包括大气、水、土地、岩石、矿物及其森林、草地和海洋等，后者则指太阳能、地球物理化学的循环机能和生态系统的环境机能。经济学所研究的资源是不同于地理资源（非经济资源）的经济资源，它具有使用价值，可为人类所开发利用。工业经济中，自然资源的占有、利用与配置决定了经济的可持续发展。尽管 19 世纪工业革命以来，人类的科学技术水平在不断提高，开发资源的能力持续提升，但煤、石油、铁矿石等发展机器生产的主要资源很快成为短缺资源，逐渐制约了经济的持续发展。

产业是由英国经济学家马歇尔（A. Marshall）最早提出，指某一具有代表性和典型性的生产性行业，主要用于分析微观经济活动中企业最优经济运作。确切而言，狭义的产业指所有生产性行业、部门和企业，尤其是制造业的所有集合；广义产业指国民经济所有部门和行业，包括生产性和非生产性各行业的所有集合。现代产业经济学将产业定义为介于微观经济细胞（家庭和企业）与宏观经济单位（国民经济）之间，生产和经营同类产品的企业群。通俗来讲，就是不同类型企业的"集合体"。如社会生产就有工业、农业、商业、教育和文化等产业部门。如果进一步细分就有小的"集合体"。如工业部门又包括炼铁、造船、纺织等产业部门；农业部门又包括农业、林业和牧业等产业部门。

按照三次产业分类法，产业可分为第一产业、第二产业和第三产业。该分类方法是 20 世纪 30 年代英国经济学家费希尔（Fisher）在其著作《安全与进步的冲突》一书中提出的，随后，英国经济学家柯林·克拉克（Colin Clack）等进一步完善了产业三次分类法。我国根据《国民经济行业分类》（GB/T 4754 – 2011）对三次产业划分如下：第一产业指农、林、牧、渔业（不含农、林、牧、渔服务业），包括《国民经济行业分类》中的门类 A。第二产业指采矿业（不含开采辅助活动），制造业（不含金属制品、机械和设备修理业），电力、热力、燃气及水的生产和供应业，建筑业，包括《国民经济行业分类》中的门类 B、C、D、E。第三产业指除第一、第二产业以外的其他行业，包括批发和零售业，交通运输、仓储和邮政业，住宿和餐饮业，信息传输、软件和信息技术服务业，金融业，房地产业，租赁和商务服务业，科学研究和技术服务业，水利、环境和公共设施管理业，居民服务、维修和其他服务业，教育，卫生和社会工作，文化、体育和娱乐业，公共管理、社会保障和社会组织，国际组织，以及农、林、牧、渔业中的农、林、牧、渔服务业，采矿业中的开采辅助活动，制造业中的金属制品、机械和设备修理业。①

资源型产业是指以开发利用资源为主要基础原料的产业，是第二产业的重要组成部分。基于不同的研究视角和研究内容，资源型产业有不同的提法。如资源产业、自然资源产业、资源开发产业、资源型产业和矿产资源产业等。同时资源型产业的具体内涵也不相同。资源型产业代表性内涵有：一是将开发利用所有自然资源的产业，包括矿产资源、农业资源和旅游资源为基础的产业。张复明（2004）提出资源型产业是指将自然资源作为劳动对象的经济部门，如农业、林业、牧业和采矿业等。资源型产业的发展情况与自然资源具有较强的相关性，处于整个产业系统的基础性地区。基于不同类型的资源，该类型产业可以分为矿产资源型产业、土地资源型产业和森林资源型产业等。二是从广义资源型视角，提出资源型产业包括对自然资源和人文资源的综合利用产业。自然资源主要包括能源资源、矿产资源、土地资源、水资源和生物资源等，人文资源则包括人力资源与文化资源。三是将矿产和能源资源开发为主的产业称为资源型产业，包括采掘业和制造业中的资源加工业，是重工业的重要组成部分。四是从产业链的视角，认为资源型产业是指以资源发现、采选、保护、再生以及使资源性资产增值为目的的经济部门，包括资源勘察评价业、资源采选业、资源保护业和资源再生利用业四个层次（李山梅，2005）。五是专指矿业，指以矿产资源和能源资源为基础原料的产业，将采掘业作为资源型产业或者是资源开发产业（胡春力，2003；关凤峻，2004）。六是将矿产和能源资

---

① 卢国懿. 资源型产业转型与区域经济发展研究［D］. 北京：中国地质大学，2012.

源开发为主的产业称为资源型产业，包括采掘业和制造业中的资源型加工业，是重工业的重要组成部分。

2. 新疆资源型产业的界定

新疆是我国资源富集地区，拥有全国煤炭资源量的40%，陆上石油资源量的30%，陆上天然气资源量的34%，矿产资源在全国占有重要地位，目前已发现四千多处矿产地，上百个重要成矿带。矿产资源的开发利用决定着新疆经济的可持续发展。因此，本书所研究的资源是指矿产性资源，即由地质作用形成的，具有利用价值的固态、液态和气态自然资源，具体包括煤、石油和天然气资源。本书将资源型产业界定为以矿产资源开采利用为基础的工业部门，是指通过劳动、资金和技术投入而进行的矿产资源的开发与利用、保护与养育、更新与再生、增值和积累的生产事业，包括采掘业和矿产资源加工业。按照我国统计的行业分类方法，资源型产业包括煤炭开采洗选业、石油和天然气开采业、有色金属矿采选业、黑色金属矿采选业、非金属矿采选业、其他矿采选业、石油加工及炼焦业、化学原料及化学制品制造业、橡胶制品业、塑料制品业、非金属矿物制品业、黑色金属冶炼及压延加工业、有色金属冶炼及压延加工业、废弃资源和废旧材料回收加工业等14个行业。结合新疆资源特点，以及数据的可获得性和可操作性，具体选取资源型产业行业范围包括：一是采掘业中的煤炭开采洗选业、石油天然气开采业、黑色金属矿采选业；二是制造业中的石油加工炼焦及核燃料加工业、黑色金属冶炼及压延加工业、化学原料及化学制品制造业、化学纤维制造业、橡胶与塑料制品制造业，以及电力与热力的生产和供应业。

1.1.4 双向 FDI 与产业结构升级相关概念

1.1.4.1 双向 FDI

国际货币基金组织（International Monetary Fund，IMF）将国际直接投资（Foreign Direct Investment，FDI）定义为："在投资人以外的国家（经济区域）所经营的企业中拥有持续利益的一种投资，其目的在于对该企业的经营管理拥有有效的发言权。"它依据投资方向的不同，可以分为外商直接投资

（IFDI）和对外直接投资（OFDI）两个方面，其中 IFDI 是从东道国的视角来分析的，而 OFDI 是从投资国的角度分析的，为便于区分和理解，本书均使用 FDI 表示国际直接投资，OFDI 表示对外直接投资，使用 IFDI 表示外商直接投资。

1.1.4.2　产业结构升级

产业结构升级，是指经济增长方式的转变，如从劳动密集型增长向资本和知识技术密集型方式转变，是一个经济发展从量到质的转变，包括合理化、高级化与服务化。产业结构高级化主要是指一国或地区经济发展和产业结构的重心逐渐转移，产值、就业等均从第一产业向第二三产业转移的过程，第三产业比重越大，产业越呈现技术密集化、附加值高度化的趋势。产业结构合理化是指各个产业比例之间的合理度，即在经济发展中各个产业在要素的投入结构、产出结构之间的平衡度。产业结构服务化，随着信息技术爆炸式发展，对工业化国家的产业结构也造成了严重的影响，经济向服务化的方向不断发展，"经济服务化"成为国家经济发展的新趋势。

1.1.5　产业结构与生态环境相关概念

1.1.5.1　产业结构的概念及分类

1. 产业结构

产业结构指的是不同产业之间的构成情况，同时还包括不同产业内部所占的比重，是经济结构重要的构成要素。[①] 关于产业结构理论，从狭义的层面分析，产业结构理论注重对产业之间的组合与分布状态进行研究，其中涉及技术水平、经济效益等，主要是在质的方面挖掘产业经济活动的内在发展规律和其结构效益；从广义的层面分析，主要是在量的方面反映国民经济活动中产业之间以及产业内部的比重，侧重于对各产业的地位和作用进行研究。

---

① 苏东水. 产业经济学［M］. 北京：高等教育出版社，2005.

2. 产业结构的分类

产业分类指的是人类为了实现不同需求而对具有相似特点的经济活动进行划分，形成不同的集合。因此基于研究目的等因素，对于不同的产业而言在分类方面存在差异，包括三次产业、国际标准产业以及资源密集度三种分类方法。这三种方法侧重点各有不同，目前国际上常用的是三次产业分类法和国际标准产业分类法。

三次产业分类法是根据人类社会经济发展与自然环境之间的关系进行分类的，因此第一产业主要指的是种植业、畜牧业、林业、渔业这些直接从自然界索取资源的产业；第二产业主要指的是制造业、建筑业等对自然界资源进行再加工的产业；第三产业则指提供服务的相关产业，如交通运输业、金融业、餐饮业等。

3. 产业结构的演变规律

产业结构的发展和演变是每一个国家经济发展中必然经历的阶段，产业结构演变主要指产业结构内容不断发生变化，即不断自我完善更新的过程，本质是指产业结构从低级化向高级化的转变。

随着对产业结构研究的不断加深，人们对其内在的演变规律也进行了相应的分析。在产业结构演变中，发现第一产业的比重是逐步下降的，而第二产业则是先上升然后趋于平稳，第三产业则是逐步上升。相关理论中，比较经典的有：配第—克拉克定理、库兹涅茨法则、霍夫曼定理、赤松要雁行形态理论、钱纳里工业化阶段理论等。

1.1.5.2 产业结构转型概念

在对产业结构转型展开分析前，需要理解"转型"概念。转型是事物的一种根本性改变过程，其中涉及结构形态、运转模型、观念意识等，对"转型"一词要有深刻理解。[①] 在对"转型"的概念明确后，就更容易对产业转型进行理解。产业转型指的是产业通过对自身的发展和转变用以不断适应外部环境的变化。即由外延粗放型增长转向内涵集约型增长，产业发展也由依靠资源、土地等物质要素投入转向依靠技术进步、高素质人力资本和管理创

---

① 孙宝强. 珠三角地区产业结构转型升级的思考 [J]. 上海商学院学报，2011（4）：46-51.

新等创新要素驱动。

产业结构转型并不单纯指产业结构方面的变化，而是要综合考虑外部的各种影响因素，表现为生产要素在周围环境的变化下实现重新组合和重新配置的过程。产业结构转型能够促进产业从高投入、高污染、低附加值粗放型经济模式向低投入、环保型、高附加值转变。本研究认为产业结构转型是促进产业结构从低级水平向高级水平转变的过程，其根本目的是转变经济增长方式的类型，从而提高产业发展的效率，降低对生态环境造成的压力。

1.1.5.3 生态环境概念

生态环境指的是由生物和非生物等自然因素组成的生态系统集合。生态环境不仅仅包括各种自然要素组合，人类与生态环境有关联的活动组合也被包含在其中。相较于一般环境所存在的最明显的差异在于生态环境是从生态学的层面进行说明和阐述的，其中涉及各个要素之间所存在的关系和作用。[1]环境效应指的是人类活动对环境系统所产生的影响，人类活动会导致自然生态系统在结构和功能上发生变化，这种变化可以是正面的，即正效应；反之，这种变化也会威胁生态环境，即负效应。[2] 负效应指人类活动对环境造成了污染和破坏，进而引起生态系统结构和功能产生变化。

1.1.5.4 产业结构转型的环境效应

产业结构是人类活动的主要形式，不同的产业结构对生态环境造成的影响不同，因此产业结构转型对区域生态环境改善非常重要。环境效应表现为人类活动与生态环境之间的相互作用，其研究是认识和估计环境质量现状及变动趋势的重要依据，是评价产业结构转型引起生态环境质量变化的理论基础，对于产业结构转型和生态环境的保护具有重要意义。

产业结构转型的环境效应是指由于产业结构转型，即产业结构从低级水平向高级水平转变的过程中对环境造成的影响。产业结构转型促进产业从高

---

① 袁杭松，陈来. 巢湖流域产业结构演化及其生态环境效应 [J]. 中国人口·资源与环境，2010 (S1)：349 – 352.

② 刘海燕. 湖南承接产业转移的环境效应研究 [D]. 湘潭：湘潭大学，2013.

投入、高污染、低附加值向低投入、环保型、高附加值转变，带来正向的环境效应。本书所研究的产业结构转型的环境效应主要是指产业结构转型受所处阶段以及当地经济发展水平等影响，而导致产业结构转型的正向环境效应不能完全发挥，经济活动依旧超出生态环境自身的承载水平，从而造成一些环境问题。产业结构转型的环境效应还要受到其他一些因素的限制，其中最明显的因素是制度。环境经济理论中提到影响生态环境的因素有很多种，包括经济发展方式、城市化、科技水平等，但这些影响因素都是以一定的制度环境作为基础，或者是与制度环境联系起来发挥作用，因此制定与产业、生态环境协调发展的制度是促进产业结构转型最大程度发挥正向生态环境效应的基础保障。

1.2 价值链升级相关理论

1.2.1 国际分工理论

在全球化的市场环境之下，国际分工理论得以迅速地创新和发展。一方面，国际分工的出现为全球经济发展做出了巨大的贡献，另一方面，也不可避免地赋予发达国家更多掌控经济发展的权力，因而造成了国家之间经济的差异化发展。国际分工理论由产业间理论发展成为产业内分工理论，又进一步深化为产品内分工理论。国际分工理论的发展和演变的详细过程见表 1 - 1。

表 1 - 1　　　　　　　　国际分工理论的发展和演变

产业间 分工理论	绝对优势理论	劳动成本的绝对差异
	比较优势理论	两利取重，两害取轻
	要素禀赋理论	比较优势取决于要素丰裕程度
产业内 分工理论	水平分工	基于规模经济与不完全竞争
	垂直分工	基于比较优势与完全竞争

续表

产品内 分工理论	全球价值链理论	强调价值链上相对价值的创造和价值获取的重要性
	价值片段化理论	企业战略取决于国家的比较优势和企业竞争力的相互作用
	全球外包理论	将价值链上的非核心环节进行外包，专注于核心环节的发展

1.2.1.1　产业内分工理论

产业内分工理论是指基本特点相同的产品依据不同的款式、规格等进行的差异化分工模式。该理论根据分工原则的差异可分为水平型与垂直型两大类。水平型产业内分工是基于产品的差异性特征与属性进行的分工，一般可以将进行水平型产业内分工的目的归结为有利于越过各种贸易壁垒，节约运输成本，在产品质量、设计、销售条件及售后服务等方面适应各国多样化的需求，获得产品的非价格竞争优势。垂直型产业内分工是基于比较优势与完全竞争发展而来的，其目的是把生产经营活动转移至最能获利的区域，并且将成本压缩到最低，以便获得比较优势利益以及通过对特定商品的集中生产带来的规模利益。

克鲁格曼（Krugman，1979）指出产业内分工可以使厂商能够更加关注自身优势商品的生产，更好地发挥规模经济的优势，不仅能够有效降低消费者的购买费用，还能够极大化地丰富商品类别。兰开斯特（Lancaster，1980）提出应当将产品看作是一系列特征融合后的商品。例如，一套家具便是由其所具有的独特的外观、材质、功能等一系列特征融合后的商品，正是由于这一系列特征的融合才能够更好地吸引顾客。

1.2.1.2　产品内分工理论

产品内分工是国际分工理论在精细化生产方向上的进一步细化，厂商由原来的对整件商品的加工生产转变为对商品内部某一零部件的加工生产，生产同一件产品的各个生产环节被分散开来，不再是原来的由同一家厂商集中进行生产。产品内分工理论的核心是标准化生产，即无论是将该产品的生产委托给哪个国家哪个企业均能生产出所要的标准化产品。其生产的各个环节由在各环节中最具有比较优势的厂商所获取。但是占据价值链附加值高端的跨国公司往往会以技术标准作为结构性锁定的控制手段，导致了处于价值链低端环节的企业一旦陷入低端锁定的泥潭便无法轻易摆脱困境。因此在新疆加工制造业发展初期更应该采取合适的手段打破由于国际分工造成的被锁定于价值链低端的命运，实现新疆加工制造业价值链升级。

1.2.2 全球价值链理论

波特（Porter，1985）提出了价值链的概念："每一个企业都是在设计、生产、销售、运输和售后服务的过程中进行种种活动的集合体，这些互不相同但又相互关联的生产经营活动，构成了一个创造价值的动态过程，即价值链（Value Chain）。"可见，波特的价值链概念主要指的是企业价值链。科古特（Kogut，1985）针对价值链的空间分布展开研究，认为国际商业战略取决于国家比较竞争优势以及企业竞争能力二者之间的相互作用力，为全球价值链奠定了理论基础。克鲁格曼（1995）在对生产加工过程被分割的情况进行研究分析之后，提出了价值链"片段化"这一概念。盖列夫（Gereffi，1999）提出了全球商品链（GCC）的概念，借此描述了依赖产品加工生产过程的跨国企业组织。该理论将产业链与价值链有机结合在一起，衍生出了生产者驱动的全球商品链以及购买者驱动的全球商品链。不久盖列夫（2001）又提出了全球价值链这一概念，根据比较优势、要素禀赋以及竞争优势对跨国企业的组织网络展开研究。联合国工业组织（2002）在对多位学者研究的成果综合考量之后，对全球价值链的概念进行了新的定义：是指以实现商品或服务的价值为目的，将生产、销售、回收处理等环节联系在一起的全球性的企业网络，该企业网络涵盖了原料采集、中间品与产成品的运输、生产以及销售，直至最终消费和回收处理的全部过程。在全球价值链理论体系中价值链升级作为全球价值链的核心内容，是指处于全球价值链之中的企业，或者是还没有嵌入全球价值链的企业依托全球价值链获得更高的技术以及更广阔的市场，通过提高企业在市场中的竞争力，最终实现提高收益的动态经济活动转移的过程。在这一体制下，广大发展中国家依赖自身廉价的生产要素以代工为嵌入点进入到全球价值链的加工制造环节中，以资源与环境的昂贵代价获取微薄的利润，而西方发达国家凭借自身的资本技术等优势占据价值链的利润高端环节攫取大量财富。全球价值链的形成使发展中国家制造业迎来了前所未有的发展机遇，我国的制造业也是通过参与国际分工嵌入了全球价值链，最终成为世界制造业大国。全球价值链发展演变的详细过程见表1－2。

表1－2　　　　　　　　　　　全球价值链的演变过程

价值链理论	企业价值链理论	片段化价值链理论	全球商品链理论	全球价值链理论
代表人物	波特	科古特	盖列夫	盖列夫
提出时间	1985 年	1985 年	1999 年	2001 年
主要观点	企业之间的竞争是整个价值链的竞争	国家比较优势和企业竞争力的相互作用促成了国际商业战略	围绕商品的生产过程形成了跨国生产组织	围绕商品的生产过程形成的跨国跨企业的网络组织体系

自20世纪90年代以来，全球价值链理论被广泛运用于产业转型升级的分析研究之中。越来越多的专家学者从全球价值链的视角来看待国际分工与产业转型升级等一系列问题。全球价值链理论起源于西方发达国家，国外关于这一理论的研究更加丰富而悠久，为本书研究加工制造业的价值链升级路径提供了丰富的理论基础。国内的专家学者往往更侧重于该理论的实用性研究，希望能够借此解决我国经济发展的部分问题。张旭波（1997）作为早期关注全球价值链理论的国内学者之一，对该理论进行了详细的介绍，为该理论在国内的传播做出了巨大贡献。张辉（2004）对全球价值链进行了概括性的总结研究，并对发展中国家如何通过全球价值链促进本国经济实现产业升级进行了深入研究。陈柳钦（2007）运用价值链理论分别对产业各个环节中的价值属性问题进行了分析研究，指出相同产业价值链之中以及不同产业价值链的上下游企业之间均存在着链式效应。

1.2.3　微笑曲线理论

著名的"微笑曲线"理论是1992年时由宏碁集团创始人施振荣提出。以此作为宏碁的策略方向，并成功指引宏碁自创了 Acer 品牌。微笑曲线两端朝上，左端是研发环节，中间是制造环节，而右端是营销环节。在产业价值链中，高附加值集中于曲线的两端，也就是研发设计和营销环节。位于中间的生产制造环节则具有最低的附加值。为了获取更高的附加值和更丰厚的利润，产业应着重于向微笑曲线的两端攀升。在初始阶段增强科技创新和研发能力，在微笑曲线的右端注意提供优良的营销和服务以满足客户的需求。微笑曲线所展示的这一现象广泛存在于各行各业，在加工制造业中尤为凸显。在微笑曲线中，曲线两端环节的利润涵盖了全部利润的90%以上，而在曲线中部环节的利润占全部利润10%以下。从微笑曲线理论中我们可以看出，企业生产拥有高附加值的产品与服务，才能够拥有获得高额利润的可能性，企业才能获得更好的生存与发展空间。

1.3 资源型产业转型升级相关理论

1.3.1 资源禀赋理论

资源在生产中也被称为要素，资源禀赋也就是指在一个国家或地区所涵盖的范围内的用于生产的各种要素，包括土地、资本、技术、劳动力等，这些要素的多寡反映了该地区或者国家的资源富裕程度。埃利·赫克歇尔（Eli Heckscher，1919）的《对外贸易对国民收入之影响》与贝蒂尔·俄林（Bertil Ohlin，1933）的《域际贸易与国际贸易》刺激了要素比例学说的萌芽，该理论的另一个名称是以二人的名字命名，即赫克歇尔—俄林资源禀赋理论（H－O理论），以表示二人对该领域所做出的巨大贡献。但是该理论有两个前提条件：其一，任意两个地区间的生产技术是无差异的；其二，地区间产品的差异主要是生产要素的价格差异。而用于生产的要素价格之间的不同主要是由不同地区的资源禀赋条件决定的，由此国际分工和贸易应运而生。

资源禀赋理论认为，一个国家出口的产品应该是那些密集使用他们丰裕的生产要素生产的，而进口的产品应该是那些密集使用他们稀缺的生产要素生产的。要素的丰裕程度是相对而言的，衡量生产要素丰裕程度的标准，不

是该要素的绝对量，而是该要素在一国中总要素中所占的比例。一个地区的
比较优势是由该地区的资源禀赋决定的，因此，某种意义上来说，资源禀赋
理论实际上也是一种比较优势理论。

1.3.2 循环经济理论

20 世纪 60 年代波尔丁指出循环经济是对资源的高效循环利用，实现由
生产过程中资源消耗小、污染排放少、产品生产效率提高，转变为依靠清洁
生产为主、经济和生态环境可持续发展的生态产业链。循环经济在低排放、
低消耗、高产出的基础上强调 Reduce、Reuse、Recycle 原则，即尽量减少投
入的资源量，提升产品的服务质量，减轻资源和环境压力。

从资源流动的组织层面上看，循环经济发展主要是三个层面：企业自身
内部小循环，依靠企业自身科技的发展，充分发挥创造力，提高资源的利用
效率、减少废物排放，构建微观循环经济建设体系；区域经济发展的中循环，
以产业聚集区为载体实现物质循环，构建以企业生产和产业发展的区域循环；
整个社会的大循环体系，在整个社会内部建立包括生产、消费和回收利用在
内的生产和消费物质大循环，并建设符合循环经济发展的社会体系。从资源
利用的技术层面来看，循环经济发展主要是三个方面：资源的高效利用，建
立高新技术的发展和循环经济制度，有效的提升资源利用率以及要素的单位
产出率；循环利用，通过循环产业链来实现循环利用、资源的有效利用；废
弃物的生态处理，将有效地减少生产过程和日常生活对环境的污染破坏。

1.3.3 可持续发展理论

由于自然资源的不可再生性，资源枯竭地区的可持续发展发展不仅是我
国也是全世界面临的重要问题。可持续性是在时间维度上研究对资源的有效
和合理利用。可持续发展理论是资源型产业转型升级的基本理论基础，也是
资源型产业转型升级最终要达到的目标。

20 世纪 70 年代，莱斯特·布朗出版《建设一个可持续发展的社会》。20
世纪 80 年代，第四十二届联合国大会上表决通过《我们共同的未来》，至

此，可持续发展内涵被确定为："既满足当代人的需要，又对后代人满足其需要的能力不构成危害的发展。"其重点关注经济增长的可持续性，不以破坏环境为代价换取实现经济增长，提出资源环境应该与经济发展同等重要，只有实现了保护，才能实现发展。可持续发展本质上包括资源与环境的可持续和经济与社会发展的可持续。

1.3.4 产业转型升级理论

产业转型升级理论的相关学术研究主要分为两个方面：其一，研究推动产业转型的动力究竟是什么；其二，产业转型升级的未来前景是什么。比较得到学术认可的产业转型理论有二元经济理论、主导部门理论、不平衡发展理论以及两基准理论。而产业转型升级过程中必然伴随产业结构的调整，现阶段主流的产业结构理论主要有雁形模式理论、技术周期理论、梯度转移理论等。这些理论研究都为产业转型升级的未来发展趋势提供了重要的理论支撑。

1.4 金融支持与资源型产业相关理论

1.4.1 金融发展的相关理论

金融理论的发展，主要涉及金融结构理论、金融抑制理论、金融深化理论、金融生态理论。

1.4.1.1 金融结构理论

美国的金融学家雷蒙德·W. 戈德史密斯（Raymond W. Goldsmith）是最早开始对金融结构理论进行系统研究的学者。在他的理论中，金融体系由金融结构和金融工具两者共同组成。金融结构就是经营金融业务的机构，这些机构包括从事证券、银行等业务的企业。金融工具主要是指所有权凭证和债券凭证，如股票、债券等。建立在此体系的基础上，戈德史密斯发展了用来衡量一个国家或地区金融发展的指标。在他的理论中，金融发展的本质是金融结构的变化。要想研究金融发展的历史，必然要研究金融结构在金融发展过程中其发生的变化过程以及趋势。据此，他提出了金融结构理论，无论是从研究方法上还是从基本结构框架上，他建立的理论对以后的金融发展和金融理论都产生了非常重要的影响。

1.4.1.2　金融抑制理论

金融抑制理论主要是指政府在对金融进行管制的过程中，过多地干预了金融体系，进而影响到金融活动，使得金融体系的发展受到抑制。金融体系发展的滞后阻碍经济的发展，经济的发展落后又反过来影响金融体系的向前发展的步伐。政府对金融干预的手段主要包括不符合市场价值发现规律的扭曲利率、汇率等政府政策。金融发展的基础是经济的快速发展，而金融的发展反过来又可以推动经济更快地发展。麦金农批判了传统的货币理论和凯恩斯主义，同时他用哲学的辩证思维论证了金融发展与经济发展之间的相互促进、相互制约的关系。在该理论中，他研究了发展中国家的财政政策、货币政策是通过如下的方式影响市场经济运行的。他认为实际货币余额与物质资本二者的关系是相互补充的。较低的存贷款利率将会使金融机构中能吸收到的实际货币余额很低，如果想让财政政策对货币体系能够有实际的影响，社会中的借贷组织必须对存贷款的实际利率非常敏感才行。在金融抑制的国家或地区，社会存款的实际收益率会很低，这样无疑会使得社会资金动员效率低下，存储量比较少。而银行的利率主要由政府来进行管制，自身并不能够根据市场的风险程度决定利率的高低，在实行低利率的情况下，低收益的企业或项目无疑会继续生存下去，而对于那些高风险高收益的项目来说，就很可能因为银行出于安全的考虑而不将这些资金借给他们，即使能够借贷，也只是政府政策下的定额数量，远远不能满足这些规模项目的需求。所以这些高风险或高技术产业只能借助于非正式的资本市场，这样就产生了民间借贷。

1.4.1.3　金融深化理论

现代的金融发展理论，是美国的经济学家麦金农和肖（McKinnon & Shaw）

于 20 世纪 70 年代提出来的。金融深化论是相对于金融抑制论提出来的，在实践中就是指金融的自由化，所谓金融抑制就是金融压制。麦金农和肖相信，金融和经济二者是相互影响的，要发展经济，必须发展金融，而要实现金融促进经济的发展，就要构造竞争性的金融体系。健全的金融体系可以将储蓄有效地转化为投资，进而促进经济的发展。而经济的发展又可以使得储蓄和投资都得到提高，进一步促进金融的发展。而在部分发展国家中，其实行抑制性的金融政策来压低利率，这样就会造成经济和金融的发展缓慢。因此，只有摒弃金融压抑，充分发挥市场的配置作用，才能促进金融与经济良性循环。金融深化理论突出了金融在经济发展中的作用，为发展中国家促进经济发展提供了一个全新的视角，深远地影响着发展中国家金融政策的制定与实施。

1.4.1.4 金融生态理论

金融生态是对金融的内外部发展要素、金融质量、金融效率以及金融各因素之间相互关系进行的系统性抽象。金融生态最早由我国的经济学家周小川博士提出，他将生态学的概念运用到金融领域，并指出可以用生态学的分析方法解决金融发展中的问题。金融生态是一个比喻，其主要指金融的外部环境。有三大类主要因素影响金融生态：体制性因素、基础性因素和环境性因素。该理论认为，当前我国的金融生态环境不容乐观，金融生态系统不稳定，如果这种情况不能够有所转变，继续这样下去，就会威胁到我国金融的稳定发展，进而对我国经济的发展造成巨大的影响。将生态的观念引入金融领域，是金融理论的一个创新，它体现了经济发展要以人为本、全面协调可持续的科学发展观。金融生态理论的提出，实质是为了强调金融的可持续发展，即金融机构通过对金融体制和机制的不断调整，有效配置金融资源，提高金融质量，提升金融效率，进而实现经济和金融全面、健康、可持续的积极运转。

1.4.2 资源型产业转型升级的相关理论

1.4.2.1 产业转型

产业转型有广义和狭义的概念。广义的产业转型主要是指依据产业为基础，将生产者和消费者都联系进来，以此来研究经济、环境、社会相互之间变化的动态系统，可以近似地看作是产业结构的升级，同时也反映出在经济活动过程中的转变，并不是简简单单的某一个产业部门的转型。这其中涉及的产业链是为生产社会需要而进行的整个经济活动过程，所以产业转型可以看作是基于社会发展需要而进行生产与消费的过程转型。

狭义的产业转型有几大类：第一类，产业关系的转型。产业关系的变换包含着产业结构深层次的变化以及纵向相关产业也随之发生变化，这个变化过程既可以是渐进性的逐渐适应，也可以是突变来使其尽快完成。从制度上来讲，可以通过产业所在场所的财产所有权的归属问题、雇主与雇员之间的劳动关系、私有制和公有制等相关信息来判断是否发生了产业转型。第二类，产业结构的转型，就是所谓的产业的升级。一般来说，产业转型的实质是产业结构进行新的调整，主要以关键的产业部门的转变为特征，其本质就是生产要素的重新组合与替代。该类转型主要围绕产业结构的调整以及为解决这些问题而制定出相应的政策。第三类，产业布局重组。该理论认为产业的转型就是将传统的产业布局结构转变为以高科技为依托的高新技术产业以及提高人们生活水平的服务业等新型产业结构。第四类，产业机构重组。也就是微观层次上的产业转型，对不同规模的不同层次的企业之间进行新的协调分工和企业重组行为进行新的调整。综上所述可以发现，我们可以把狭义的产业转型简单地概括为在一个国家或地区的经济发展过程中，产业结构、产业组织、产业关系等发生明显变化的过程或状态。本书的产业转型主要是指狭义的产业转型。

1.4.2.2 产业升级

产业转型包括宏观角度和微观角度两种层面。从宏观层面上来看，产业转型就是指产业由原来的附加值较低、科技水平含量低的状态向附加值较高、科学技术水平含量高的状态演变的过程。其本质就是产业结构的变化，它包括两种资源配置情况：第一种是在定量资本获得定量利润的导向下，各种要素在国家经济各个产业中自由流动；第二种是在自由市场导向下，各种要素在某一个固定产业内部从低效率的企业或部门向高效率的企业或部门流动。如果考虑到某个产业的国际化背景，产业结构的转型与升级的概念也会发生相应的变化。此时产业结构的转型与升级不仅包括产业由劳动密集型产业向资本密集型、技术密集型产业方向转变，更重要的是还包括在一个产业的内部，产业的结构逐渐从劳动密集型向技术密集型、资本密集型的转换与升级。

从微观角度来看，产业的升级主要是关注生产要素的转移。通常情况下，企业的生产要素从劳动密集型向资本密集型、技术密集型转变，进而带动了产业的升级。盖列夫和塔姆（Gereffi & Tam，1998）认为产业升级就是企业从劳动密集型向资本密集型、技术密集型以及高利润实体转变的过程。在转型的过程中，企业在产业中的地位也将进一步地提升。蓬（Poon，2004）依据他对制造业的研究认为，产业升级就是将制造业由低附加值向技术和资本密集型的具有高附加值产业的转型。综合产业升级的微观和宏观层面来看，产业升级就是在特定的国家内外资源和经济环境条件下，产业采取一定的措施，进而提高产业的结构和发展水平，以此促进国民经济的更好发展。

总体来说，产业转型与升级在其发展的过程中具有比较明确的方向性。它既有静止也有变动，既有向上升级运动的可能，又有向下退化运动的可能。产业的转型和升级是一个密不可分的整体，包含着产业组织、产业结构等多方面的共同影响。

1.4.3 金融支持与资源型产业转型升级的相关理论

资源型产业转型与升级资本基础就是要有一定的金融规模，也是其转型与升级过程中筹资融资的巨大储备库；金融结构则是将金融资源转化为能够为转型与升级可以利用的金融资本。高效率的金融资本分配模式是金融资本通过金融结构转化为可利用金融资本的关键性因素，直接决定着金融支持资源型产业转型升级的速度与力度。金融效率、金融结构、金融规模三者之间还可以更进一步地解释为，金融规模是金融效率提升的前提，金融效率提升是金融功能提高的体现。它包括金融产业的内部效应和产生的外部效应。这三个方面互相依存，它们共同构成一个有机体，完整地构成了金融支持制度，一起决定着资源型产业转型升级的金融支持制度的运作功能与运作效率。大小适度的金融规模、优化合理的金融结构、稳定高效的金融效率是资源型产业转型升级的重要基础条件，也是金融支持制度建设与改革的努力方向和奋斗目标。

资源型产业转型升级的金融支持是资源型产业和金融业两个产业交织的互动性机制，作为一种旨在促进资源型产业转型升级的制度安排，其作用于资源型产业转型升级的机制可总结如下：在特定的金融制度框架内，通过资本市场与信贷市场、金融机构以及金融政策体系，对金融资本的投资方向、投资规模都产生一定的影响，而且为资源型产业进行融通资本服务，优化市场结构，最终实现产业向更高层次发展（如图1-1所示）。

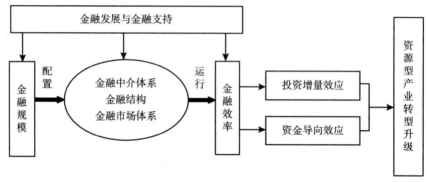

图1-1　金融支持资源型产业转型升级传导机制

1.5　国际投资相关理论

1.5.1　垄断优势理论

垄断优势理论（Theory of Monopolistic Advantage）最早由美国学者斯蒂芬·海默（1960）提出。该理论认为国内企业对外直接投资的主要原因是市场的不完全性，对外投资企业具备某种有利于对外直接投资的特定的垄断优势，其不仅能够抵消投资企业在投资国所面临的成本和劣势，还能使投资企业在东道国获得远高于在国内经营的利润。垄断优势理论的基本观点如下：第一，国际直接投资的出现是以市场的不完全性为基础的；第二，企业进行对外直接投资的根本目的为利润最大化。

垄断优势理论首次将对外直接投资作为独立的形态存在，首次系统阐述了对外直接投资的相关理论。然而其研究是以发达国家的对外直接投资为依据的，很难对 20 世纪 60 年代以后，日益增多的且并不拥有特定垄断优势的发展中国家的对外直接投资现象进行解释。而且其理论也并没有指出相比出口、专利许可等方式，企业进行对外直接投资的具体情况。

1.5.2 内部化理论

内部化理论（Intenalization Theory）仍是以市场的不完全竞争为基础，从中间产品的外部交易成本出发，认为当中间产品的外部交易成本太大时，企业为降低最终产品成本，会将中间产品内部化，企业进行对外直接投资的本质也是一种内部化的过程，通过实现跨国生产经营的内部化，从而降低交易成本。

相比垄断优势理论，内部化理论一定程度上解释了企业选择对外直接投资而不是出口或者是专利许可的方式。但是，由于其研究对象仍然是发达国家的跨国公司对外直接投资行为，对日益增长的发展中国家对外直接投资的解释依然不足，但具有一定的借鉴意义。发展中国家对外直接投资的目的为获取中间品或自然资源时，其本质也是将中间品内部化的过程。

1.5.3 边际产业扩张理论

边际产业扩张理论（Theory of Marginal Industry Expansion）是基于国际贸易中的比较优势理论，小岛清对日本及少数欧洲国家的情况进行研究发现，对外直接投资的企业往往为本国处于或即将处于比较劣势，而在东道国仍具有比较优势的产业，他认为一国或地区进行对外直接投资应该从母国的边际产业进行，通过这种边际产业的转移，能够同时使得母国与东道国均获益。东道国通过接纳本国仍然具有比较优势的产业，学习相关技术和经验，提高东道国的经济水平和技术水平，而且，母国进行边际产业的转移，也可以释放国内相应的市场和资源，为其新的比较优势产业或者朝阳产业提供发展的机遇和保障，进而也达到提升母国经济发展水平和优化产业结构的目标。

边际产业扩张理论从对外直接投资的东道国与母国两个层面进行考虑，其结论认为对外直接投资行为对双方均有积极的影响，为我国进行双向 FDI 战略提供了理论基础，无论是 OFDI 还是 IFDI 均有利于我国经济的发展和产业结构升级。

1.5.4 小规模技术理论

小规模技术理论（The Theory of Small Scale Technology）首次将发展中国家对外直接投资与发达国家的对外直接投资行为进行对比，发现两种 OFDI 行为所依赖的竞争优势截然不同。相比发达国家对外直接投资，发展中国家企业优势主要有三个：第一，发展中国家具有的小规模技术能够满足小规模市场的需要；第二，考虑到自身低成本生产的优势，发展中国家对外直接投资具有低价营销策略；第三，与发达国家较为发达的工业制成品相比，发展中国家在民族特色产品等特殊产品的生产上具有生产优势。

该理论首次针对日益增长的发展中国家对外直接投资行为进行解释，虽然该理论仍然具有局限性，难以解释发展中国家处于价值链较为高端的高技术企业对外直接投资行为，但仍然为后继学者分析发展中国家 OFDI 行为提供了新的思路。

1.5.5 双向 FDI 驱动产业结构升级机制分析

1.5.5.1 OFDI 驱动产业结构升级的机制分析

1. 转移传统产业，优化资源配置

产业结构升级从资源配置的视角来看，就是资源在各个产业和区域中达到资源最后配置的过程。在经济发展过程中，由于产业比较优势的动态变化，往往会将劣势产业资源转移到新兴产业中，从而达到资源的最优配置。但是由于一些行业和生产要素，沉没成本较大，存在较大的转出壁垒，在国内很难转移到新兴产业中去。此时，将过剩的生产要素通过 OFDI 的方式转移到其他相对具有比较优势的国家，不仅可以释放出一部分生产要素，促进新兴产业在国内的发展，还可以从海外继续获取较高的经济利润，以扶持国内新兴产业的发展和改造传统产业，从而共同推动国内资源配置的优化和产业结构的升级。传导机制如图1-2所示。

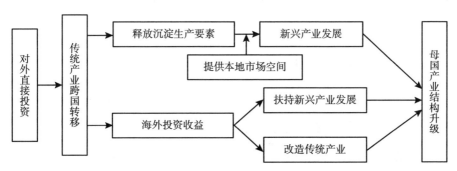

图1-2 OFDI通过转移传统产业的母国产业结构升级驱动机制

2. 关联产业效应，促进产业结构优化

日益增多的对外直接投资必然会导致国内市场的变化。一方面，当关联度较大的产业转移到国际市场，为了能在竞争更加激烈的国际市场中保持竞争力，会提升国内中间产品和关联产品或服务的要求，带动国内相关联产业的发展，提升其生产效率和产品服务质量，促进国内产业结构升级；另一方面，由于对外直接投资带来的技术进步，投资行业会直接提升自身资源的利用率提高社会的整体生产率，带来更大的经济波及效应，带动同行业整体水平的发展和技术升级，驱动机制如图1-3所示。

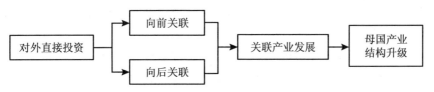

图1-3 OFDI通过产业关联效应驱动母国产业结构升级机制

3. 产业竞争效应，促进产业结构升级

对外直接投资将促使国内具有竞争力的企业率先进入国际市场，更加激烈的国际市场竞争，必然会迫使企业提升自身的竞争力。这种竞争力的提升将导致国内同行业竞争压力不断增加，从而带动国内同行业内的竞争效应。产业竞争效应能促使企业努力提升自身的技术和产品服务质量，促进产业结构升级。这种同行业的竞争效应会不断渗入到相关产业，最终提升整个国内市场的竞争形态，推动整体经济的产业结构升级，如图1-4所示。

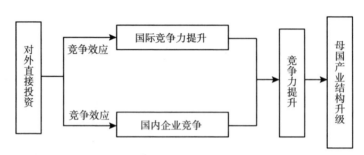

图1-4　OFDI通过竞争效应驱动母国产业结构升级机制

4. 不同动机 OFDI，驱动产业结构升级

参考邓宁等人的划分标准，按照投资动机可以将 OFDI 划分为资源寻求型、市场寻求型、技术寻求型与战略资产寻求型四种，其分别具有不同的驱动机制。

（1）资源寻求型驱动机制。资源是经济发展的重要基础，但并不是所有的地区都能够拥有丰富的自然资源供自己发展。在资源不足的情况下，尤其是一些制约性资源，一国或地区能够通过对外直接投资获得这些关键性资源的稳定供给，从而保障国内产业的安全发展。并且，对外直接投资往往也能带来技术的溢出，从而减少对传统资源的依赖，并且通过关联效应，促进其他产业的发展，最终促进产业结构升级。

（2）市场寻求型 OFDI。充足的市场是促进经济快速发展的重要因素，随着国内经济的发展，开拓国际市场成为本地成熟产业发展的重要举措，然而通过产品的出口，往往会遭到其他国家贸易壁垒、高额关税等贸易保护的阻碍，选择对外直接投资的方式成为企业开拓国际市场的重要方式，能够有效地扩大本国成熟产业的国际市场。另外，成熟产业的国际转移，往往也会带给新兴产业更多的市场空间和发展资源，从而促进产业结构的优化升级。

（3）战略资产寻求型 OFDI。随着企业竞争进入到一个新的层次，战略资产成为增强企业竞争力重要因素。通过对外直接投资获取国外高质量的战略资产，比如品牌、供销链等，可以有效地提升企业的国际知名度和销售效率，有利于本国企业国际竞争力的提升。通过竞争与关联效应，进而带动整个产业的发展和竞争力的提升，从而促进母国产业结构升级。

（4）技术寻求型 OFDI。技术是第一生产力，是产业结构升级的重要推动力。由于研发的高额成本，发展中国家要想迅速提高自身的技术水平，引进国外技术是重要的发展方式。技术寻求型 OFDI 就是以国外先进技术为获取目标，能够较为有效地避免发达国家的技术保护，通过直接融入本地的生产和消费中，近距离学习和吸收先进的技术，然后通过技术的逆流，促进本国产业的发展和技术的革新，进而促进产业结构的升级。

不同动机的 OFDI 驱动产业结构升级的机制如图 1-5 所示。

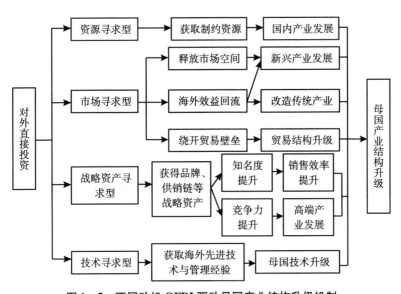

图 1-5 不同动机 OFDI 驱动母国产业结构升级机制

1.5.5.2 IFDI 驱动产业结构升级的机制分析

1. IFDI 影响东道国的需求结构和供给结构

外商直接投资作为影响东道国需求结构和供给结构的重要影响因素，通过推动东道国需求结构和供给结构的优化进而推动东道国产业结构的优化升级。一方面，外商直接投资的引进往往会带动国内一些新兴行业和比较优势行业的兴起，生产出新型高质产品，刺激东道国的消费需求。而且，外商投资行业能够提升国内中间品和原材料的需求质量，也往往会刺激国内关联产业的发展，带动东道国生产的需求结构的提升，因此，外商直接投资能够通过提升东道国的生活消费需求结构以及生产需求结构，进而带动东道国需求结构的提升。另一方面，外商直接投资能够提高东道国的储蓄水平，弥补国内储蓄不足的弱点，并且对外直接投资能够有效地促进东道国的出口，不断提升其出口结构和供给结构，进而促进东道国产业结构的优化与升级（如图1－6所示）。

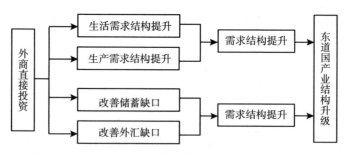

图1－6　IFDI通过影响供需结构驱动产业结构升级机制

2. IFDI 的技术溢出效应

外商直接投资的引入势必会对东道国带来技术的溢出。作为国际技术转移的重要形式，外商直接投资通过"示范作用"和"模仿作用"，不可避免地对东道国的技术升级起到一定的促进作用。首先，当外商投资企业生产质量和技术含量较高的产品时，会对东道国本地企业起到一部分示范作用，刺激本地企业对高附加值产品的研发与生产，提升东道国企业的整体技术水平；其次，本地企业能够对跨国公司产品的产品技术进行模仿和学习，并根据本国自身环境进行特色创新，从而不断提升自身技术水平。技术升级是经济发展和产业结构升级重要的动力源泉，外商直接投资带来的技术溢出会促进东道国经济的发展和产业结构的升级（如图1－7所示）。

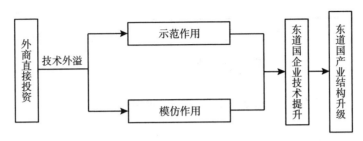

图1-7 IFDI 通过技术溢出效应驱动产业结构升级机制

3. IFDI 的产业关联效应

产业关联效应存在前向和后向关联。对外直接投资对东道国产业不仅直接对投资行业带来巨大的变化，还通过产业关联效应对投资产业的前向和后向相关产业带来影响。尤其是关联系数较高的产业，如汽车、航天等，对外直接投资产业会向当地企业提出原材料、零部件等后向需求，以及产品的销售、半成品加工等前向需求，这种需求在跨国公司的带动下，会形成新的国际分工，促进本地产业结构的变化。通过产业关联效应驱动产业结构升级机制如图1-8所示。

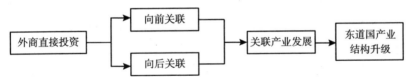

图1-8 IFDI 通过产业关联效应驱动产业结构升级机制

4. IFDI 的竞争优化效应

市场竞争是提升企业竞争力，促进创新和技术升级的重要源泉。外商直接投资的进入，会带来东道国本地产业的动荡和冲击，但是随着竞争的加剧，本地企业会不断适应市场的变化，为了满足生存的需求，不断提升自身产品质量和技术水平，在与外商企业进行竞争与合作的同时，不断完善自身从而逐渐适应国际化的标准和要求。本地企业随着竞争而来的管理和技术的不断升级，产业也不断从劳动密集型向技术密集型和资金密集型转移，实现产业结构的不断升级。通过竞争效应驱动产业结构升级机制如图1-9所示。

图 1 – 9 IFDI 通过竞争效应驱动产业结构升级机制

1.5.5.3 双向 FDI 驱动产业结构升级机制分析

双向 FDI 对产业结构升级的作用主要体现在两者数量上的趋于均衡和关系上的相互促进，通过双向 FDI 的均衡与互动发展，进一步推动产业结构升级。从双向 FDI 的数量均衡分析，一方面，随着对外直接投资的快速发展，如果没有足够的外商直接投资弥补新兴产业发展和升级所需的资金缺口，反而会进一步增加国内"产业空心化"的可能。另一方面，由于外商直接投资是中国巨额外汇储备重要来源，通过对外直接投资的"走出去"能有效释放国家巨额外汇储备对经济发展带来的压力，为国内产业升级，开辟全球市场，创造良好宏观环境。

从双向 FDI 的互促关系进来看，双向 FDI 能够呈现相互促进、相辅相成的动态演进的发展方式。一方面，外商直接投资的发展为对外直接投资奠定了基础，通过发挥外商直接投资的国际化效应和竞争效应，通过提升企业的先进技术、管理经验、熟悉国际市场运作等提升本地企业对外直接投资能力，与此同时，要素成本的提升，也在一定程度上促进了本地企业的对外投资。另一方面，OFDI 的兴起又会通过提升国际信誉，改善本地市场环境，加强政治联系，提高投资经验等途径，改善外商投资环境，提升外商投资数量，优化外商直接投资结构从而带动本地外商直接投资的引进，进而促进产业结构升级。

而且，IFDI 对东道国经济发展带来的影响，从某种程度上，正好解释了东道国企业 OFDI 的主动与被动动机。主动动机是为了获取发达国家的先进技术和管理经验，被动动机是由于国内要素成本过高引起的。所以，IFDI 对 OFDI 的影响大体可以分为国际化效应与竞争效应两类。

国际化效应主要是外商直接投资能够为东道国企业提供国际资源，包括现金的技术与管理经验，也能提升东道国企业对国际市场的熟悉程度，扩宽国内企业的国际视野，从而增强了东道国企业对外直接投资的能力和对外直接投资的条件。而竞争效应则是指大量的外商直接投资会与东道国企业争夺国内有限的资源，大规模的外商直接投资能够扩大国内的生产范围，提升国内生产要素价格，其成本推动的倒逼机制，迫使企业尝试对外直接投资。因此，外商直接投资的增加会使企业主动或被动地进行对外直接投资，具体的影响机制如图1-10所示。

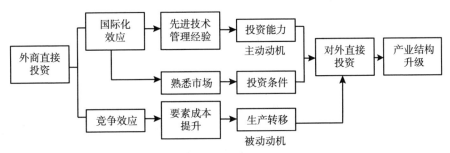

图 1-10　IFDI 促进 OFDI 发展驱动产业结构升级机制

对外直接投资的增加又会吸引更多的外商直接投资的投入。对外直接投资的增加会增强投资国与国际市场的联系，也会间接地促进本地市场与国际市场的融合，倒推国内市场经济的发展，本地市场规则与国际市场规则的不断接轨，降低了外商直接投资的制度成本，为吸引外商直接投资提供了良好的市场环境。而且，投资国的大量对外直接投资能够有效帮助东道国的经济发展，创造就业，增加东道国政府的税收，进一步带来的双边关系的改善会吸引东道国对投资国的跨国投资。另外，对外直接投资的增加，能够帮助投资国政府更加熟悉国际市场的运行规则，掌握国际直接投资的运行规律，从而能够帮助投资国政府优化外商直接投资结构，提升外商直接投资水平。具体影响机制如图1-11所示。

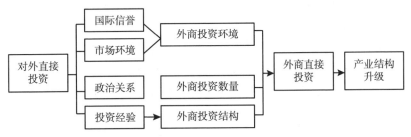

图 1-11　OFDI 促进 IFDI 发展驱动产业结构升级机制

1.6 产业转型升级的环境效应相关理论

1.6.1 配第—克拉克定理

英国经济学家科林·克拉克（Colin Clark）1940 年在威廉·配第（Wilian Pedi）的研究基础上，深入分析在不同收入水平下，就业人口在三次产业之间的分布变动规律。这一定理是基于三次产业分类形成的，即第一产业、第二产业和第三产业。在对 20 个国家的大样本进行深入研究后发现不同的产业之间，劳动力的变化趋势也是不同的。当人均国民收入水平不断上升时，第一产业的劳动力会向第二产业转移，而当这一水平持续增长后，劳动力又会朝着第三产业进行转移。配第—克拉克定理阐明了经济发展中劳动力在三大产业中的转移规律，同时指明产生这种转移的原因是由于产业之间相对收入差距所导致的。①

1.6.2 可持续发展理论

1987 年，世界环境与发展委员会发布了《我们共同的未来》，该报告中强调可持续发展理念对人类社会活动的重要性。同时指出，经济发展不得违背自然规律，在满足当代人需求的同时我们还需要为后代人的发展做出规划，不能让后代人弥补当代人犯下的错误。可持续发展注重的是社会、经济和生态三个系统的和谐发展，讲究经济发展效率、关注生态安全、体现社会公平，实现人类社会的永续发展。

要实现可持续发展观就必须坚持公平性、持续性以及共同性三大基本原则。一是公平性原则，需要公平对待同代人和后代人的利益；二是持续性原则，指人类活动应当要在生态系统平衡的可控范围内，避免出现自然生态的

---

① 晋腾. 黄河三角洲高效生态经济区的产业结构与生态环境效应评价研究 [D]. 济南：山东师范大学，2014.

危机;三是共同性原则,从地球完整性和相互影响的角度出发,倡导人与自然的和谐相处,追求可持续发展是人类和自然共同的目标。

其基本目标是:经济方面,实现经济可持续发展,注重经济发展的效率和质量,主张和倡导"以环境代价最小化换取经济效益最大化"。生态方面,要确保自然生态系统的持续性、完整性,保证社会经济不会对环境产生过大的压力,力求实现社会经济发展与自然生态环境的协调统一,在生产的过程中重视环境保护。社会方面,确保社会和环境方面的共融,共同构建和谐社会,避免出现社会性的环境问题。综上,可持续发展就是要从总体上实现各方的协调和统一,使经济、自然和社会这个大系统能够健康、持续的发展。[1]

1.6.3 循环经济理论

20 世纪 60 年代,美国经济学家波尔丁在考察人、自然资源、科学技术系统时,提出了循环经济理念。该理念倡导将废弃和浪费的资源进行再投入,也就是打破传统的线性经济增长模式,转变为以生态资源为主体的循环经济增长模式。这个理论注重系统内物质利用过程的循环,在使用范围内使资源配置达到最优化,充分发挥生态系统的调节能力,追求高产能、低消耗的生产方式,有效提高资源生产效率,降低污染物的排放。[2] 该理论坚持 3R 原则,分别是减量化原则、再利用原则、再循环原则,遵循可持续发展的理念,树立一种新型的社会发展观,倡导和鼓励人们在对自然资源适度开发利用的基础上构建资源节约型和资源循环型社会。

从微观层面上对循环经济展开分析,主要是提高企业的资源利用率,降低单位产值能耗,从而减少资源的浪费;另外,企业还须加强对废弃物的循环利用,做好废弃物的回收和再生利用;根据资源和生产条件,将产业链条不断向着两端延伸,提高产业之间的耦合度,促使整个产业的布局更加合理。从宏观层面对循环经济进行研究,则主要体现在产业结构的布局与调整方面,要使整个社会形成循环经济的理念,在全社会提倡生态资源的保护,构建资源循环利用体系,为实现循环经济而不断努力。

---

① 李文彦. 持续发展与地理学 [J]. 地理学报,1994,49(2):97-106.

② 赵桂慎. 生态经济学 [M]. 北京:化学工业出版社,2008:40-43.

1.6.4　生态经济学理论

生态经济学是由肯尼斯·鲍尔丁于 20 世纪 60 年代后期首次正式提出的。从经济学、生态学、资源学等多个角度，研究人类与自然生态环境的关系，是一门多学科交叉的边缘科学，主要特点是综合性、层次性、地域性、战略性。① 研究内容包括经济发展与环境保护的关系，环境污染、生态退化、资源浪费的原因和控制方法，经济活动的环境效应等。核心是将经济系统看作是地球这个大系统内的子系统，从而以更开阔的视角来观察、分析、解决问题。

1.6.5　产业生态学原理

弗罗施和盖洛普洛斯（Frosch & Gallopoulos，1989）在《制造业的战略》中正式提出产业生态学的概念。产业生态学是以研究产业系统与自然生态系统之间相互作用关系以及两者协调持续发展为核心的一门交叉学科，研究在社会生产活动中，自然资源从源头到最后排放的全部代谢过程。研究核心是自然、经济、社会三者之间的相互关系。产业生态学要求整体看待产业系统与外部环境的关系。它关注的是整个物质循环过程中的优化和协调，其中包括物质、能量、资本等要素，其最终目的就是从原材料到最后产品之间的生产过程涉及的各种要素都能得到最优的配置和使用。②

---

① 赵桂慎. 生态经济学 ［M］. 北京：化学工业出版社，2008：40－43.
② 邓伟根，王贵明. 产业生态学导论 ［M］. 北京：中国社会科学出版社，2006.

第二章

新疆加工制造业价值链升级路径研究

2.1　新疆加工制造业发展状况

2.1.1　新疆加工制造业的发展历程

2.1.1.1　改革开放初期（1978～2000年）

十一届三中全会以后我国实施改革开放，我国的国民经济体制开始由计划经济向市场经济转变，我国的加工制造业也因此发生了翻天覆地的变化。新疆通过实施资源优势转换、大企业大集团战略与中小企业成长工程等一系列措施，使加工制造业规模实现了快速增长，同时也使新疆经济得到了繁荣发展。新疆的国民生产总值由1978年的39亿元增加至2000年的1364亿元，人均国民生产总值也由1978年的313元提高到了2000年的7372元，社会经济与人民生活水平发生了翻天覆地的变化。

2.1.1.2　实施西部大开发以来（2000～2014年）

随着西部大开发政策的实施，我国西部地区各省份再次迎来了实现大发展大繁荣的历史机遇。新疆作为西部大开发战略实施的重点省份经过十几年的发展各项工作均成效显著，不论是人民生活水平还是特色产业发展均取得喜人的成绩。在该阶段新疆的国民生产总值由 2000 年的 1364 亿元增长至 2014 年的 9273 亿元，人均国民生产总值由 2000 年的 7372 元增长至 2014 年的 40648 元。新疆的加工制造业在此阶段实现了从小到大快速发展的成长过程。

2.1.1.3 新丝绸之路经济带建设背景下（2015 年以来）

伴随着《推动共建丝绸之路经济带和 21 世纪海上丝绸之路的愿景与行动》方案的发布，国家提出了要充分利用好新疆作为我国向西开放窗口的功能，致力于将新疆打造成我国新丝绸之路经济带的战略核心区，在我国对外开放的历史进程中将新疆的角色由大后方转换为前沿阵地。新疆积极响应国家号召，在《中国制造 2025》发布之后提出了《中国制造 2025 新疆行动方案》，加工制造业作为新疆制造业中最为重要的部分，能否成功实现产业转型升级并提升其价值链升级的效率，对新疆制造业的发展壮大乃至对整个新疆经济社会的和谐稳定均具有重要且深远的影响。在新的时代背景下，新疆既要积极履行成为战略核心区的历史使命又要圆满完成制造业价值链升级的任务，实现新疆加工制造业的价值链升级任重而道远。

2.1.2 新疆加工制造业发展现状

2.1.2.1 新疆加工制造业整体发展现状

新疆是我国西部资源型地区，在加工制造业的发展上拥有无可代替的资源优势。众多的陆上邻国使新疆拥有其他省份所没有的地缘优势以及巨大的外贸潜力。然而新疆由于长期以来对资源型产业的过度依赖，使得要素禀赋结构得不到相应的改善。产业结构单一、基础设施建设滞后、加工制造业发展缓慢，最终导致资源丰富的新疆经济发展反而比资源稀缺地区更加落后，存在陷入"资源诅咒"陷阱的危险。随着国家的发展战略有重点地向西部倾斜以及新丝绸之路经济带战略规划的提出，新疆加工制造业的发展迎来了新的历史机遇。本书在此基础上研究分析了新疆加工制造业的发展现状。

1. 新疆加工制造业的产业布局

经过多年的努力发展，东部沿海的加工制造业已经在向技术密集型产业转型升级的道路上迈出了一大步。然而新疆加工制造业仍然没有摆脱对劳动密集型与资源型特色产业的依赖。如表 2－1 的 2015 年新疆加工制造业产值排名所示，2015 年新疆前十位加工制造产业产值占加工制造业总产值的 95% 以上，其中石油加工与炼焦及核燃料加工业、农副食品加工业以及纺织业等均属于资源与劳动密集型的加工制造业。加工制造业是新疆未来一段时间内需要大力发展的产业，新疆应该有选择地承接东中部省份的产业转移，实现新疆加工制造业的转型升级。

表 2－1   2015 年新疆加工制造业产值排名

行业	产值（万元）	在总产值中占比（%）
石油加工、炼焦及核燃料加工业	12181358.3	25.04
有色金属冶炼及压延加工业	8382410.8	17.23
化学原料及化学制品制造业	6785665.7	13.95
农副食品加工业	5126781.3	10.54
非金属矿物制品业	4084433.1	8.39
黑色金属冶炼及压延加工业	3299614.7	6.78
食品制造业	2326804.1	4.78
纺织业	1481467.2	3.04
饮料制造业	1328592.7	2.73
橡胶和塑料制品业	1244347.6	2.56

资料来源：《新疆统计年鉴 2016》。

2. 新疆加工制造业的生产规模

新疆加工制造业占新疆制造业的比重达 90%，新疆工业中有 60% 的产值均由加工制造业贡献而来。可以看出新疆加工制造业在新疆经济的发展中起着至关重要的作用。随着近年来新疆经济的不断发展，加工制造业的生产规模也日渐扩大，生产总值由 2011 年的 3956 亿元增长至 2015 年的 4866 亿元。自 2011 年以来，新疆加工制造业主营业务收入除 2015 年外均逐年递增，这是由于在新丝绸之路经济带背景下，新疆经济发展逐渐由注重量的增加转变为开始重视质的提升，这一增长模式的切换引起了总产值在 2015 年的略微回落。虽有波动，但市场规模仍然显著提高，凸显出新疆加工制造业对经济发展存在着的巨大拉动作用。

3. 新疆加工制造业的利润情况

新疆在"十二五"规划时期，加工制造业的利润总额由 2011 年的 100 亿元稳步增加到 2015 年的 200 亿元，五年之间利润总额翻了一番。利润总额呈现出快速上升的态势，然而利润增长率的波动幅度却非常大，侧面反映出了新疆加工制造业正处于变革之中，急需解决产业转型以及价值链升级等存在的问题。从 2011 年到 2015 年新疆加工制造业中利润总额最高的行业分别是化学原料及化学制品制造业、农副食品加工业、石油加工与炼焦及核燃料加工业，均为新疆特色资源型产业。新疆加工制造业利润额大幅上涨的背后是以大量能源资源的投入为代价的，仍然是粗放式的利润增长方式。新疆加工制造业中不同行业的利润额也存在着天壤之别。比如，黑色金属冶炼及压延加工业虽也属于资源型产业，却连续三年利润均为负值，而化学原料及化学制品制造业却利润丰厚。这表明，新疆加工制造业中各要素分布不均，不能有效调动各方力量，未能实现利润最大化。

2.1.2.2 新疆农产品加工制造业的发展现状

新疆的农产品加工制造业（主要包括农副食品加工业、食品制造业、饮料制造业、烟草制造业、纺织业、纺织服装鞋帽制造业、皮革毛皮羽毛（绒）及其制品业、木材加工及木竹藤棕草制品业、家具制造业、造纸及纸制品业、印刷业和记录媒介的复制业、塑料和橡胶制品业）规模以上的工业总产值占新疆加工制造业总产值的比重由 2011 年的 19.11% 上涨到 2015 年的 26.44%，呈现出了持续上涨的态势（见表 2-2）。由此可见，近 5 年来新疆农产品加工制造业的发展形势大好，发展势头依旧强劲，不仅在总量上实现了快速增长，而且在规模上也实现了节节攀升。

表 2 - 2　　　**2011～2015 年新疆按行业分规模以上农产品加工制造业的总产值**

单位：亿元

行业	2011 年	2012 年	2013 年	2014 年	2015 年
农副食品加工业	268.91	320.82	395	474.31	512.68
食品制造业	114.60	126.69	183.48	224.21	232.68
饮料制造业	75.32	87.80	105.33	118.63	132.86
烟草制造业	30.27	35.71	40.21	42.72	47.25
纺织业	121.77	130.65	125.84	136.78	148.15
纺织服装鞋帽制造业	31.80	5.28	3.96	3.97	21.62
皮革毛皮羽毛（绒）及其制品业	7.19	6.27	7.31	11	8.74
家具制造业	7.18	8.10	3.50	3.21	3.07
木材加工及木竹藤棕草制品业	6.51	7.31	7.45	10.61	11.86
造纸及纸制品业	18.29	21.10	30.46	35.50	38.21
印刷业和记录媒介的复制业	4.55	4.93	4.96	4.70	4.71
塑料和橡胶制品业	69.49	108.06	127.63	133.97	124.43
总值	755.89	862.72	1036.12	1199.59	1286.27
在加工制造业中所占比重	19.11%	19.35%	20.17%	21.52%	26.44%

资料来源：历年《新疆统计年鉴》。

2.1.2.3　新疆资源型加工制造业的发展现状

新疆的资源型加工制造业包括石油加工与炼焦及核燃料加工业、非金属矿物制品业、黑色金属冶炼及压延加工业、有色金属冶炼及压延加工业等上述 4 个行业。不管是资源型加工制造业的总产值还是其在加工制造业中的所占比重来看，其在新疆的加工制造业中均占据了半壁江山。但是，自 2012 年以来却呈现出了下降的趋势，新疆的资源型加工制造业在新疆加工制造业中的比重也由 2012 年的 73.41% 逐渐回落至 57.44%，这一发展趋势与新疆近年来的政策要求方向一致。因为不管是新疆走新型工业化发展之路的要求还是延伸新疆资源型加工制造业产业链的要求，在最初阶段均会对产业一直以来的粗放型发展模式形成挑战。因此，受政策的影响部分资源型加工制造业的产值出现一定程度上的下降也在预料之中，这进一步反映出了新疆的加工制造业正在努力减少对资源型产业的依赖，为新疆加工制造业的转型升级而不懈努力。新疆资源型加工制造业的具体数据见表2-3。

表2-3　　　　　2011~2015年新疆按行业分规模以上资源型
加工制造业的总产值　　　　　　　　单位：亿元

行业	2011年	2012年	2013年	2014年	2015年
石油加工与炼焦及核燃料加工业	1572	1673.13	1729.57	1768.73	1218.14
非金属矿物制品业	271.41	318.72	388.85	428.92	408.44
黑色金属冶炼及压延加工业	679.79	740.78	728.18	660.99	329.96
有色金属冶炼及压延加工业	130.41	540.25	515.59	706.19	838.24
总计	2653.61	3272.88	3362.19	3564.83	2794.78
在加工制造业中所占比重	67.08%	73.41%	65.45%	63.95%	57.44%

资料来源：历年《新疆统计年鉴》。

2.1.3　新疆加工制造业价值链升级的有利条件

新疆位于亚欧大陆腹地，土地辽阔而又资源富足，区域内边境线绵长，对外同俄罗斯、印度等亚欧8国接壤，是我国与邻国交界最多的省区，国内同甘肃、青海、西藏等中西部省区相邻，面积占我国陆地面积的1/6。全疆拥有为数众多的口岸，近年来新疆凭借独特的地缘优势同亚欧国家的经济合作与交流日益频繁，逐渐成为我国新丝绸之路经济带道路上向西开放的前沿阵地。

资源是经济发展的根基，资源禀赋结构会对经济活动的规模及方式产生深远的影响，没有资源的保障，经济的发展就成了无源之水、无本之木。新疆拥有储量丰富品种繁多的各类能源资源。拥有四千余处矿产，各类矿产资源中达到资源储量的矿产百余种，不但是西气东输工程与西电东送工程的源头，而且是我国重要的能源储备基地，人均资源占有量位居全国前列。这些为新疆加工制造业的发展提供了重要保障。

新疆是地处我国西北的少数民族自治地区，国家对新疆的政策支持力度之大是其他地区所不能相比的。在国家的大力扶持下，全国有19个省市对新疆开展援助支持政策，建立起了人财物等全方位的援疆网络。以灾区重建级的规模与力度来助力新疆的繁荣与稳定。

2.1.4 新疆加工制造业在价值链中的位置

新疆加工制造业的价值链可以概述为：研发设计→订单处理→原料采购→加工制造→物流运输→批发经营→终端零售。根据行业分工，行业内的不同加工制造企业会根据自身的比较优势与市场竞争力来选择不同的价值链环节进行生产，在相当大的程度上所处环节的不同最终导致了企业在价值链中位置的不同。

新疆的加工制造业在历经改革开放 40 多年后，经过对东部发达地区的不断学习与努力追赶，生产规模与利润总额明显提升，产业结构得到了持续优化。然而，由于技术匮乏、科研创新能力不足使得新疆的加工制造业依然无法摆脱对资源型产业的过度依赖。若以微笑曲线中所说的根据产品的附加值的高低来进行划分的话，新疆的加工制造业目前仍然以从事技术含量较低的生产与加工组装，运输以及装配等低附加值与低技术含量的生产加工环节为主。因而对新疆加工制造业而言，提高产品的附加值与获取高额利润，实现价值链升级任重而道远。

2.2 基于 DEA 模型的新疆加工制造业价值链升级效率测评

2.2.1 DEA 模型与新疆加工制造业价值链的契合点

DEA 模型是数据包络分析模型的简称，该模型是一种被广泛用来进行效率评价的非参数统计估计。它可以用来对多个性质相同的决策单元的相对效率进行系统性的对比分析，在分析各决策单元时不需要提前确定函数的具体形式与各指标权重，也不需要借助于假设参数，能够有效避免主观意识上的干扰，使结果更具有客观性，在对拥有多项投入产出较复杂系统的效率评价上具有非常好的效果。而新疆加工制造业的价值链升级从本质上可以看作是新疆加工制造业竞争优势的强化与转型，但是由于加工制造业的竞争优势过于抽象并且难以具体量化，于是便产生了利用效率优势代替竞争优势来进行具体测算的方法。

本节通过对新疆加工制造业价值链升级效率评价体系的构建，运用加工制造业各个环节中的投入产出指标数据，具体量化各项投入与产出的效率情况，进而评价分析新疆加工制造业价值链升级的效率。

2.2.2 DEA 模型介绍

2.2.2.1 DEA 模型原理

数据包络分析即 DEA，是将运筹学、管理科学相结合而形成的一个新的领域。查内斯和库珀（Charnes & Cooper，1978）创建了此学说。DEA 方法运用数学规划模型来评价多输入多输出的决策单元间，即 DMU 的相对有效性。根据检查数据判断各个决策单元的 DEA 有效性实际上是判断 DMU 是否位于生产可能集的"前沿面"上。DEA 模型中，企业的相对效率分布于（0，1）区间内，处于效率前沿企业的效率值为1。

2.2.2.2 DEA 模型

可以将 DEA 模型分为以投入为导向以及以产出为导向两大类。以投入为导向的 DEA 模型是在产出水平既定的条件下研究如何使投入达到最小化，而以产出为导向的 DEA 模型则是在投入既定的条件下分析如何使产出获得最大化。利用 DEA 模型来分析效率问题最常采用的是 CCR 模型与 BCC 模型。

首先对 CCR 模型的测算方法进行简要的说明。在 CCR 模型之中，假设有 n 个决策单元，各个决策单元均有相同的 m 项投入以及 s 项产出：

$U_j(j=1, 2, \cdots, n)$，$x_{ij}(i=1, 2, \cdots, m)$，$y_{kj}(k=1, 2, \cdots, s)$

令 v_i 为第 i 项投入的权数（$i=1, 2, \cdots, m$），u_k 为第 k 项产出的权数（$k=1, 2, \cdots, s$），并记为：

$$X_j = (x_{1j}, \cdots, x_{mj})^T \quad v = (v_1, \cdots, v_m)^T$$
$$Y_j = (y_{1j}, \cdots, y_{sj})^T \quad u = (u_1, \cdots, u_s)^T$$

决策单元 U_j 的投入产出比值为：

$$h_j = u^T Y_j / v^T X_j = \sum_{k=1}^{s} u_k y_{kj} / \sum_{i=1}^{m} v_i x_{ij}$$

在效率指标 $h_j \leq 1$ 的情况下，选择权数 u 和 v 使 h_j 最大，可构建 CCR 模型：

$$\max h_r = \sum_{k=1}^{s} u_k y_k r / \sum_{i=1}^{m} v_i x_{ir}$$

$$\text{s. t.} \sum_{k=1}^{s} u_k y_{kj} / \sum_{i=1}^{m} v_i x_{ij} \leq 1$$

通过查内斯—库珀变换以及对偶变换的方法，引进松弛变量 $s^+ \geq 0$、$s^- \geq 0$ 以及非阿基米德无穷小量 ε，进而可以将原始模型等价变换为线性规划模型：

$$\min \left[\theta - \varepsilon (e^t s^- + e^t s^+) \right]$$

$$\text{s. t.} \sum_{j=1}^{n} \eta_j x_{ij} + s^- = \theta x_0$$

$$\sum_{j=1}^{n} \eta_j y_{rj} - s^- = y_0$$

上式中的 θ 即为决策单元的效率值。若 $\theta = 1$，且 $s^+ = s^- = 0$，则决策单元 DEA 有效；若 $\theta = 1$，且 $s^+ \neq 0$ 或 $s^- \neq 0$ 时，则决策单元为弱 DEA 有效；若 $\theta < 1$，则决策单元 DEA 无效。

然而 CCR 模型的假设前提却是规模报酬不变，最终得到的结果是各个评价单元的综合协同效率。但是，对于现实经济活动中的绝大多数的经济行为而言，并不能符合规模报酬不变的前提假设条件。为解决这一难题，班克、查内斯和库珀（Banker，Charnes & Cooper；1984）在 CCR 模型中加入了一个凸性假设：$\sum_{j=1}^{n} \lambda_j = 1$，从而构造了规模报酬可变（VRS）的 BCC 模型：

$$\min \omega$$

$$\text{s. t.} \sum_{j=1}^{n} \eta_j x_j \leq \omega x_0$$

$$\sum_{j=1}^{n} \eta_j Y_j \geq Y_0$$

$$\sum_{j=1}^{n} \lambda_j = 1$$

BCC 模型以规模报酬可变作为基本的假设条件，最终得到的结果也是各决策单元的综合效率。而综合效率由纯技术效率以及规模效率两部分构成，三者之间的关系可以描述为：综合效率是纯技术效率与规模效率的乘积。纯技术效率能够反映出技术水平等因素对效率的影响，规模效率则能够反映出固定资产规模等投入要素对效率的影响。由于规模报酬可变这一假设前提更能符合现实的经济情况，故本节在研究新疆加工制造业价值链升级效率时采用了以规模报酬可变为基本假设前提的 BCC 模型进行量化分析。利用 DEA 软件对新疆加工制造业价值链升级的综合效率、纯技术效率以及规模效率进行测算，同时该软件还可以测算出决策单元的投入以及产出的松弛量情况以及规模报酬的状态，能够从多个角度对新疆加工制造业的升级效率进行评价。

2.2.3 新疆加工制造业价值链升级效率的指标选取及数据来源

2.2.3.1 价值链升级分析常用指标

数据指标的选择是否合理是能否准确测评新疆加工制造业价值链升级效率的关键。杨砚峰、李宇（2009）在研究企业规模以及企业结构等因素对制造业中技术创新的影响时，分别选取了固定资产、职工人数以及销售收入等指标的相关数据。王姗姗、屈小娥（2011）以固定资产、从业人员数量、总产值、排污量作为衡量我国制造业能源效率的投入产出指标。龚三乐（2011）以核心能力的水平、价值链地位的水平以及社会效益的水平为一级指标建立了企业升级绩效的评价指标体系，对东莞计算机制造企业的升级绩效进行测度。

2.2.3.2 本节所选指标

本节的研究目的是探索新疆加工制造业价值链的升级路径，故选取的指标应当能够反映出价值链升级的特点。本节严格遵循全面性、科学性以及数据的可获得性等基本原则来构建新疆加工制造业价值链升级效率的评价指标体系。加工制造业价值链的升级应当能够从企业的投入产出比中得到体现，因此，本书围绕经济活动中的投入产出相关数据构建新疆加工制造业价值链升级效率的评价指标体系。然而由于新疆经济数据中与加工制造业相关的统计数据存在缺失，故本节最终以规模以上工业企业的经济指标数据来替代相关行业的整体数据。

1. 投入指标

新疆加工制造业中投入资源的多少主要体现在投入成本与企业规模两个方面，因此选取新疆加工制造业中的企业单位个数、年平均从业人口、固定资产原值作为研究新疆加工制造业价值链升级效率的投入指标。

企业单位个数：是指新疆从事加工制造业的规模以上企业数量，能够反映出该行业的发展情况以及业内人士对该行业未来的预期。

年平均从业人口：是指一年内新疆加工制造业从业人员的平均数量，该指标数据能够在一定程度上反映出新疆加工制造业对劳动力资源的实际利用情况。

固定资产原值：表示固定资产取得时实际成本的支出，是固定资产原始价值的简称。通过固定资产的规模及其增长速度，能够客观地反映出加工制造企业在固定资产方面的投资以及企业的生产规模、装备水平等情况。

2. 产出指标

加工制造业经济活动的成果主要体现在产值与利润两个方面，因此本节选取新疆加工制造业年总产值、年利润总额作为价值链升级效率的产出指标。

年总产值：是生产活动在价值量上的体现，反映了新疆加工制造业部门的生产经营成果与经济规模。

年利润总额：利润是企业经营成果的综合反映，是企业盈利的表现形式。新疆加工制造业的年利润总额是企业最终成果的具体体现，能够在一定程度上反映出新疆加工制造业的发展趋势。

2.2.3.3 数据来源

在本节所涉及的所有指标数据中，对新疆加工制造业细分行业的分类处理参考了《国民经济行业分类与代码》，固定资产原值数据来源于《中国固定资产统计年鉴》，企业单位个数与年平均从业人口数据来源于中国经济社会发展数据库，其他指标数据来源于《新疆统计年鉴》。DEA 模型中决策单元的取值范围为新疆的 19 个加工制造细分行业。

2.2.4 新疆加工制造业价值链升级效率的测度

2.2.4.1 新疆加工制造业价值链升级效率综合分析

本节选用规模报酬可变的 BCC 模型，以投入为导向对新疆 2011 ~ 2015 年的 19 个加工制造细分行业相关数据进行了统计与分析，具体计算结果详见表 2 - 4。对新疆加工制造业的价值链升级效率测度分析主要是从综合效率、规模效率、纯技术效率以及规模报酬状态等四个方面展开。其中纯技术效率值是从技术层面来测度决策单元是否有效，而规模效率则是从规模层面上来测度决策单元是否有效，二者分别从技术与规模两个方面对决策单元展开分析。

从表 2 - 4 中的结果我们可以得知，自 2011 年到 2015 年新疆加工制造业的综合效率平均值在 0.43 ~ 0.53 之间上下起伏波动，纯技术效率平均值在 0.686 ~ 0.731 之间上下起伏波动，规模效率平均值在 0.618 ~ 0.785 之间上下起伏波动，从整体来看，新疆加工制造业价值链升级效率过低，长期处于价值链升级无效率状态，存在着被锁定于价值链低端环节的风险。

2.2.4.2 新疆加工制造业价值链升级效率差异分析

1. 综合效率差异

从新疆 19 个加工制造行业 2011 ~ 2015 年综合效率的测算结果来看，仅有烟草制造业、皮革毛皮羽毛（绒）及其制品业的综合效率在 2011 ~ 2015 年之间均处于价值链升级的有效率状态。纺织服装鞋帽制造业的综合效率仅在 2011 年处于有效率状态，此后均处于价值链升级的无效率状态。家具制造业的综合效率在 2015 年达到了价值链升级的有效率状态。

以 2015 年数据为例，在新疆的 19 个加工制造细分行业中，仅有烟草制造业、皮革毛皮羽毛（绒）及其制品业以及家具制造业这 3 个加工制造细分行业的价值链升级的综合效率值达到了价值链升级的 DEA 有效率状态。

表 2－4

新疆加工制造业价值链升级效率

行业	2011年 综合效率	纯技术效率	规模效率	规模报酬	2012年 综合效率	纯技术效率	规模效率	规模报酬	2013年 综合效率	纯技术效率	规模效率	规模报酬	2014年 综合效率	纯技术效率	规模效率	规模报酬	2015年 综合效率	纯技术效率	规模效率	规模报酬
农副食品加工业	0.505	1.000	0.505	drs	0.770	1.000	0.770	drs	0.500	1.000	0.500	drs	0.459	1.000	0.459	drs	0.611	1.000	0.611	drs
食品制造业	0.291	0.428	0.681	drs	0.350	0.436	0.802	drs	0.256	0.539	0.474	drs	0.317	0.541	0.587	drs	0.388	0.656	0.591	drs
饮料制造业	0.429	1.000	0.429	drs	0.521	1.000	0.521	drs	0.358	1.000	0.358	drs	0.388	1.000	0.388	drs	0.527	1.000	0.527	drs
烟草制品业	1.000	1.000	1.000	crs	1.000	1.000	1.000	crs	1.000	1.000	1.000	crs	1.000	1.000	1.000	crs	1.000	1.000	1.000	crs
纺织业	0.339	0.453	0.747	drs	0.365	0.456	0.800	drs	0.249	0.395	0.631	drs	0.282	0.418	0.674	drs	0.374	0.577	0.649	drs
纺织服装、鞋帽制造业	1.000	1.000	1.000	crs	0.416	0.419	0.994	irs	0.429	1.000	0.429	irs	0.555	0.556	0.999	irs	0.267	0.322	0.830	drs
皮革毛皮羽毛（绒）及其制品业	1.000	1.000	1.000	crs	1.000	1.000	1.000	crs	1.000	1.000	1.000	crs	1.000	1.000	1.000	crs	1.000	1.000	1.000	crs
家具制造业	0.500	0.503	0.995	irs	0.507	0.538	0.944	irs	0.465	0.540	0.862	irs	0.592	0.614	0.964	irs	1.000	1.000	1.000	crs
木材加工及木竹藤棕草制品业	0.313	0.313	0.998	irs	0.348	0.348	0.757	irs	0.257	0.340	0.757	crs	0.314	0.677	0.464	drs	0.284	0.578	0.490	drs
造纸及纸制品业	0.220	0.285	0.772	drs	0.287	0.322	0.889	drs	0.286	0.418	0.684	drs	0.364	0.651	0.559	drs	0.608	1.000	0.608	drs
印刷业和记录媒介的复制业	0.292	0.294	0.993	irs	0.252	0.263	0.960	irs	0.272	0.289	0.939	irs	0.317	0.321	0.987	irs	0.306	0.306	0.999	crs
石油加工与炼焦及核燃料加工业	0.848	1.000	0.848	drs	0.754	1.000	0.754	drs	0.607	1.000	0.607	drs	0.775	1.000	0.775	drs	0.542	1.000	0.542	drs
化学原料及化学制品制造业	0.422	1.000	0.422	drs	0.345	1.000	0.345	drs	0.203	1.000	0.203	drs	0.246	0.493	0.499	drs	0.220	0.399	0.552	drs

续表

行业	2011 年				2012 年				2013 年				2014 年				2015 年			
	综合效率	纯技术效率	规模效率	规模报酬	综合效率	纯技术效率	规模效率	规模报酬	综合效率	纯技术效率	规模效率	规模报酬	综合效率	纯技术效率	规模效率	规模报酬	综合效率	纯技术效率	规模效率	规模报酬
医药制造业	0.244	0.380	0.642	drs	0.455	0.620	0.734	drs	0.365	0.638	0.573	drs	0.273	0.382	0.714	drs	0.263	0.315	0.834	drs
化学纤维制造业	0.689	0.778	0.886	drs	0.554	0.670	0.827	drs	0.396	0.568	0.698	drs	0.414	0.516	0.801	drs	0.386	0.509	0.759	drs
橡胶和塑料制品业	0.362	0.638	0.567	drs	0.671	0.845	0.795	drs	0.488	1.000	0.488	drs	0.393	0.865	0.454	drs	0.496	0.806	0.616	drs
非金属矿物制品业	0.339	0.862	0.393	drs	0.159	0.349	0.454	drs	0.213	0.383	0.555	drs	0.234	0.418	0.559	drs	0.253	0.429	0.589	drs
黑色金属冶炼及压延加工业	0.875	1.000	0.875	drs	0.733	1.000	0.733	drs	0.471	0.778	0.606	drs	0.446	0.587	0.759	drs	0.248	0.433	0.571	drs
有色金属冶炼及压延加工业	0.436	0.535	0.816	drs	0.483	0.818	0.590	drs	0.371	1.000	0.371	drs	0.470	1.000	0.470	drs	0.506	1.000	0.506	drs
平均值	0.532	0.709	0.767		0.525	0.689	0.785		0.431	0.731	0.618		0.465	0.686	0.690		0.488	0.702	0.699	

有 16 个加工制造细分行业的综合效率仍处于价值链升级的 DEA 无效状态，其明显的特点就是普遍存在投入过多而产出不足，生产要素搭配不合理。而在这些处于 DEA 无效率状态的行业中，食品制造业、纺织服装鞋帽制造业、木材加工及木竹藤棕草制品业、化学原料及化学制品制造业、医药制造业等 10 个行业的投入产出效率要明显低于新疆其他加工制造细分行业。

2. 纯技术效率差异

从新疆 19 个加工制造行业 2011～2015 年纯技术效率测算结果来看，既有从有效率状态转变为无效率状态的，也有从无效率状态发展成有效率状态的。其中纺织服装鞋帽制造业、化学原料及化学制品制造业、黑色金属冶炼及压延加工业的纯技术效率均由价值升级的有效率状态转变成了价值链升级的无效率状态。而家具制造业、造纸及纸制品业、有色金属冶炼及压延加工业的纯技术效率则由无效率状态发展成了有效率状态。

以 2015 年数据为例，新疆的加工制造业中有农副食品加工业、造纸及纸制品业、石油加工与炼焦及核燃料加工业、有色金属及压延加工业等 8 个加工制造行业的纯技术效率处于有效率状态，表明这 8 个加工制造行业的投入产出基本匹配，符合其行业发展，并且能够使其行业效率达到最大化。但其余 11 个加工制造行业仍处于加工制造业价值链升级的 DEA 无效率状态，说明其投入产出的结构不合理，没有实现资源的优化配置，没有达到帕累托最优状态。

3. 规模效率差异

从新疆 19 个加工制造行业 2011～2015 年规模效率的测算结果来看，木材加工及木竹藤棕草制品业的规模效率在 2011～2015 年之间呈现出由无效率到有效率再到无效率的曲折反复的发展过程。纺织服装鞋帽制造业的规模效率由有效率状态转变成无效率状态。而家具制造业则由无效率状态转变成了有效率状态。

以 2015 年数据为例，新疆加工制造业中仅有烟草制造业、皮革毛皮羽毛（绒）及其制品业、家具制造业的规模效率处于 DEA 有效率状态，说明其投入产出规模已达到最优状态。而新疆剩余的 16 个加工制造行业的规模效率仍属于 DEA 无效率状态，说明其投入产出规模没有达到最优状态，规模水平还需要调整。

2.2.4.3　新疆加工制造业投入指标松弛量情况

新疆加工制造业的 19 个细分行业 2011～2015 年的投入指标松弛量情况如表 2-5 所示。以 2015 年的数据为例进行分析，新疆的木材加工及木竹藤棕草制品业与橡胶和塑料制品业中的企业单位个数的投入松弛量值分别为0.005 与 0.002，出现投入冗余的情况说明以上行业中的企业数量过多可以适当减少。食品制造业、医药制造业、化学纤维制造业、橡胶和塑料制品业以及非金属矿物制品业的年平均从业人口的数值均不为零，反映出以上行业中出现冗员现象，从业人员应予以适当精简。

2.2.4.4　新疆加工制造业产出指标松弛量情况

新疆的 19 个加工制造细分行业 2011～2015 年的产出指标松弛量情况如表 2-6 所示。具体以 2015 年的数据为例进行分析，印刷业和记录媒介的复制业年总产值的产出松弛量值为 0.006，表明其存在年总产值产出不足的问题。与此同时纺织业、非金属矿物制品业、有色金属冶炼及压延加工业等行业年利润总额的产出松弛量的值均不等于零，说明以上行业出现了利润下降的情况，其中橡胶和塑料制品业的年利润总额产出松弛量值高达 0.169，情况尤为严峻。

2.2.5　新疆加工制造业价值链升级效率的结果分析

2.2.5.1　新疆加工制造业价值链的整体升级效率

以 2015 年数据为例，新疆的 19 个加工制造行业中有 15 个细分行业处于规模报酬递减状态，它们分别是农副食品加工业、食品制造业、饮料制造业、纺织业、纺织服装鞋帽制造业、木材加工及木竹藤棕草制品业、造纸及纸制品业、石油加工与炼焦及核燃料加工业、化学原料及化学制品制造业、医药制造业、化学纤维制造业、橡胶和塑料制品业、非金属矿物制品业、黑色金属冶炼及压延加工业、有色金属冶炼及压延加工业。该年新疆加工制造业的综合

表2-5

新疆加工制造业投入指标松弛量情况

DMU	2011年			2012年			2013年			2014年			2015年		
	企业单位个数	年平均从业人口	固定资产原值	企业单位个数	年平均从业人口	固定资产原值	企业单位个数	年平均从业人口	固定资产原值	企业单位个数	年平均从业人口	固定资产原值	企业单位个数	年平均从业人口	固定资产原值
农副食品加工业	0.000	0.000	0.000	0.000	0.000	0.000	0.000	0.000	0.000	0.000	0.000	0.000	0.000	0.000	0.000
食品制造业	0.000	0.018	0.000	0.000	0.038	0.000	0.000	0.000	0.000	0.000	0.035	0.000	0.000	0.059	0.000
饮料制造业	0.000	0.000	0.000	0.000	0.000	0.000	0.000	0.000	0.000	0.000	0.000	0.000	0.000	0.000	0.000
烟草制造业	0.000	0.000	0.000	0.000	0.000	0.000	0.000	0.000	0.000	0.000	0.000	0.000	0.000	0.000	0.000
纺织业	0.000	0.222	0.000	0.000	0.219	0.000	0.000	0.136	0.000	0.000	0.114	0.000	0.000	0.160	0.000
纺织服装、鞋帽制造业	0.000	0.000	0.000	0.000	0.012	0.000	0.000	0.000	0.000	0.000	0.012	0.000	0.000	0.029	0.000
皮革毛皮羽毛（绒）及其制品业	0.000	0.000	0.000	0.000	0.000	0.000	0.000	0.000	0.000	0.000	0.000	0.000	0.000	0.000	0.000
家具制造业	0.000	0.016	0.000	0.000	0.007	0.000	0.000	0.005	0.000	0.000	0.035	0.000	0.000	0.000	0.000
木材加工及木竹藤棕草制品业	0.000	0.000	0.000	0.000	0.002	0.000	0.001	0.000	0.000	0.012	0.006	0.000	0.005	0.000	0.000
造纸及纸制品业	0.000	0.016	0.000	0.000	0.015	0.000	0.000	0.009	0.000	0.003	0.026	0.000	0.000	0.000	0.000
印刷业和记录媒介的复制业	0.000	0.000	0.000	0.000	0.004	0.000	0.000	0.004	0.000	0.000	0.006	0.000	0.000	0.005	0.000

续表

DMU	2011年			2012年			2013年			2014年			2015年		
	企业单位个数	年平均从业人口	固定资产原值	企业单位个数	年平均从业人口	固定资产原值	企业单位个数	年平均从业人口	固定资产原值	企业单位个数	年平均从业人口	固定资产原值	企业单位个数	年平均从业人口	固定资产原值
石油加工与炼焦及核燃料加工业	0.000	0.000	0.000	0.000	0.000	0.000	0.000	0.000	0.000	0.000	0.000	0.000	0.000	0.000	0.000
化学原料及化学制品制造业	0.000	0.000	0.000	0.000	0.000	0.000	0.000	0.000	0.000	0.000	0.000	0.009	0.000	0.036	0.000
医药制造业	0.015	0.020	0.000	0.038	0.032	0.000	0.000	0.010	0.000	0.000	0.018	0.000	0.000	0.018	0.000
化学纤维制造业	0.000	0.048	0.000	0.000	0.057	0.000	0.000	0.038	0.000	0.000	0.047	0.000	0.000	0.033	0.000
橡胶和塑料制品业	0.000	0.034	0.000	0.000	0.048	0.000	0.000	0.000	0.000	0.016	0.034	0.000	0.002	0.020	0.000
非金属矿物制品业	0.225	0.265	0.000	0.206	0.000	0.024	0.000	0.065	0.000	0.000	0.033	0.000	0.000	0.022	0.000
黑色金属冶炼及压延加工业	0.000	0.000	0.000	0.000	0.000	0.000	0.000	0.268	0.000	0.000	0.152	0.000	0.000	0.074	0.000
有色金属冶炼及压延加工业	0.011	0.000	0.000	0.000	0.000	0.000	0.000	0.000	0.000	0.000	0.000	0.000	0.000	0.000	0.000
平均值	0.013	0.034	0.000	0.013	0.023	0.001	0.000	0.028	0.000	0.002	0.027	0.000	0.000	0.024	0.000

表 2-6　　　　　新疆加工制造业产出指标松弛量情况

DMU	2011 年		2012 年		2013 年		2014 年		2015 年	
	年总产值	年利润总额	年总产值	年利润总额	年总产值	年利润总额	年总产值	年利润总额	年总产值	年利润总额
农副食品加工业	0.000	0.000	0.000	0.000	0.000	0.000	0.000	0.000	0.000	0.000
食品制造业	0.000	0.005	0.000	0.014	0.000	0.000	0.000	0.000	0.000	0.000
饮料制造业	0.000	0.000	0.000	0.000	0.000	0.000	0.000	0.000	0.000	0.000
烟草制造业	0.000	0.000	0.000	0.000	0.000	0.000	0.000	0.000	0.000	0.000
纺织业	0.000	0.000	0.000	0.061	0.000	0.130	0.000	0.041	0.000	0.003
纺织服装、鞋帽制造业	0.000	0.000	0.001	0.001	0.000	0.000	0.004	0.001	0.000	0.000
皮革毛皮羽毛（绒）及其制品业	0.000	0.000	0.000	0.000	0.000	0.000	0.000	0.000	0.000	0.000
家具制造业	0.000	0.002	0.001	0.014	0.000	0.022	0.000	0.020	0.000	0.000
木材加工及木竹藤棕草制品业	0.001	0.001	0.001	0.001	0.000	0.001	0.000	0.003	0.000	0.000
造纸及纸制品业	0.000	0.000	0.000	0.004	0.000	0.008	0.000	0.000	0.000	0.000
印刷业和记录媒介的复制	0.002	0.003	0.000	0.010	0.004	0.010	0.006	0.007	0.006	0.000
石油加工与炼焦及核燃料加工业	0.000	0.000	0.000	0.000	0.000	0.000	0.000	0.000	0.000	0.000
化学原料及化学制品制造业	0.000	0.000	0.000	0.000	0.000	0.000	0.000	0.000	0.000	0.169
医药制造业	0.000	0.000	0.000	0.000	0.000	0.002	0.000	0.043	0.000	0.018
化学纤维制造业	0.000	0.043	0.000	0.061	0.000	0.066	0.000	0.043	0.000	0.031
橡胶和塑料制品业	0.000	0.000	0.000	0.016	0.000	0.000	0.000	0.000	0.000	0.011
非金属矿物制品业	0.000	0.000	0.000	0.000	0.000	0.000	0.000	0.000	0.000	0.158
黑色金属冶炼及压延加工业	0.000	0.000	0.000	0.000	0.000	0.000	0.000	0.000	0.000	0.000
有色金属冶炼及压延加工业	0.000	0.000	0.000	0.000	0.000	0.000	0.000	0.000	0.000	0.000
平均值	0.000	0.003	0.000	0.010	0.000	0.012	0.001	0.008	0.000	0.021

效率平均值为 0.488，其中纯技术效率的平均值为 0.702，规模效率的平均值为 0.699，无论是纯技术效率还是规模效率均处于 DEA 无效率状态。仅有烟草制造业等少数行业处于价值链升级的 DEA 有效率状态，行业中普遍存在着投入过多而产出不足，生产要素搭配不合理等现象，使其未能出现明显的协同发展特征。新疆仍然有半数加工制造行业未能实现资源的优化配置，尚未达到帕累托最优状态。在此之中处于规模报酬递减状态的加工制造行业达 15 个之多，企业中广泛存在着盲目扩大生产规模的迹象，企业规模过大易导致各个方面的生产要素难以得到有效协调，最终致使生产效率降低，新疆加工制造行业的规模水平仍需进一步调整。木材加工及木竹藤棕草制品业与橡胶和塑料制品业中的企业数量过多，应引入优胜劣汰机制予以适当削减。食品制造业、纺织业等 10 个行业中出现冗员现象，应通过提高从业人员的专业素质，对从业人员进行适当精简。与此同时，印刷业和记录媒介的复制业等行业中出现了年总产值下降的现象，纺织业、非金属矿物制品业等行业中出现了利润减少的情况。为此，企业应当积极采取技术创新、研发设计等手段，通过提高产品的技术含量与市场竞争力来提高产量与利润。

2.2.5.2　新疆农产品加工制造业价值链升级效率

从表 2 - 4 中可以看到，新疆的农副食品加工业、食品制造业、饮料制造业、纺织业以及造纸及纸制品业等上述 5 个农产品加工制造行业中价值链升级效率的结果并不理想。就综合效率而言均处于 DEA 价值链升级无效率状态，但是从食品制造业、饮料制造业、纺织业以及造纸及纸制品业 4 个行业的整体来看在 2011 ~ 2015 年之间综合效率呈现出了上升的良好态势。农副食品加工业的纯技术效率一直以来处于 DEA 价值链升级的有效率状态，说明该行业中的技术水平能够满足价值链升级的需求。以上 5 个加工制造行业均处于规模报酬递减阶段，亟须对以上加工制造企业的规模进行适当改造，扭转当前其规模报酬递减的状态。

根据测算结果可以看出新疆农产品加工制造业价值链升级中存在许多问题。首先，新疆的农产品加工制造业的生产设施落后且企业管理能力不足。由于长时间处于封闭式管理体系之中，对市场竞争机制规则及其残酷性的认识不够真切与彻底，在成本管控与品牌营销等方面远远落后于内地先进企业。其次，新疆的农产品加工制造业在自治区与兵团的特殊行政体制机制之下，存在众多的重复建设与分散经营的现象。导致了新疆农产品加工制造业力量分散企业的规模较小，尚未经过市场竞争机制实现资本集中，新疆农产品的特色优势得不到充分发挥。致使新疆农产品加工制造业在以市场为主导的体制机制中竞争力尚不足以与东部地区抗衡。再次，新疆农产品加工制造业的价值链表现出了明显的短、窄、薄的问题。农产品加工制造业的产业链条前后延伸不足，规模较小且适应能力差，整个产业链条竞争力不足。而且新疆农产品加工制造业价值链上的上下游加工制造企业之间没有形成利益共同体，导致不同加工制造环节之间缺乏稳定性。

2.2.5.3 新疆资源型加工制造业价值链升级效率

从表 2-4 中可以看到，新疆石油加工与炼焦及核燃料加工业、非金属矿物制品业、黑色金属冶炼及压延加工业、有色金属冶炼及压延加工业 4 个资源型加工制造行业的价值链升级效率均不高。并且石油加工与炼焦及核燃料加工业以及黑色金属冶炼及压延加工业的综合效率呈现出了下降的态势，以上 4 个行业均处于规模报酬递减阶段。除此之外也存在好的方面，有色金属冶炼及压延加工业的纯技术效率由 2011 年的无效率状态转变为 2015 年的有效率状态，说明了该行业中的技术水平得到了快速提升，能够满足当前该行业发展中的技术需求。

根据测算结果可以看出新疆资源型加工制造业价值链升级中存在许多问题。首先，新疆的资源型加工制造业仍然是以要素投入为主的粗放式发展模式，技术水平较低、产品的附加值较低、在价值链中的地位不高、产业结构单一，既不利于提高产品的市场竞争力，也不利于资源型加工制造企业的持续健康发展。其次，新疆资源型加工制造业发展的资源环境约束趋紧、生态环境遭到严重破坏、对资源进行的掠夺式开采等问题均加剧了人与自然之间关系的恶化。产业链条较短，资源型加工制造产业的低端产品较多，进而导致行业的进出壁垒较低。

2.3 新疆加工制造业价值链升级存在的问题及原因

2.3.1 新疆加工制造业价值链升级存在的问题

2.3.1.1 基础设施建设滞后

基础设施是能够为经济生活提供公共服务的各种硬件工程设施。新疆的基础设施建设可以分为四大类，它们分别为电力、燃气及水的生产和供应业，交通运输仓储和邮政业，信息传输、计算机服务和软件业以及水利环境和公共设施管理业。新疆在基础设施建设上的投资总额逐年增加，由 2012 年的 1611 亿元上涨至 2015 年的 4397 亿元。基础建设的投资在电力、燃气以及水的生产和供应业上的投资比重较大，投资额达到了投资总额的 50%。交通运输仓储和邮政业以及水利环境和公共设施管理业的投资比重适中，投资金额均在 20%~30% 上下。然而在信息传输、计算机服务和软件业的投资金额仅占新疆基础设施建设投资总额的 2%~3%，在当前我国大力倡导"互联网+"的时代背景下，该项投资金额比例过低，不利于制造业与互联网的融合，长远看来将会制约新疆加工制造业经济的发展。2012~2015 年新疆全社会的基础设施建设具体投资情况详见表 2-7。

表 2-7　　　　2012~2015 年新疆全社会基础设施建设投资　　　　单位：亿元

行业	2012 年	2013 年	2014 年	2015 年
电力、燃气及水的生产和供应业	781.56	1261.23	1652.05	2108.82
交通运输、仓储和邮政业	442.15	571.53	827.88	1061.36
信息传输、计算机服务和软件业	44.42	53.07	107.92	132.60
水利、环境和公共设施管理业	342.58	601.53	865.55	1093.95
总计	1610.71	2487.36	3453.40	4396.73

资料来源：历年《新疆统计年鉴》。

基础设施的一个重要功能便是促进各种生产要素的快速流通。如果没有基础设施，无论该地区的能源资源多么丰富都无法快速有效地转化为经济要素。完善的基础设施是经济发展的基本保障。但是由于新疆位于我国的西北内陆，土地辽阔且地理环境复杂、城镇化水平较低导致了新疆基础设施建设严重滞后，落后的基础设施不能满足新疆加工制造业发展的要求，致使其面临大量外部性问题。例如，新疆的农产品加工业作为新疆的特色产业，其加工原材料基地建设与企业加工生产能力不匹配，农产品加工所需的生产原料得不到及时的运输，原料供应不足、企业生产设备闲置，造成巨大经济损失；新疆地处内陆远离经济发达的东部沿海地区，信息网络不发达，不能有效获取经济信息、捕捉经济动态，容易贻误商机。以上种种，将会严重阻碍新疆加工制造企业经济效益的实现，不利于新疆加工制造企业的价值链升级。

2.3.1.2 专业人才匮乏、创新能力不足

新疆由于基础设施落后、自然环境恶劣、薪资待遇较低、教育医疗条件差等种种原因，致使许多内地人才不愿意到新疆工作，而许多新疆本地的人才也纷纷涌向内地寻求发展，人才流出量远远大于人才的流入量。形成了新疆目前人力资本匮乏的局面，人才的缺失导致了新疆的研发创新能力远远达不到新疆经济发展的要求。新疆自2014年以来每年都会向社会公布紧缺人才需求情况调查结果，从总体上来看，新疆紧缺人才需求量呈现出了逐年增加的态势。劳动力素质较低、专业人才的匮乏以及创新能力不足等问题已经成为新疆加工制造业发展的一大短板。

2.3.1.3 政府观念落后

长期以来，新疆的一些地方政府还存在着政府权力边界划分不清的现象，部分领导干部中也存在着对政府权力来源认识不足的现象，政府对经济活动的干预缺乏有效的法律规范。政府仍然具有对经济生活进行干预的广泛权力，对政府的干预行为尚未形成完善有效的法律约束机制，导致了政府人治的现象依然存在。在新疆的某些地方政府以及部门领导心中尚存在着根深蒂固的官本位思想。仍然存在着全能型政府、管理型政府的理念。随着时代的不断

发展进步，这些陈旧的思想观念与现在倡导的服务型政府、创新型政府的理念格格不入，严重阻碍了新疆加工制造业的价值链升级。

2.3.2　新疆加工制造业价值链升级存在问题的原因

2.3.2.1　新疆基础设施建设滞后的原因

（1）新疆的基础设施建设融资缺乏金融机构的支持，导致资金来源不足。新疆的基础设施建设对国家财政资金的依赖度较高，宏观调控政策的变化对基础设施建设影响较大。一方面，新疆的基础设施具有投资额度大、建设周期长、投资成本回收慢、投资收益率低等特点。另一方面，由于新疆基础设施投资市场发育不完全，依靠市场机制引进资金的能力与自筹资金的能力均明显弱于东部地区省份。

（2）新疆的基础设施建设分布不均，各区域之间存在较大差异。基础设施重点建设的城市如乌鲁木齐、昌吉、伊犁等地区的投资比重明显偏大，而南疆地区的投资金额相对来说比重较低，导致了新疆基础设施地域差异明显。

（3）新疆区域辽阔、自然条件恶劣、地理环境差别较大。高山、盆地、沙漠、绿洲等地形应有尽有，地理环境的复杂加大了新疆基础设施建设的难度。伴随着"一带一路"政策将新疆定位在新丝绸之路经济带的核心区的位置上，这也对新疆在信息传输、计算机服务和软件业等设施的建设方面提出了更高的要求。

2.3.2.2　新疆专业人才匮乏、创新能力不足的原因

（1）新疆加工制造企业的研发费用远低于全国平均水平，生产研发投入过低，科研机构与科研人员数量不足。导致新疆加工制造业的自主创新能力较低，科研水平无法满足新疆加工制造业发展的需要，关键核心技术对外依赖严重。

（2）新疆存在对本土人才重视力度不足、本土人才大量外流的现象。不仅在本地的企业与高校等科研院所中存在本土人才流失现象，疆内学生的外

出求学与异地发展也是造成本地人才流失的一大因素。本地人才的外流是加剧新疆人力资本匮乏现状的重要根源。

（3）新疆的人才市场建设尚不完善，市场区域分布的不均以及供求机制的不健全，导致了人才供需信息渠道不畅与人才引进的困难。人力资本平台建设滞后，使得引进的人力资本无法实现效用最大化。最终使得新疆陷入了不断在以优惠政策引进人才而又导致人才不断流失的一个周而复始的怪圈之中。只有在能够将引进的人才真正留住的情况下，人才引进政策才能真正发挥有效作用，否则只能是竹篮打水一场空。

2.3.2.3 自治区政府观念落后的原因

新疆作为西北边疆的民族自治区，长期以来得到了中央以及东部沿海发达地区的大力支持，导致有些地方政府养成了要援助、等政策等陈旧落后的观念。政府的主要职责之一便是为企业提供更好的服务，但西部地区的某些地方政府仍然将日常管理工作作为服务的重点内容，还没有树立为企业在更广阔的市场上打造更多的发展机会的服务观念。行政权力得不到法律的有效制约，过度介入到经济发展之中，破坏了市场经济秩序，降低了要素市场的活跃度，妨碍了社会经济的运行效率。思想观念上的落后是造成政府职能错位缺位的重要原因。

由于新疆的情况具有特殊性，不同地区的现实情况千差万别，不管是经济、文化还是受教育程度、宗教信仰等各方面均不相同。就经济而言北疆经济明显好于南疆，因此即使是相同的政策在实施方面也应该有更大的调节弹性与更改空间，而不是简单粗暴的进行一刀切政策。这就要求新疆各级政府提高服务水平和办事效率，并在此基础上努力转变政府的服务理念以及政府的职能，要灵活运用政策措施来调动经济社会各方力量的积极性。在加强激活民间投资政策力度的同时增加招商引资的范围，努力吸纳更多的社会资金进入。加强对水利、能源、互联网以及各类交通等基础设施的建设。改变政府的观念，在社会上营造出一个公开、公平的市场环境，高效廉洁的政治环境，使整个社会营造出一个亲商重才的良好氛围，为新疆加工制造业实现跨越式发展打造一个良好的发展环境。唯有如此，中央对新疆的各种扶持政策才能真正有效地落到实处达到政策实施的目的。

2.4 新疆加工制造业价值链升级路径设计

2.4.1 新疆加工制造业价值链升级一般路径

随着产业内分工与产品内分工的不断深入与发展，以往企业进行的全能式的生产制造活动逐渐成为多个企业单一生产环节合作式的生产活动。这就在企业之间形成了基于产品的生产与加工而存在的上下游关系，位于价值链上不同生产加工环节的企业由于生产过程中增值能力存在的差异决定了其在价值链中所处位置的不同。

加工制造业的价值链升级路径一般说来可简要概括为从原材料产业→粗加工产业→精加工产业→加工制造业品牌化。新疆的加工制造业由于产业基础薄弱，只能进行简单的加工组装等附加值含量较低的环节，而技术创新、品牌营销等能力较为薄弱。在升级路径的选择上应当在综合考虑新疆的历史与现实、政治与人文等各方面的因素之后进行具体分析。

新疆的粗放式生产加工发展模式，以能源资源的大量消耗与生态环境的日益恶化为代价，使加工制造业得以快速发展。为了提高新疆的能源资源利用效率，使新疆的经济能够得到持续健康的发展，必须改变新疆加工制造业以往的粗放式生产经营模式。由于加工制造业的利润高低在一定程度上与其产品的加工深度成正比，因此加强新疆加工制造业向深度加工的引导力度，是提高产品附加值的重要方法。此外还应将国内外前沿生产技术与加工生产相结合，提高新疆加工制造业的信息化程度，通过向研发设计、品牌营销等高附加值环节转移来实现价值链升级。

2.4.1.1 从 OEM 阶段到 ODM 阶段

在新疆加工制造业发展的最初阶段是依靠代工生产的方式嵌入到全球价值链之中的。采用 OEM 生产模式进行标准化的组装、制造，对发达国家研发的成熟产品进行加工生产，采用跨国公司的品牌进行销售，无法接触到产品的关键技术与核心环节，位于全球价值链的低端位置。处于 OEM 阶段的企业依赖其低廉的价格、可靠的加工质量以及严格的交货期限来获取微薄的利润。虽然利润极低但仍然要面对极其激烈的竞争，新疆的加工制造企业为了能够求得生存必须通过兼并重组、经营多元化、军民融合等多种方式来扩大企业规模以便于获取规模经济效益，通过重组生产系统或引进高新技术等方法来有效地促进投入产出比的提高，提高生产效率实现流程升级。但是这种提高利润的方式有一个定上限的天花板。因此处于 OEM 阶段的企业在获取一定的利润奠定一定的基础之后一定要拥有创新精神，拥有打造自身品牌的意识。通过技术创新、工艺创新以及产品精细化加工、规模化与多元化的有机结合进一步提升利润空间。利用跨国公司的技术溢出效应有重点地学习吸收更多的核心与关键技术，迈出新疆加工制造业工艺流程与产品升级的步伐。实现新疆加工制造企业由 OEM 阶段向 ODM 阶段的进步。

2.4.1.2 从 ODM 阶段到 OBM 阶段

无论是 OEM 还是 ODM，均属于代工的不同阶段。新疆的加工制造企业在 ODM 阶段开始从事产品的设计与研发，能够接触到产品更核心的生产环节，但最终依然需要采用跨国公司的品牌进行销售。

企业从 ODM 阶段升级到 OBM 阶段的过程中企业有机会接触到更加核心的技术，也会拥有一定的决策权。通过承担改进现有产品或设计新产品的职能来实现产品升级，同时还要更加关注品牌的建设，循序渐进实现功能升级与链条的升级。新疆加工制造业价值链能否成功实现由 ODM 向 OBM 升级的关键，是如何快速提升企业自身的技术水平，此时学习速度至关重要。一方面，处于价值链高端的企业并非止步不前。他们拥有更优越的条件，能够以更快的速度发展进步，新疆的加工制造业只有以更快的速度前进才有可能追赶上行业中领导企业。另一方面，处于我们身后新进入的企业也在努力追赶。我们只有保持更高的学习速度与创新速度才能够避免被新企业甩在身后的命运，才能保住我们当前在价值链中的地位。此外，新疆加工制造业要紧紧抓住具有丰富而廉价资源的比较优势以及倾斜性的支持政策，加强区域内企业的交流合作，通过加强自身竞争力来完成价值链从 ODM 阶段向 OBM 阶段的价值链升级。

2.4.1.3 从 OEM 阶段跳跃到 OBM 阶段

新疆加工制造业在 OBM 阶段主要从事于新产品的研发、设计与制造等环节的工作，最重要的是处于该环节的加工制造企业能够采用自有品牌将加工制造的产品进行对外销售。处于 OBM 阶段的加工制造企业通过掌握链条中的设计与营销等新功能，进入价值链中的战略性价值环节，实现功能升级。正常情况下，加工制造业的价值链升级会沿着 OEM 阶段到 ODM 阶段最终到达 OBM 阶段的轨迹发展前进。但是不可避免会出现某些企业由于一些革命性的创新直接向微笑曲线的两端转移，出现由 OEM 阶段越过 ODM 阶段直接升级进入 OBM 阶段的情况。

在全球价值链产业分工中，新疆加工制造业应抓住机遇，以增强核心竞争力为出发点，增强自主创新意识，着眼于产品升级与功能升级，在此基础上努力实现链条升级。新疆加工制造企业若想跨越 ODM 阶段直接由 OEM 阶段升级进入 OBM 阶段需要以加强自主创新能力为重心，积极学习世界的前沿技术，通过加强企业的核心竞争能力来提高企业的市场竞争力，依靠产品的升级来带动整个产业链条的延伸。只有这样，新疆加工制造业才有可能实现由 OEM 阶段跨越式进入 OBM 阶段的可能。

2.4.2 新疆农产品加工制造业价值链升级路径

新疆的农产品加工制造业需要加强与上下游企业之间的联系，在专注于农产品加工各个环节的同时，也要强化与上游的原料供应商以及下游的产品经销商等的紧密联系。可以通过与上下游的供应商及经销商签订合同的方式来约束它们的行为，为加工制造企业提供安全保障，也可以通过对上下游企业进行投资，将它们转变成企业内部的不同部门，进一步压缩各个环节上的交易费用。通过对农产品加工制造业上的各个环节的掌控，使新疆的农产品加工制造业在纵向上实现价值链升级，如图 2 - 1 所示。

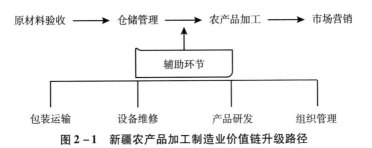

图 2 - 1　新疆农产品加工制造业价值链升级路径

新疆农产品加工制造企业也可以通过兼并或者重组的方式，提高自身的企业规模。通过将与企业相关的子产业链进行兼并，形成多元化的农产品加工制造业。通过加强农产品加工制造业产业链上各辅助环节的支持，优化企业内部的产品研发与组织管理等环节。通过有效提升企业的综合市场竞争力来加速农产品加工制造业品牌的建立，实现各部门之间的优势资源共享以及新疆农产品加工制造业在横向上的价值链升级。

2.4.3　新疆资源型加工制造业价值链升级路径

新疆资源型加工制造业的价值链一般可以表示为原材料—运输—加工—下游工业。新疆的资源型加工制造企业需要借助技术链的提升来带动价值链的升级。新疆的资源型加工制造业多是在国外先进技术引进的基础上发展起来的。最初通过对引进的国内外先进技术的学习、消化吸收，逐渐积累起中高端产品的研发设计与创新能力。最后在学习模仿的过程中逐渐将引进的技术本土化，并在本土化技术水平不断提升的情况下，实现新疆资源型加工制造业价值链升级，如图 2 - 2 所示。

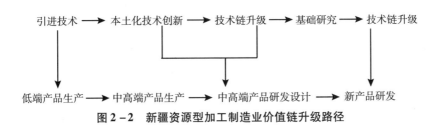

图 2 - 2　新疆资源型加工制造业价值链升级路径

新疆的资源型加工制造业需要在激烈的市场竞争中砥砺前行，以市场需求为导向，在充分了解客户需求的情况下不断创新生产经营模式。加大对产品技术与创新的支持力度，力争由低端产品的生产升级到中高端产品的生产与研发，并最终实现新产品的研发设计。在国内外建立起自己的主打品牌形成品牌效应，实现新疆资源型加工制造业的价值链升级。

2.5 新疆加工制造业价值链升级的对策及保障措施

2.5.1 新疆加工制造业价值链升级的对策

2.5.1.1 完善新疆基础设施建设

基础设施是经济社会一切活动的物质基础，便捷完善的基础设施能够有效促进经济社会各方面朝着健康有序的方向发展。完善的基础设施建设不仅是经济发展所必需的硬件条件，也是经济发展中核心竞争力的重要组成元素。从新疆加工制造业目前的发展状况来看，完善新疆的基础设施建设有利于降低企业的运输成本，能够有效提升企业的利润空间，增强企业的市场竞争力。在"一带一路"的时代背景之下，完善基础设施建设能够更好地发挥新疆作为我国向西开放的枢纽作用。

新疆的基础设施建设既要考虑到经济发展的需求也要兼顾到人民群众的意愿，应当在遵循科学合理、统筹兼顾等原则的基础上，实现经济效益与社会效益的统一。新疆不仅应该加大在公共设施方面的投入力度，也要加大在科研机构、技能培训等方面的关注力度。努力改善基础设施投资环境，转变投资理念，深化基础设施建设项目的投融资体制改革。鼓励采取多种渠道筹措基础设施的建设资金，通过积极引进国内外各方面的资金拓展融资渠道。推行市场化以及准市场化的融资方式，努力拓展基础设施建设中的经营性以及准经营性项目的资金来源。多策并举努力打造新疆便捷完善的基础设施环境。

2.5.1.2 完善新疆人才体制，加强专用人力资本积累

经济发展人才先行，人才是经济发展的主要推动力量。新疆加工制造业价值链的升级也离不开人才，但是人才匮乏问题却一直困扰着新疆经济社会的发展。新疆人才体制的建立与完善仍旧是任重而道远。

新疆的加工制造业应当积极推进人才政策法规的建设与完善，打造公平竞争的市场环境。通过畅通人力资本流通渠道、完善人才激励机制、制定积极合理的薪酬待遇等政策促使国内外先进的知识技术涌向新疆，引导人才在全疆范围内进行合理流动，提高人才在市场配置中的效率，用产业链来拉动人才链，以人才链推动产业链。积极推进人才共享机制建设，打造新丝绸之路经济带核心区的人才共享库，营造出一个有利于人才生存发展的社会大环境，为新疆加工制造业的发展提供助力。

新疆的加工制造业应当优化人才教育培训与人才从业的环境。加快培育新疆加工制造业价值链升级所需的本土高水平、技能型人才，以建设高素质人才队伍为目标，在积极引进新兴产业所需人才的同时引导外来人才与新疆本地产业融合，通过政策引导加强高校科研成果的产出率。鼓励新疆本地高校创新人才培养模式，为社会输送更加具有实用性的毕业生。为人才提供更多的就业岗位以及创业机会，鼓励在人才集聚与产业集聚之间形成良性循环，建立新疆加工制造业的人力资本中心。

2.5.1.3 加大新疆技术创新支持力度，助力传统加工制造业转型

新疆的加工制造业价值链升级应当依托于新丝绸之路经济带的核心区建设，加大对新疆加工制造业发展中的薄弱环节的技术创新支持力度，为新疆传统加工制造业的转型升级提供助力。

新疆的加工制造业在技术创新的过程之中需要始终坚持以企业为主体，充分发挥企业在科技创新、产品研发、科研成果转化等各个方面的主体作用。此外技术创新必须坚持以市场需求为导向，企业需要始终牢记，市场需求既是技术创新的出发点，也是技术创新的归宿。技术创新需要寻求高等院校以及科研院所等科研机构的大力支持。以加强基础性研究为基础，以前沿科技

与核心技术为重点，以国内外高等院校、科研院所为依托，建设和完善新疆技术创新体系。技术创新需要达到产学研深度融合的境界，积极调动上下游加工制造企业、高等科研院校等各方面的力量，加快建设新疆加工制造业的技术创新中心、校企合作研发中心，尽快形成一批加工制造业产学研联合开发的示范基地，努力打造新疆加工制造业技术创新的综合体。鼓励加工制造企业延伸价值链，以提高产品附加值为着力点、以对产品进行精细化深加工为核心，充分利用互联网等高新技术助力新疆传统加工制造业价值链升级。

2.5.1.4 加快自治区政府职能转变，为加工制造业的成长松绑

新疆加工制造业既是新疆工业发展的基础也是推动经济发展的主力军。基于此，应当加快自治区政府职能转变，变管理型政府为服务型政府，为新疆加工制造业提供便捷完善的服务与及时充分的信息。一方面，政府应积极引导加工制造企业在前沿性、战略性技术领域加大研发力度，鼓励企业完成自身技术突破，努力实现向价值链两端延伸的战略目标；另一方面，政府应该在建立切实可行的企业创新奖励机制的基础上，加强对企业创新以及知识产权的保护力度，并且通过税收减免、补贴等行政方式以及实施知识产权保护等法律手段鼓励企业研发的积极性。通过一系列的政策组合为新疆加工制造业的成长实施松绑，为其实现价值链升级扫平道路。

2.5.1.5 新疆农产品加工制造业价值链升级的对策

新疆应当结合特色农产品资源与市场的消费需求，在综合考量各方面的因素之后确立自己的主导产业以及主打品牌。充分利用新疆自身的优势，打造独一无二的新疆特色品牌，运用品牌效应实现综合效益的提升。

新疆应当培育属于自己的农产品加工制造龙头企业，大力建设农产品加工制造产业园。将生产研发、加工制造、商贸物流等基地集于一体，通过提高技术溢出效应延伸农产品加工制造的产业链，以增加技术含量以及产品附加值来加强企业提升农产品精细化深加工的能力，在降低生产加工成本的同时提高生产加工产品的质量。并以此来拓展新疆农产品加工制造业的销售渠道与销售空间，通过提高市场竞争力，实现新疆农产品加工制造业价值链的

升级。

新疆应当发挥好政府等行政机关的服务与引导功能。加强政府规划及产业政策对农产品加工制造业的引导作用，建立从原材料到产成品的产销一体化服务管理机制。为新疆农产品加工制造业的价值链升级创造有利的外部环境。

2.5.1.6 新疆资源型加工制造业价值链升级的对策

新疆资源型加工制造业应当不断提升设计创新、生产营销等能力，创新生产经营模式、重视品牌建设。通过提高对高附加值产品的重视力度，加强价值链上前后向之间的联系，从劳动密集型的低附加值产品向资本与技术密集型的高附加值产品转变。基于价值链提升技术水平、提高产品的附加值、在资源密集地区加速产业集群的形成与发展。此外新疆资源型加工制造业还应当全面了解市场的需求，根据价值链升级过程中驱动力的不同，分别制定不同的价值链升级策略。针对购买者驱动的资源型加工制造产业，可以根据销售渠道的开发拓展，提升竞争优势。针对生产者驱动的资源型加工制造产业，则可以通过提高技术水平等核心竞争力的方式，实现价值链升级。

2.5.2 新疆加工制造业价值链升级的保障措施

2.5.2.1 转变政府职能营造良好的社会经济环境

加快转变政府职能，建设服务型政府。在经济生活之中，政府应该将自己定位于弥补市场缺陷，做好经济社会的守夜人。然而由于新疆自身的特殊性，政府长期以来不仅承担了企业行政管理的职能，还承担了生产经营方面的任务。对于企业的经济活动干预过多，导致了政企不分、政事不分的现象时有发生。为此，自治区政府应该将如何转变政府职能、如何营造出良好的经济社会环境作为重点。这种转变无法一蹴而就，需要一个循序渐进的过程。一方面，政府要切实转变以往对经济活动的管理方式，将政府职能重点转移至市场监管、公共服务等方面，通过制定系统完善的市场规则，为市场行为的各个主体提供行为准则，加强对市场的监督和管理，为市场竞争主体提供一个公平竞争的市场环境。另一方面，政府需要通过改革行政审批制度，对审批事项以及审批程序进行简化，提高行政效率，使政府由管理型政府向服务型政府进行转变。为新疆加工制造业的价值链升级营造一个良好的社会经济环境。

2.5.2.2　构建产学研相结合的创新体系

新疆的加工制造企业需要在政府的宏观指导下，积极与大学、研究机构等高等科研院所开展产学研合作。在固守各自战略目标的基础上，坚持利益共享、风险共担、优势互补、共赢互利的原则。以技术合约为基础，依照各自的优势，联合起来共同从事研究开发、产业化等技术创新活动，以便实现知识的快速传递、消化、整合、利用以及创造。产学研相融合是加工制造企业提升自身技术水平的重要途径。在此过程中，需要明确企业在创新体系中的主体地位，鼓励企业积极主动地与各个高等科研院校以及科研机构建立产学研基地，进行深层次的长期交流与合作。企业通过产学研合作不仅能够解决行业共性技术的研发问题，还能通过产学研合作获取互补性的资源，有助于提升企业自身的科研创新能力。最终有助于实现新疆加工制造业价值链的升级。

第三章

新常态下新疆资源型产业转型升级研究

3.1 新疆资源型产业转型升级的现状

3.1.1 新疆资源型产业的总体发展状况

自 1978 年改革开放以来，新疆经济社会各方面都取得了翻天覆地的新变化。截至 2014 年末，整个新疆实现地区生产总值 9273.46 亿元，比上年增长 829.62 亿元，首次突破 9000 亿元大关，比上年增长 9.8%。其中，第二产业增加值 3948.96 亿元，同比增长 10.5%，占第二产业比重较大的资源型产业对新疆经济发展所做出的贡献愈发突出，整个新疆经济发展呈现出良好的形势。

2000 年新疆资源型产业（主要包括煤炭开采洗选业、石油和天然气开采业、黑色金属矿采选业、有色金属矿采选业、非金属矿采选业、石油加工与炼焦及核燃料加工业、非金属矿物制品业、黑色金属冶炼及压延加工业、有色金属冶炼及压延加工业九个行业）规模以上工业总产值为 583.78 亿元，占新疆工业总产值的比重为 55.01%。2014 年，新疆地区工业总产值 9877.27 亿元，其中资源型产业规模以上工业总产值为 5471.07 亿元，占新疆工业总产值的 55.39%。与 2000 年相比新疆工业总产值增加了 8.31 倍，资源型产业规模以上工业总产值增加了 8.37 倍。截至 2014 年底，新疆资源型产业生产总值 5471.07 亿元，实现利润总额 493.07 亿元，利税总额 1187.65 亿元，占新疆规模以上工业的比重分别为 58.01%、67.35% 和 74.97%。从业人数 751977 人，占规模以上工业企业从业人员的 48.28%。

新疆各种资源型产业生产规模呈现不断扩大的趋势，石油和天然气开采业、石油加工与炼焦及核燃料加工业规模一直较大，非金属矿物制品业、有色金属冶炼及压延加工业、黑色金属冶炼及压延加工业规模增加的幅度较大。如表 3-1 所示，2014 年煤炭开采和洗选业、石油和天然气开采业、黑色金属矿采选业、有色金属矿采选业、非金属矿采选业、石油加工与炼焦及核燃料加工业、非金属矿物制品业、黑色金属冶炼及压延加工业、有色金属冶炼及压延加工业产值分别为 269.88 亿元、1400.37 亿元、147.05 亿元、66.85 亿元、22.08 亿元、1768.73 亿元、428.92 亿元、660.99 亿元、706.20 亿元，占新疆工业总产值的比重分别是 2.73%、14.18%、1.49%、0.68%、0.22%、17.91%、4.34%、6.69%、7.15%，各行业工业产值较 2001 年分别增长了 20.39 倍、3.20 倍、46.46 倍、27.81 倍、6.94 倍、10.55 倍、13.15 倍、18.77 倍、53.76 倍。

表 3-1　　　　　　　　2000～2014 年新疆资源型产业发展状况

年份	煤炭开采和洗选业		石油和天然气开采业		黑色金属矿采选业		有色金属矿采选业		非金属矿采选业	
	产值（亿元）	比重（%）	产值（亿元）	比重（%）	产值（亿元）	比重（%）	产值（亿元）	比重（%）	产值（亿元）	比重（%）
2000	12.62	1.19	333.15	31.39	3.10	0.29	2.32	0.22	2.78	0.26
2001	15.16	1.40	258.05	23.80	3.99	0.37	2.84	0.26	3.12	0.29
2002	17.51	1.55	251.37	22.18	5.07	0.45	2.69	0.24	3.06	0.27
2003	19.55	1.47	330.59	24.85	6.02	0.45	3.37	0.25	3.51	0.26
2004	22.87	1.30	511.10	29.10	10.89	0.62	7.74	0.44	2.81	0.16
2005	26.93	1.14	783.68	33.22	17.89	0.76	14.53	0.62	3.87	0.16
2006	41.41	1.43	1014.53	35.05	23.36	0.81	32.83	1.13	5.32	0.18
2007	54.25	1.56	1122.89	32.35	36.65	1.06	44.13	1.27	5.90	0.17
2008	93.55	2.02	1350.13	29.10	71.99	1.55	37.00	0.80	6.38	0.14
2009	133.33	3.19	855.42	20.44	54.97	1.31	29.90	0.71	6.41	0.15

续表

年份	煤炭开采和洗选业		石油和天然气开采业		黑色金属矿采选业		有色金属矿采选业		非金属矿采选业	
	产值（亿元）	比重（%）	产值（亿元）	比重（%）	产值（亿元）	比重（%）	产值（亿元）	比重（%）	产值（亿元）	比重（%）
2010	150.46	2.61	1144.29	19.84	87.76	1.52	46.01	0.80	14.34	0.25
2011	189.12	2.66	1541.24	21.69	104.30	1.47	56.78	0.80	18.51	0.26
2012	234.74	2.98	1373.64	17.42	121.69	1.54	62.62	0.79	15.76	0.20
2013	236.24	2.59	1384.74	15.18	149.55	1.64	63.44	0.70	21.56	0.24
2014	269.88	2.73	1400.37	14.18	147.05	1.49	66.85	0.68	22.08	0.22

年份	石油加工、炼焦及核燃料加工业		非金属矿物制品业		黑色金属冶炼及压延加工业		有色金属冶炼及压延加工业		资源型产业总计	
	产值（亿元）	比重（%）	产值（亿元）	比重（%）	产值（亿元）	比重（%）	产值（亿元）	比重（%）	产值（亿元）	比重（%）
2000	153.18	14.43	30.31	2.86	33.43	3.15	12.90	1.22	583.78	55.01
2001	215.14	19.84	37.29	3.44	51.07	4.71	11.64	1.07	598.31	55.18
2002	212.13	18.72	39.45	3.48	62.46	5.51	13.75	1.21	607.51	53.60
2003	259.22	19.49	46.23	3.48	71.34	5.36	16.29	1.23	756.14	56.85
2004	354.54	20.19	47.96	2.73	117.87	6.71	16.91	0.96	1092.70	62.22
2005	498.30	21.12	53.36	2.26	143.64	6.09	19.59	0.83	1561.79	66.21
2006	639.39	22.09	63.44	2.19	167.60	5.79	27.70	0.96	2015.59	69.63
2007	724.55	20.87	85.10	2.45	235.42	6.78	43.03	1.24	2351.91	67.75
2008	904.34	19.49	116.19	2.50	406.71	8.77	45.04	0.97	3031.33	65.34
2009	859.80	20.55	153.62	3.67	381.12	9.11	33.67	0.80	2508.24	59.94
2010	1245.08	21.59	205.18	3.56	553.15	9.59	69.45	1.20	3515.73	60.97
2011	1572.00	22.12	271.41	3.82	679.79	9.57	130.41	1.84	4563.56	64.23
2012	1673.13	21.22	318.72	4.04	740.78	9.39	240.25	3.05	4781.34	60.63
2013	1729.58	18.96	388.85	4.26	728.18	7.98	515.60	5.65	5217.75	57.20
2014	1768.73	17.91	428.92	4.34	660.99	6.69	706.20	7.15	5471.07	55.39

资料来源：历年《新疆统计年鉴》。

3.1.2 新疆资源型产业的发展基础

3.1.2.1 资源环境条件

新疆总面积达 166 万平方公里,在全部土地资源中,农林牧业可直接利用土地面积 10.28 亿亩,占全国农林牧业可用土地面积的 1/10 以上;人均达到 60 多亩,后备耕地 2.23 亿亩,居全国第一。

2000～2014 年新疆平均水资源总量为 916.90 亿立方米,但 2014 年新疆水资源存量仅为 726.93 亿立方米,实际用水量为 581.82 亿立方米。同时新疆水资源呈明显的"北多南少,西多东少"的分布格局。但新疆有非常丰富的矿产资源,矿产种类全、储量大,居全国首位的有 9 种,居西北地区首位的有 32 种。

总体上看,新疆资源储量非常丰富,但新疆资源组合不理想。在经济步入新常态发展的背景下,统筹兼顾新疆发展中的资源、环境和经济协调,从而实现地区可持续发展显得尤为重要。

3.1.2.2 区位交通条件

新疆东部与内地省区相连,同时新疆拥有五千多公里的边境线,开放了 17 个一类口岸和 11 个二类口岸,作为丝绸之路经济带的核心区、桥头堡具有重要的地位。

但是相对于新疆广阔的面积来说,新疆的基础交通路线长度显得非常不足。西部大开发政策实施以来,新疆历年的铁路、航空、公路、管道的运输里程如表 3-2 和图 3-1 所示,反映了新疆的交通发展状况。无论是从总体情况还是从具体情况来说,新疆的各种交通里程都小于全国平均水平,交通费用也比全国高出 2～3 倍。目前,新疆交通条件虽然较大程度上改善,但与地区经济的快速发展相比,交通问题已成为地区发展的制约。

表 3 - 2　　　　　　　**2000 ~ 2014 年新疆交通发展状况**　　　　　　单位：万公里

年份	新疆				全国			
	铁路里程	公路里程	航空里程	管道里程	铁路里程	公路里程	航空里程	管道里程
2000	0.30	8.09	15.29	0.27	6.87	167.98	150.29	2.47
2001	0.30	8.09	16.18	0.30	7.01	169.80	155.36	2.76
2002	0.30	8.29	13.25	0.32	7.19	176.52	163.77	2.98
2003	0.30	8.36	14.15	0.30	7.30	180.98	174.95	3.26
2004	0.30	8.68	11.18	0.30	7.44	187.07	204.94	3.82
2005	0.29	8.95	11.95	0.30	7.54	334.52	199.85	4.40
2006	0.29	14.37	13.86	0.46	7.71	345.70	211.35	4.81
2007	0.29	14.52	16.04	0.68	7.80	358.37	234.30	5.45
2008	0.29	14.67	14.78	0.95	7.97	373.02	246.18	5.83
2009	0.38	15.07	15.24	1.12	8.55	386.08	234.51	6.91
2010	0.44	15.28	17.70	1.15	9.12	400.82	276.51	7.85
2011	0.45	15.52	17.58	1.11	9.32	410.64	349.06	8.33
2012	0.49	16.59	17.91	1.28	9.76	423.75	328.01	9.16
2013	0.49	17.02	22.61	1.17	10.31	435.62	410.60	9.85
2014	0.58	17.55	21.18	1.24	11.18	446.39	463.72	10.57

资料来源：历年《新疆统计年鉴》。

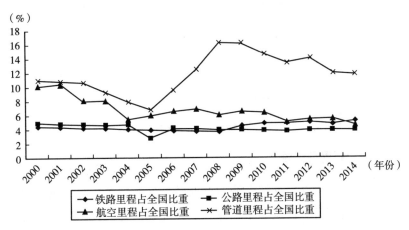

图 3 - 1　2000 ~ 2014 年新疆运输线路里程占全国的比重

3.1.2.3 经济发展条件

新疆 2014 年的地区生产总值为 9273.46 亿元，较 2000 年增长了 5.80 倍；人均 GDP 由 7372 元增加至 40648 元，较 2000 年增长了 4.51 倍，人均 GDP 与全国平均水平的差额由 2000 年的 630 元增大到 2014 年的 5981 元。三次产业构成方面，2014 年，全国的三次产业比重为 9.2:42.7:48.1，新疆三次产业的比重均低于全国水平，表明新疆三次产业的发展水平还比较低，产业转型问题依然严峻。

绿洲经济是新疆经济的另一个特点，绿洲在新疆内部的分散性也造成了新疆各地区经济发展不均衡的现状。各经济发展体之间由于受到距离、产业差异等的影响，其相互间的聚集效应、扩散效应和技术溢出效应也不甚明显，不能带来区域整体的发展，如表 3 - 3 所示。总体来看，2014 年北疆以 38.9% 的人口完成了全疆地区生产总值的 68.9%，而占全疆人口 61.08% 的南疆地区完成的生产总值只占全疆 GDP 总量的 31.13%，北疆经济发展水平明显高于南疆。

表 3 - 3　　　　　　　　　2014 年新疆南北疆经济发展状况

项目	全疆	北疆地区	所占比重（%）	南疆地区	所占比重（%）
年末总人口（万人）	2298.47	894.66	38.90	1403.81	61.08
新疆生产总值（亿元）	9273.46	6386.90	68.90	2886.56	31.13
第一产业（亿元）	1538.60	632.99	41.10	905.61	58.86
第二产业（亿元）	3948.96	2938.49	74.40	1010.47	25.59
第三产业（亿元）	3785.90	2815.42	74.40	970.48	25.63

资料来源：《新疆统计年鉴 2015》。

3.1.2.4 制度政策条件

制度的建设与创新是支持资源型产业转型升级持续运行的重要力量。由于资源型产业转型升级涉及多个主体和多个环节，有关资源型产业转型升级的制度需要不断完善和建设，既包括正式制度，也包括非正式制度；既包括产业发展相关的法律法规，也包括社会风俗、人的意识形态；既有促进新常态下新疆资源型产业转型升级的内在力量，也有影响新常态下新疆资源型产业转型升级和市场环境的外在力量。

当前，党和政府愈发关注循环经济及产业转型升级问题，部分法律法规、相关政策支持如表3-4所示，初步构成了促进产业转型升级的制度体系。这些制度和相关政策的出台实施，将会有助于推动资源型产业的转型升级。

表3-4　　　　资源型产业转型升级的相关法律法规、相关政策

政策指向	相关法律法规、政策支持
清洁生产方面	《清洁生产促进法》 《清洁生产审核暂行办法》 《清洁生产技术导向目录和清洁生产标准》 《关于印发重点企业清洁生产审核程序的规定的通知》 《关于加快推进清洁生产工作的意见》 《清洁生产评价指标体系编制通则》 《工业清洁生产审核规范》 《工业清洁生产实施效果评估规范》
能源资源方面	《石油勘探开发环境管理办法》 《关于进一步开展资源综合利用的意见》 《节约能源法》 《可再生能源法》 《节能中长期规划》 《能源效率标识管理办法》 《政府节能产品采购通知》 《节约能源监测管理暂行规定》 《关于印发节能减排"十二五"规划的通知》 《新疆维吾尔自治区煤炭石油天然气开发环境保护条例》 《油气管网设施公平开放监管办法（试行）》
环境保护方面	《当前国家重点鼓励发展的产业、产品和技术目录（修订）》 《中华人民共和国环境影响评价法》 《固体废物污染环境防治法（修订）》 《水污染防治法（修订）》 《危险废物污染环境防治办法》 《环境保护条例（修订本）》 《中华人民共和国环境保护法（修订）》 《新疆维吾尔自治区排污许可证管理暂行办法》 《建设项目环境影响评价区域限批管理办法（试行）》

政策指向	相关法律法规、政策支持
支持性政策措施	《推进循环经济工作指导意见》 《中央补助清洁生产专项资金使用管理办法》 《关于做好自治区工业经济领域发展循环经济、建设节约型社会工作的实施意见》 《中华人民共和国循环经济促进法》 《支持循环经济发展的投融资政策措施的意见》 《淘汰落后产能中央财政奖励资金管理办法》 《关于建立实施环境执法联动工作机制的若干意见（试行)》 《关于加强全区生态文明建设的实施意见》

3.1.3　新疆资源型产业转型升级的现状分析

在新常态下新疆资源型产业转型升级的现状分析中，本书把所选取的资源型产业分为两类：其一是资源型采选业，包括煤炭开采和洗选业、石油和天然气开采业、黑色金属矿采选业、有色金属矿采选业、非金属矿采选业；其二是资源型加工业，包括石油加工与炼焦及核燃料加工业、非金属矿物制品业、黑色金属冶炼及压延加工业、有色金属冶炼及压延加工业。

总体来看，新疆资源型产业处于转型升级阶段。2014 年资源型采选业所占比重为 34.84%，资源型加工业所占比重为 65.16%。如表 3 - 5 所示，石油和天然气开采业在全部资源型产业中所占比重下降比较明显，2014 年的比重为 25.60%，相较于 2000 年的 57.07%下降了 31.47 个百分点；非金属矿采选业所占比重由 2000 年的 0.48%下降到 2014 年的 0.40%，下降了 0.08 个百分点；煤炭开采和洗选业所占比重由 2000 年的 2.16%上升到 2014 年的 4.93%，上升了 2.77 个百分点；黑色金属矿采选业所占比重由 2000 年的 0.53%上升到 2014 年的 2.69%，上升了 2.16 个百分点；有色金属矿采选业所占比重由 2000 年的 0.40%上升到 2014 年的 1.22%，上升了 0.82 个百分点；石油加工与炼焦及核燃料加工业所占比重由 2000 年的 26.24%增长到 2014 年的 32.33%，增加了 6.09 个百分点；非金属矿物制品业所占比重由 2000 年的 5.19%增长到 2014 年的 7.84%，增加了 2.65 个百分点；黑色金属冶炼及压延加工业所占比重由 2000 年的 5.73%增长到 2014 年的 12.08%，增加了 6.35 个百分点；有色金属冶炼及加工业所占比重由 2000 年的 2.21%

增长到 2014 年的 12.91%，增加了 10.70 个百分点。

表 3-5　　　　　　2000~2014 年新疆资源型产业所占比重　　　　单位：%

年份	煤炭开采和洗选业	石油和天然气开采业	黑色金属矿采选业	有色金属矿采选业	非金属矿采选业	石油加工、炼焦及核燃料加工业	非金属矿物制品业	黑色金属冶炼及压延加工业	有色金属冶炼及压延加工业
2000	2.16	57.07	0.53	0.40	0.48	26.24	5.19	5.73	2.21
2001	2.53	43.13	0.67	0.48	0.52	35.96	6.23	8.54	1.95
2002	2.88	41.38	0.83	0.44	0.50	34.92	6.49	10.28	2.26
2003	2.59	43.72	0.80	0.45	0.46	34.28	6.11	9.44	2.15
2004	2.09	46.77	1.00	0.71	0.26	32.45	4.39	10.79	1.55
2005	1.72	50.18	1.15	0.93	0.25	31.91	3.42	9.20	1.25
2006	2.05	50.33	1.16	1.63	0.26	31.72	3.15	8.32	1.37
2007	2.31	47.74	1.56	1.88	0.25	30.81	3.62	10.01	1.83
2008	3.09	44.54	2.37	1.22	0.21	29.83	3.83	13.42	1.49
2009	5.32	34.10	2.19	1.19	0.26	34.28	6.12	15.19	1.34
2010	4.28	32.55	2.50	1.31	0.41	35.41	5.84	15.73	1.98
2011	4.14	33.77	2.29	1.24	0.41	34.45	5.95	14.90	2.86
2012	4.91	28.73	2.55	1.31	0.33	34.99	6.67	15.49	5.02
2013	4.53	26.54	2.87	1.22	0.41	33.15	7.45	13.96	9.88
2014	4.93	25.60	2.69	1.22	0.40	32.33	7.84	12.08	12.91

资料来源：历年《新疆统计年鉴》。

　　本节所研究的新疆资源型产业的发展都在某种程度上有些波动，石油加工与炼焦及核燃料加工业、煤炭开采和洗选业、有色金属矿采选业、有色金属冶炼及压延加工业都在经历着一个比重不断上升的过程，印证了新疆资源型产业内部正在朝着转型升级方向发展。新常态下新疆资源型产业多在资源富集的地区形成产业集群，对周边地区的技术溢出效应和规模效益明显，资源型产业的转型升级对拉动区域经济增长具有积极的效应。

　　本研究用产业加工程度呈现新疆资源型产业转型的程度，用产业增加值率反映降低中间消耗的经济效益，用单位能耗的产业产值水平说明资源型产业的集约化程度。对于新疆资源型产业转型升级的现状，详见表3-6。

表3-6　　　　　　　2000~2014年新疆资源型产业转型升级状况

年份	产业增加值率（%）	产业加工程度（%）	单位能耗的产业产值水平（万元/万吨标准煤）
2000	55.01	64.93	1760.47
2001	55.18	111.29	1711.20
2002	53.60	117.19	1677.08
2003	56.85	108.27	1860.37
2004	62.22	96.74	2283.68
2005	66.21	84.41	2836.27
2006	69.63	80.37	3333.06
2007	67.75	86.10	3576.55
2008	65.34	94.44	4287.96
2009	59.94	132.24	3332.96
2010	60.97	143.66	4240.82
2011	64.23	138.94	4597.35
2012	60.63	164.39	4041.15
2013	57.20	181.20	3827.63
2014	55.39	187.01	3665.44

资料来源：历年《新疆统计年鉴》。

　　在资源型产业加工程度方面，2000~2014年间新疆资源型产业的加工程度是不断深化的，总体趋势呈现上升的趋势。特别需要指出的是，最近几年的环比增速有较大的升幅，说明受国家政策的影响新疆地区越来越重视资源型产业层次的高级化。总体来说，新疆资源型产业正在从原始资源采选向资源深化加工业转型，这也表明新疆资源型产业的层次在不断地提高，正在由低端产业往高端产业不断地演进，符合经济的发展规律，同时也助推了新疆经济的快速发展。

在产业增加值率方面，2000～2014年间新疆资源型产业的产业增加值经历了先上升后下降的过程，从2000年的55.01%增加到2006年的69.63%，随后又下降到2014年的55.39%。新疆资源型产业的增加值率的大小直接反映新疆资源型的经济效益，资源产业中间生产环节产能消耗的减少表明新疆资源型产业的投入产出比正在下降，间接展现出资源型产业逐渐出现产能过剩的现象，投入产出效果不如以往。恰恰是这种现象的出现，说明新疆资源型产业面临着产业转型升级的关键时刻，需要政府部门的鼎力支持，如制定产业技术及产品更新换代更新的政策、对资源型产业引进的新技术新手段给予一定的税收优惠等。

而在单位能耗的产业产值水平方面，2000～2012年间新疆资源型产业的单位能耗产业产值呈现持续增长的状态，新疆资源型产业的单位能耗产值水平从2000年的1760.47万元/万吨标准煤上升到2012年的4041.15万元/万吨标准煤。新疆资源型产业单位能耗产值水平的提高在某些方面也反映出新疆能源利用效率的提高，一定程度上摆脱了高能耗、低产出的产业模式。2013年以后，新疆经济步入新常态，经济增长由高速向中高速迈进，更加注重经济发展"质"的提高，带来2013～2014年单位能耗产值水平的小幅下降。而从总体来看，新疆资源型产业单位能耗产值水平增速的加大，说明新疆资源型产业在节能方面做出了努力，有利于推进新疆资源型产业整体的升级进程。

综合以上分析可知，新疆资源型产业转型的效果比较明显，这是由于国家的政策导向所致，一方面提出要走新型工业化道路，另一方面提出要延伸新疆资源型产业的产业链条，提高新疆资源型产业层次。新疆资源型产业间的转换比较容易，部分受到政策的影响，但对于受技术条件限制的资源型产业的升级来说，资源型产业附加值的提高需要技术的进步以及服务意识的增强，才能不断进行资源型产品的更新换代，实现新疆资源型产业工业增加值的不断飞跃。新疆资源型产业的单位能耗的工业产值水平还会受到"资源诅咒"效应的影响，特别是有恃无恐地利用本地资源，不会受到资源约束的限制，就不珍惜资源的稀缺性。而新疆资源型产业单位能耗的工业产值水平的提高需要加强资源型企业的忧患意识，更重要的还是要提高新疆资源型企业的节能技术以及资源型产品的制造工艺流程的低耗能性。所以新疆地区的资源型产业升级需要的是生产技术的进步以及企业内部员工的综合素质。

3.2 新常态下新疆资源型产业转型升级的综合测评

3.2.1 新常态下新疆资源型产业转型升级评价指标体系的构建原则

近年来学术界关于资源型产业转型升级的评级指标体系虽有探索，但并未形成统一的评价标准。新常态下新疆资源型产业转型升级受到多方面的影响，需要结合新疆的经济发展、资源消费、结构优化、科技进步等方面，构建新疆资源型产业转型升级的指标体系。因此，本节在参考前人相关研究的基础上，遵循以下几方面原则，构建新常态下新疆资源型产业转型升级的评价指标体系。

3.2.1.1 因地制宜原则

各地区由于所拥有的资源类型、资源存量存在差异，资源型产业所处的发展阶段、区位条件、劳动力状况、环境保护压力、产业情况等都有所差异，所以对一个地区适宜的资源型产业转型升级评价体系未必也适合另一地区。要探寻适合新常态下新疆资源型产业转型升级的评价体系，必须坚持实事求是、因地制宜的原则，一切从本地的实际情况出发，做好具体的分析和规划。

3.2.1.2 可持续发展原则

资源型产业转型升级是一个长期而漫长的过程，应坚持可持续发展的原则，建设资源节约型与环境友好型城市。大力实施可持续发展战略，促进和保障人口、资源、环境和产业的协调发展，加强生态环境保护和生态体系建设，逐步实现产业发展的绿色化。同时，由于新常态下新疆资源型产业的转型升级一直处于变化过程中，指标的选取要考虑到动态性，保证指标体系可以反映出当时及未来资源型产业的转型状况。

3.2.1.3　统筹兼顾原则

学术界已有的资源型产业转型升级测评指标体系具有一定的参考价值，在建立新疆资源型产业转型升级测评指标体系时，应该以现有的指标体系为基础，既要考虑到经济方面，也要兼顾环境方面、科技方面以及结构优化层面，经过归纳分析，剔除不合理指标和主观性较强的指标，统筹兼顾，将符合当地区情并能够反映时代特征、未来发展趋向的指标创造性地纳入指标体系当中。

3.2.1.4　科学量化原则

构建新疆资源型产业转型升级测评指标体系时，首先要符合科学发展观的基本要求，要以科学的理论为指导，抓住资源型产业转型升级的内涵和特征；其次，选取的指标要在科学真实的基础上兼顾可操作性。转型升级的复杂性和波动性要求指标在选取时一定要具有实用性与科学量化的收集整理计算。还要注意指标选取时要避免因交叉重复而带来的结果的不准确。

3.2.2　新常态下新疆资源型产业转型升级评价指标体系的确立

本节将新常态下新疆资源型产业转型升级评价指标体系分为三层：第一层设定为目标层，能够体现评价对象的性质；第二层是准则层，能够反映从哪些方面评级资源型产业的转型升级；第三层是指标层，即具体的指标选择。在选择具体衡量指标时，首先考虑数据的可得性，其次考虑数据的真实性和准确性，最后考虑指标选取的全面性，能否从不同的侧重点对评价对象综合进行真实客观有效的全面评价。

本书在参考前人研究的基础上，在考虑指标建立所遵循的原则上，从经济增长、科技进步、环境改善和结构优化四个方面构建新常态下新疆资源型产业转型升级评价的指标体系，以测评新常态下的新疆资源型产业转型升级。

3.2.2.1 经济增长指标的选择

（1）人均地区生产总值。人均地区生产总值是对一个地区经济发展水平高低的一个重要指标，能够判断一个地区劳动成果和地区平均发展水平的高低。人均地区生产总值越高，整体经济素质越好，产业结构也越好。

（2）地区生产总值增长率。资源型产业的转型升级是一个不断发展的连续过程，以此来促进新疆资源的优化配置，从而使地区生产总值不断增长。而地区生产总值增量的不断增加，使人们的生活水平不断提高。

（3）资源型产业产值。该指标是指一地区在一定时间内资源型产业所生产的全部劳务价值和最终产品价值的总和。资源型产业的经济总量水平越高，资源型产业的产值也就越高。

（4）资源型产业劳动生产率。这一指标是指一段时间内，资源型产业增加值与资源型产业全部就业人员之间的比值，反映为每一资源型产业就业人员在单位时间内创造的产品和劳务价值的总和，综合反映该地区劳动者的综合素质和经济发展水平。

（5）资源型产业产值占地区生产总值比重。这一指标反映出资源型产业在地区经济发展中所处地位的重要性。

（6）资源型产业产值利税率。这反映出资源型产业对新疆财政税收的贡献程度。资源型产业产值利税率 = 资源型产业利税总额/资源型产业产值 × 100%。

（7）资源型产业成本费用利润率。这一指标衡量新疆资源型产业的盈利能力。资源型产业成本费用利润率 = 资源型产业利润总额/资源型产业成本费用总额 × 100%。

（8）资源型产业产值增长率。这一指标既包含资源型产业产量变化的影响，又包含资源型产品价格波动的影响，并且增长率相比于增长量，部分剔除了时间因素的影响，更适合分析时间序列数据。

3.2.2.2 科技进步指标的选择

（1）科技人员比重。高比例的科技人员有利于资源型产业的技术结构加速优化。资源型产业要实现转型升级，集约化生产，也需要科技人数的技术支撑。

（2）R&D 经费占 GDP 比重。科技活动以及研发设计支出的费用占整个地区国民生产总值的比重，用来衡量该细节对科研发展的经费投入情况。

（3）万元 GDP 能耗。这一指标考察资源型产业的能源利用效率，每单位国内生产总值所消耗的能源总量，为逆指标。

（4）教育支出增长率。由于资源型产业的特殊性，行业准入门槛低，使得教育的基础设施支出和人员素质低下，这些都制约着科学技术的进步。

（5）科学技术支出增长率。科学技术是第一生产力。资源型产业大多都属于粗放式增长产业，要实现资源型产业的转型升级，最重要的是科技水平的提高，科学技术支出的增长能够进一步促进科学技术的发展。

3.2.2.3 环境改善指标的选择

（1）工业废水排放量。随着资源型产业转型升级进程的推进，工业废水排放量是清洁技术和环境污染治理综合作用的体现。

（2）工业废气排放量。这一指标指资源型产业在生产过程中产生的各种排入空气的含有污染物的气体总量，为逆指标。

（3）工业固体废物达标排放量。这一指标衡量资源型产业转型升级的环境效应及效果，为正指标。

（4）环境污染治理投资。环境污染治理投资是资源型产业实现转型升级及可持续发展的重要条件之一，投资额的多少直接体现环境污染治理的投入力度。

（5）固体废物综合利用率。资源型产业属于污染严重的产业，在生产过程中会产生大量固体废弃物。实现这些固体废弃物的循环再使用，是资源型产业转型升级的方向。用固体废物综合利用率这一指标反映资源型产业的再利用程度。

3.2.2.4 结构优化指标的选择

（1）第三产业产值占 GDP 比重。第三产业在国民经济中所处的地位，反映出当前国民经济发展的现状。从产业结构演进的角度来说，第三产业将在国民经济发展中占据主导地位。

（2）第三产业就业人数占全部就业人数比重。资源型产业转型升级后，传统的劳动密集型产业必然会向技术密集型产业转变。被挤出的部分就业人员转向第三产业就业，第三产业的就业人数增加，使产业结构实现优化升级。

（3）第二产业产值占 GDP 比重。这一指标可以反映出现阶段产业结构是否合理，从产业结构发展和演进的规律看，该指标越大，产业结构的优化程度越高。

（4）第二产业就业人数占全部就业人数比重。配第—克拉克定理认为，随着经济发展和人均国民收入水平的提高，劳动力呈现由第一产业向第二产业转移，然后再向第三产业转移的演进趋势。

（5）第三产业投资比重。要促进资源型产业的转型升级，就必须加大对第三产业的投资，扶植发展第三产业，摆脱经济发展对资源产业的依赖性。

综上，新常态下新疆资源型产业转型升级的评价指标体系详见表 3 − 7。

表 3 − 7　　　　　　新常态下新疆资源型产业转型升级评价指标体系

目标层	准则层	指标层	单位
新常态下新疆资源型产业转型升级 A	经济增长 B_1	人均地区生产总值 C_{11}	元
		地区生产总值增长率 C_{12}	%
		资源型产业产值 C_{13}	万元
		资源型产业劳动生产率 C_{14}	元/人·年
		资源型产业产值占地区生产总值比重 C_{15}	%
		资源型产业产值利税率 C_{16}	%
		资源型产业成本费用利润率 C_{17}	%
		资源型产业产值增长率 C_{18}	%
	科技进步 B_2	科技人员比重 C_{21}	%
		R&D 经费占 GDP 比重 C_{22}	%
		万元 GDP 能耗 C_{23}	吨标准煤/万元
		教育支出增长 C_{24}	%
		科学技术支出增长 C_{25}	%

续表

目标层	准则层	指标层	单位
新常态下新疆资源型产业转型升级 A	环境改善 B_3	工业废水排放量 C_{31}	万吨
		工业废气排放量 C_{32}	亿立方米
		工业固体废物达标排放量 C_{33}	万吨
		环境污染治理投资 C_{34}	亿元
		固体废物综合利用率 C_{35}	%
	结构优化 B_4	第三产业产值占 GDP 比重 C_{41}	%
		第三产业就业人数占全部就业人数比重 C_{42}	%
		第二产业产值占 GDP 比重 C_{43}	%
		第二产业就业人数占全部就业人数比重 C_{44}	%
		第三产业投资比重 C_{45}	%

3.2.3 新常态下新疆资源型产业转型升级评价模型的构建

3.2.3.1 评价方法的选取

目前关于测评的主要方法有很多，主要包括熵值法、Topsis 法、主成分分析法、Fisher 最优分割法和模糊综合评价法等。

各种评价方法均有一定的优缺点，对适用范围也有要求，为了尽量保证综合评价结果的科学客观，本节选定熵值法来对反映新常态下新疆资源型产业转型升级的指标进行赋权和评价，以达到较高的可信度。然后根据所得权重运用综合模糊评价法计算综合得分，以此来对新常态下新疆资源型产业转型升级进行综合评价。

3.2.3.2 模糊综合评价法评价步骤

国内学者汪培庄最早提出模糊综合评价方法，该方法的主要思想是通过将研究对象看作一个模糊的集合，并建立与之对应的隶属度函数，再利用模糊数学的运算，对研究对象进行定量分析。该模型对分析多因素、多复杂的问题评判效果比较好，解决了模糊现象不易评价的难题。模糊综合评判多级模型一般包括：评价对象、评价指标、权重系数、综合评价模型以及评价者这几个部分。

（1）确定对象集、因素集及评价集。对象集即评价的对象，也称为评价目标；因素集表示对评价目标的影响因素的一个集合；评价集是评价者对评价目标做出的评价结果的集合。

（2）因素集权重的确定。鉴于权重确定的客观性和论证可行性，本节采用熵值法确定各个因素的权重大小。首先，为了保证数据之间的可比性，利用极值处理方法对各指标进行无量纲化的处理。通过坐标平移的方法消除无量纲化后数值为 0 的数据，得到矩阵 C_{ij}。其次，计算计算各个指标的比重 P_{ij}，用公式表示为：$P_{ij} = C_{ij} / \sum C_{ij}$（$i = 1, 2, \cdots, m; j = 1, 2, \cdots, n$）。再其次，计算熵值 E_j，公式为：$E_j = k \times \sum (P_{ij} \times \ln P_{ij})$（$i = 1, 2, \cdots, m; j = 1, 2, \cdots, n$）。k 值一般取 $k = -1/\ln m$ 来计算，保证了 $E_j \in [0, 1]$。最后，计算指标权重：$W_j = (1 - E_j)/\sum (1 - E_j)$。W 的集合即为各指标的权重集合。

（3）建立综合评价矩阵 R。对每个评价指标体系构建隶属函数，若 $R_i = (r_{i1}, r_{i2}, \cdots, r_{in})$ 表示对指标体系中第 i 个因素的综合模糊评判，则：

$$R = \begin{bmatrix} r_{11} & r_{12} & \cdots & r_{1n} \\ r_{21} & r_{22} & \cdots & r_{2n} \\ \cdots & \cdots & \cdots & \cdots \\ r_{m1} & r_{m2} & \cdots & r_{mn} \end{bmatrix}$$ 为指标体系的综合模糊评价矩阵。

（4）计算综合评价结果。经过上述的运算，确定了隶属度的综合评价矩阵 R，以及权重矩阵 W，通过 R 与 W 的模糊乘积运算可以得出隶属度，即每一年新疆资源型产业转型升级在各个评价等级上的比重。综合测评的结果表示为：$G = W \times R$。

（5）模糊综合评价结果分析。为了更加具体量化 2000 年到 2014 年各年的新疆资源型产业转型升级的情况，规定评价等级得分矩阵 ｛2 4 6 8 10｝。最后利用最大隶属度的原则直接得出每年新疆资源型产业转型升级所处的等级，利用加权平均的方法计算出每年新疆资源型产业转型升级的综合得分。

根据上述步骤计算新疆资源型产业转型升级的效果得分，进而对新疆资源型产业转型升级进行综合评价。

3.2.4 新常态下新疆资源型产业转型升级的测度分析

3.2.4.1 转型升级测度

1. 确定对象集、因素集和评价集

本节的评价对象即新疆资源型产业转型升级的状况，用 A 表示；因素集即所构建的指标体系，用 B 表示；评价集的评价等级一般为 3～7 个，本节选择 5 个，用 V 表示，分别为没有转型升级阶段、转型升级准备阶段、转型升级初期阶段、转型升级中期阶段、高度转型升级阶段。表示如下：

对象集：A

因素集：$B = \{B_1, B_2, B_3, B_4\}$

$B_1 = \{C_{11}, C_{12}, C_{13}, C_{14}, C_{15}, C_{16}, C_{17}, C_{18}\}$

$B_2 = \{C_{21}, C_{22}, C_{23}, C_{24}, C_{25}\}$

$B_3 = \{C_{31}, C_{32}, C_{33}, C_{34}, C_{35}\}$

$B_4 = \{C_{41}, C_{42}, C_{43}, C_{44}, C_{45}\}$

评价集：$V = \{V_1, V_2, V_3, V_4, V_5\}$

2. 因素集权重的确定

考虑到本节基于新常态的研究背景，同时为了保证全书研究所需数据资料的及时性和真实性，本节选择从 2000 年到 2014 年新疆资源型产业转型升级的相关数据进行评价分析。通过对 2000～2014 年资源型产业数据的收集，进行无量纲化，运用熵值法进行指标体系权重的确定，结果详见表 3－8。

3. 建立综合评价矩阵 R

评价矩阵需要通过对每个评价指标 a_i 的构造得出综合评价的矩阵，评价指标 a_i 构造的关键是对每一个评价指标 a_i 来说，分别构造属于 v_j 的隶属函数。本节采用梯度隶属度函数，当 x 为正指标时，其隶属函数为：

表3-8　新常态下新疆资源型产业转型升级评价指标体系的各指标权重

目标层	准则层	指标层	熵值 e_j	差异系数 d_j	权重 w_j
新常态下新疆资源型产业转型升级	经济增长	人均地区生产总值	0.9900	0.0100	0.0508
		地区生产总值增长率	0.9913	0.0087	0.0440
		资源型产业产值	0.9887	0.0113	0.0572
		产业劳动生产率	0.9888	0.0112	0.0568
		产业产值占地区生产总值比重	0.9911	0.0089	0.0451
		产业产值利税率	0.9933	0.0067	0.0341
		产业成本费用利润率	0.9914	0.0086	0.0439
		资源型产业产值增长率	0.9906	0.0094	0.0478
	科技进步	科技人员比重	0.9893	0.0107	0.0545
		R&D 经费占 GDP 比重	0.9869	0.0131	0.0667
		万元 GDP 能耗	0.9915	0.0085	0.0432
		教育支出增长	0.9939	0.0061	0.0311
		科学技术支出增长	0.9941	0.0059	0.0303
	环境改善	工业废水排放量	0.9920	0.0080	0.0405
		工业废气排放量	0.9935	0.0065	0.0331
		工业固体废物达标排放量	0.9915	0.0085	0.0434
		环境污染治理投资	0.9896	0.0104	0.0531
		固体废物综合利用率	0.9962	0.0038	0.0193
	结构优化	第三产业产值占 GDP 比重	0.9929	0.0071	0.0362
		第三产业就业人数占就业人数比重	0.9936	0.0064	0.0325
		第二产业产值占 GDP 比重	0.9913	0.0087	0.0443
		第二产业就业人数占就业人数比重	0.9903	0.0097	0.0495
		第三产业投资比重	0.9917	0.0083	0.0424

$$v_{1i} = \begin{cases} 1 & u \leqslant x_{1i} \\ \dfrac{x_{2i} - u}{x_{2i} - x_{1i}} & x_{1i} \leqslant u \leqslant x_{2i} \\ 0 & u > x_{2i} \end{cases}$$

$$
v_{2i} = \begin{cases} 0 & u \leqslant x_{1i} \\[2mm] \dfrac{u - x_{1i}}{x_{2i} - x_{1i}} & x_{1i} < u \leqslant x_{2i} \\[3mm] \dfrac{x_{3i} - u}{x_{3i} - x_{2i}} & x_{2i} < u \leqslant x_{3i} \\[3mm] 0 & u > x_{3i} \end{cases}
$$

$$
v_{3i} = \begin{cases} 0 & u \leqslant x_{2i} \\[2mm] \dfrac{u - x_{2i}}{x_{3i} - x_{2i}} & x_{2i} < u \leqslant x_{3i} \\[3mm] \dfrac{x_{4i} - u}{x_{4i} - x_{3i}} & x_{3i} < u \leqslant x_{4i} \\[3mm] 0 & u \geqslant x_{4i} \end{cases}
$$

$$
v_{4i} = \begin{cases} 0 & u \leqslant x_{3i} \\[2mm] \dfrac{u - x_{3i}}{x_{3i} - x_{2i}} & x_{3i} < u \leqslant x_{4i} \\[3mm] \dfrac{x_{5i} - u}{x_{5i} - x_{4i}} & x_{4i} < u \leqslant x_{5i} \\[3mm] 0 & u > x_{5i} \end{cases}
$$

$$
v_{5i} = \begin{cases} 0 & u \leqslant x_{4i} \\[2mm] \dfrac{u - x_{4i}}{x_{5i} - x_{4i}} & x_{4i} < u \leqslant x_{5i} \\[3mm] 1 & u > x_{5i} \end{cases}
$$

当 x 为逆指标时，其隶属函数为：

$$
v_{1i} = \begin{cases} 0 & u \leqslant x_{4i} \\[2mm] \dfrac{u - x_{4i}}{x_{5i} - x_{4i}} & x_{4i} < u \leqslant x_{5i} \\[3mm] 1 & u > x_{5i} \end{cases}
$$

$$v_{2i} = \begin{cases} 0 & u \leq x_{3i} \\ \dfrac{u - x_{3i}}{x_{4i} - x_{3i}} & x_{3i} < u \leq x_{4i} \\ \dfrac{x_{5i} - u}{x_{5i} - x_{4i}} & x_{4i} < u \leq x_{5i} \\ 0 & u > x_{5i} \end{cases}$$

$$v_{3i} = \begin{cases} 0 & u \leq x_{2i} \\ \dfrac{u - x_{2i}}{x_{3i} - x_{2i}} & x_{2i} < u \leq x_{3i} \\ \dfrac{x_{4i} - u}{x_{4i} - x_{3i}} & x_{3i} < u \leq x_{4i} \\ 0 & u > x_{4i} \end{cases}$$

$$v_{4i} = \begin{cases} 0 & u \leq x_{1i} \\ \dfrac{u - x_{1i}}{x_{2i} - x_{1i}} & x_{1i} < u \leq x_{2i} \\ \dfrac{x_{3i} - u}{x_{3i} - x_{2i}} & x_{2i} < u \leq x_{3i} \\ 0 & u > x_{3i} \end{cases}$$

$$v_{5i} = \begin{cases} 1 & u \leq x_{1i} \\ \dfrac{x_{2i} - u}{x_{2i} - x_{1i}} & x_{1i} < u \leq x_{2i} \\ 0 & u > x_{2i} \end{cases}$$

用上述函数计算各个指标的隶属度函数，构造隶属度矩阵。

4. 计算综合评价结果

通过 R 与 W 的模糊乘积运算可以得出隶属度，即每一年新疆资源型产业转型升级在各个评价等级上的比重。为了更加具体量化 2000 年到 2014 年各年的新疆资源型产业转型升级的情况，令各个等级量化分别为 2、4、6、8、10 分，得到得分矩阵 ｛2 4 6 8 10｝。利用最大隶属度的原则计算新疆资源型产业转型升级所处的等级，利用加权平均的方法计算出每年新疆加工贸易发展的综合得分。评价结果详见表 3 –9。

表 3 - 9　　　　　　　　　新常态下新疆资源型产业转型升级综合评价

年份	没有转型升级	准备转型升级	初期转型升级	中期转型升级	高度转型升级	综合得分	评价结果
2000	0.0000	0.5030	0.3446	0.1138	0.0386	5.3762	准备转型升级
2001	0.0763	0.4562	0.3599	0.0456	0.0620	5.1216	准备转型升级
2002	0.0607	0.4440	0.3797	0.0464	0.0691	5.2380	准备转型升级
2003	0.0419	0.4678	0.2914	0.1245	0.0744	5.4432	准备转型升级
2004	0.0302	0.4109	0.3120	0.1246	0.1309	5.8816	准备转型升级
2005	0.0689	0.1888	0.3761	0.3082	0.0580	6.1949	转型升级初期
2006	0.0494	0.2726	0.3871	0.2051	0.0859	6.0106	转型升级初期
2007	0.0355	0.3090	0.3659	0.1980	0.0916	6.0023	转型升级初期
2008	0.0355	0.3659	0.3090	0.1980	0.0916	5.8884	准备转型升级
2009	0.0657	0.3752	0.2577	0.2681	0.0332	5.6560	准备转型升级
2010	0.1084	0.1812	0.3770	0.2520	0.0814	6.0337	转型升级初期
2011	0.1060	0.1448	0.4001	0.3379	0.0112	6.0072	转型升级初期
2012	0.1339	0.1253	0.3703	0.3218	0.0487	6.0522	转型升级初期
2013	0.1088	0.1558	0.3808	0.3158	0.0388	6.0404	转型升级初期
2014	0.0022	0.1806	0.4492	0.3264	0.0416	6.4491	转型升级初期

3.2.4.2　综合分析

从新常态新疆资源型产业转型升级评价的综合得分来看（见表 3 - 9 和图 3 - 2），2000 年到 2014 年虽然个别年份表现出上下波动的状态，但整体上呈现出上升趋势，这说明新疆资源型产业转型升级取得一定程度的效果，发展趋势较好。其中，2000 年到 2007 年，综合得分迅速上升，表明新疆资源型产业转型升级在新世纪初期取得较为明显的效果，这主要得益于国家西部大开发政策的实施对新疆资源型产业提供了发展机会和新的动力；2006 年到 2011 年综合得分在下降中又有缓慢上升，于 2014 年达到最大值 6.4491，在各年份综合得分中排名第一；2011 年至 2014 年综合得分上下小幅波动，原因在于"新常态"的提出，经济发展由注重量的增加到注重质的改变。受 2008 年金融危机和 2009 年新疆"七五"事件的影响，2008 年和 2009 年新疆资源型产业转型升级的综合得分分别为5.8884和5.6560，处于转型升级的准备阶段，表明相关外部环境的变化也会对资源型产业转型升级产生影响。

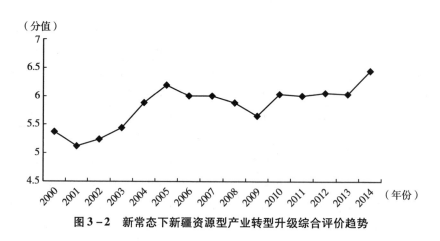

图 3-2 新常态下新疆资源型产业转型升级综合评价趋势

西部大开发实施以来，新疆资源型产业转型升级的综合测评合成值表明新疆资源型产业处于准备转型升级阶段和转型升级初期阶段。但从资源型产业转型升级的总体发展情况来看，新疆资源型产业未来有着向转型升级中期阶段发展的趋势。以2014年为例，按照隶属度原则及综合模糊评价法得出：2014年的新疆资源型产业处于转型升级初期阶段的隶属度是0.4492，但2014年评价等级中没有转型升级的隶属度是0.0022，准备转型升级的隶属度是0.1806，转型升级中期的隶属度是0.3264，高度转型升级的隶属度是0.0614。由此表明，新疆资源型产业转型升级还有很大的提升空间，转型升级的程度不足，转型升级未来的趋势是向转型升级的中期阶段方向发展。

3.2.4.3 分指标分析

1. 经济增长指标分析

从人均地区生产总值来看，总体上呈现出不断上升的趋势。2000～2008年一直处于平稳上升阶段，人均生产总值不断增加。2009年由于金融危机带来的滞后影响和新疆"七五"事件的影响，人均地区生产总值较2008年呈现减少状态。之后新疆及时调整经济发展方式，2010～2014年人均地区生产总值迅速增加，在2014年人均地区生产总值达到40648元，如图3-3所示。

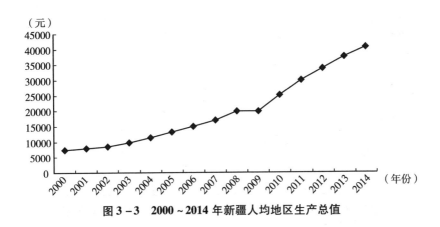

图 3 - 3　2000~2014 年新疆人均地区生产总值

相较于新疆资源型产业产值增长率的趋势来说，新疆地区生产总值增长率呈现较为平稳的状态。2000~2002 年地区生产总值增长率在 8%~9% 之间波动，2003~2007 年地区生产总值增长率不断上升，虽偶有下降，但整体增长迅速，到 2007 年地区生产总值增长率达到 12.2%。2008 年由于金融危机的影响有所下降，为 11%。2009 年由于"七五"事件的影响下降至 8.1%。2010 年以后，经济复苏，地区生产总值增长率不断上升，于 2012 年达到 12%，2013 年和 2014 年增长率为 11% 和 10%，这与我国经济进入新常态，经济由高速增长转变为中高速增长有关。资源型产业产值的增长率波动较大，西部大开发政策实施之初，资源型产业产值较之前有较大的变化，2000 年资源型产业产值增长率为 52.1%。2001 年和 2002 年资源型产业产值增长率有所下降，之后迅速上升，2004 年达到 44.51%。2005~2009 年资源型产业产值的增长率不断下降，之后呈现出"上升—下降—上升—下降"的反复趋势，如图 3-4 所示。

从历年资源型产业产值来看，2000~2014 年新疆资源型产业产值总体上处于不断增加的趋势，资源型产业产值在地区生产总值中的比重也不断上升。2000 年资源型产业产值为 5837787.50 万元，占地区生产总值比重的 42.81%。2009 年由于"七五事件"的影响，资源型产业产值在地区生产总值中所占比重下降。之后资源型产业产值虽然在逐年增加，但是在地区生产总值中所占的比重有升有降，如图 3-5 和图 3-6 所示。

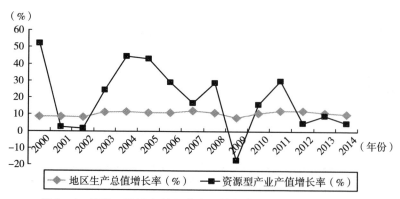

图 3 − 4　2000～2014 年地区生产总值与资源型产业产值增长率

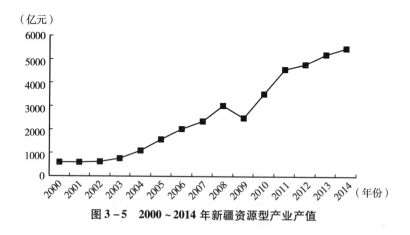

图 3 − 5　2000～2014 年新疆资源型产业产值

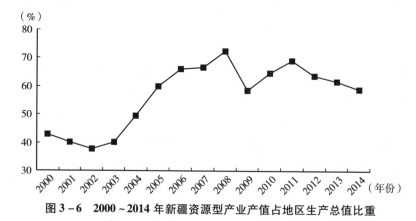

图 3 − 6　2000～2014 年新疆资源型产业产值占地区生产总值比重

资源型产业劳动生产率为每一资源型产业就业人员在单位时间内创造的产品和劳务价值的总和，反映出该地区劳动者的综合素质和经济发展水平。2000 年到 2014 年新疆资源型产业劳动生产率呈现不断上升的趋势，其中2000 年到 2007 年表现出缓慢上升的状态。2000 年资源型产业劳动生产率为371032.45 元/人·年，2007 年达到 884153.32 元/人·年，2009 年有所下降，但之后迅速回升，2013 年达到最高值为 1567767.09 元/人·年，表明资源型产业转型升级处于不断推进的阶段，如图 3 - 7 所示。

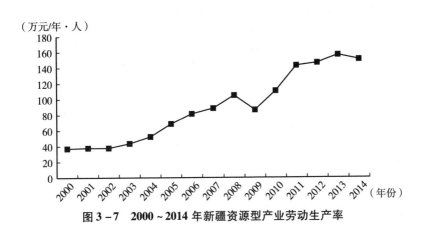

图 3 - 7　2000～2014 年新疆资源型产业劳动生产率

资源型产业的产值利税率反映出资源型产业对新疆财政税收的贡献程度，而资源型产业成本费用利润率则是衡量新疆资源型产业盈利能力的重要指标。由图 3 - 8 可以看出，资源型产业产值利税率与资源型产业成本费用利润率的趋势基本相同，2000～2007 年处于不断上升的趋势，表明资源型产业对新疆财政的贡献程度不断增加，盈利能力也不断上升。2008 年和 2009 年由于外部环境的影响，资源型产业的产值利税率和其成本费用利润率都有所下降，之后有所回升。2012～2014 年资源型产业的产值利税率和其成本费用利润率都有所下降与新常态背景的提出以及经济发展方式的转变有关。

2. 科技进步指标分析

新疆资源型产业的转型升级依赖于科技进步，研究与开发经费支出和科技人员比重对资源型产业转型升级具有重要作用。由图 3 - 9 可知，科技人员比重在 2008 年以前表现为缓慢上升，2008～2011 年表现为快速上升，2011 年

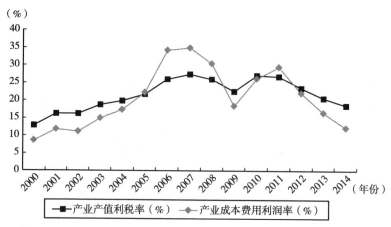

图 3 - 8　2000 ~ 2014 年新疆资源型产业产值利税率与成本费用利润率

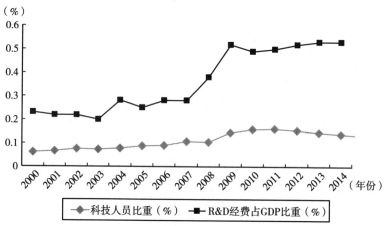

图 3 - 9　2000 ~ 2014 年新疆科技人员比重及 R&D 经费占 GDP 比重

至今则有所下降。相对于科技人员比重，研究与开发经费支出的波动则比较大。近年来，自治区政府逐渐意识到研究与开发在经济发展与产业转型升级中的作用，不断加大 R&D 经费支出。2000 ~ 2014 年新疆 R&D 经费支出占 GDP 的比重从 0.23% 上升至 0.53%。新疆 R&D 经费支出占 GDP 的比重不断上升，但是新疆科技人员比重较小，不仅无法使 R&D 经费达到最优分配，而且对新疆资源型产业转型升级推动作用有限。

新疆资源型产业转型升级的表现之一就是万元 GDP 能耗的降低。2000 年到 2014 年新疆产业的万元 GDP 能耗总体上处于不断下降的趋势,除 2004 年和 2005 年稍有上升外,到 2008 年一直处于下降状态。2009 年由于"七五"事件的影响,能源强度即万元 GDP 能耗有所上升,之后万元 GDP 能耗有所下降。但从 2011~2014 年的数据来看,万元 GDP 能源消耗变化不大,在 1.6 附近左右徘徊,如图 3 – 10 所示。

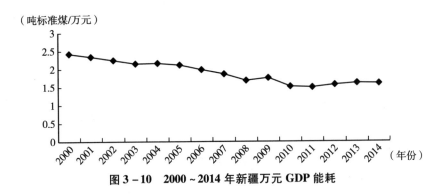

图 3 – 10   2000~2014 年新疆万元 GDP 能耗

从教育支出增长和科学技术支出增长来看,两者具有强烈的相似性。资源型产业大多都属于粗放式增长产业,要实现资源型产业的转型升级,最重要的是科技水平的提高和科研人员的增加,这就有赖于教育支出的增加。从图 3 – 11 可以看出,2000 年到 2014 年科学技术支出的增长相对于教育支出增

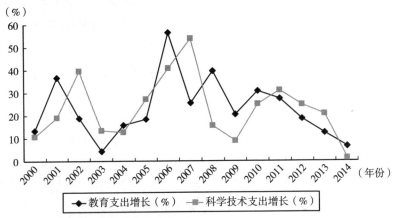

图 3 – 11   2000~2014 年新疆教育支出增长与科学技术支出增长

长具有滞后性，两者的波动具有相似性。2006年教育支出增长56.52%，2007年科学技术支出增长为53.83%，为最大值。

3. 环境改善指标分析

2000~2014年新疆工业废水排放量处于缓慢增长时期。废水排放量从2000年的15365万吨增加到2014年的32800万吨，平均年排放量22856万吨，年增速4.56%。主要原因是近年来新疆工业包括资源型产业发展迅速，但发展方式比较粗放。2014年工业废水排放量有所下降，表明经济发展方式已有一定的转变，如图3-12所示。

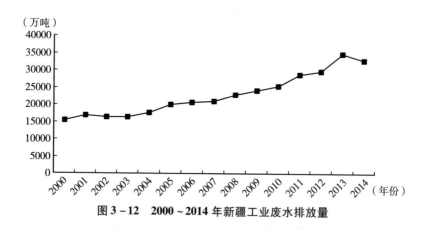

图3-12　2000~2014年新疆工业废水排放量

自2000年以来，新疆工业废气排放总量不断增加，从2000年的1943亿立方米增加到2014年的22846亿立方米，年均增速17.85%。2000~2014年新疆工业废气的排放量呈现出阶段性的特征，2000~2009年处于缓慢上升阶段，由1943亿立方米增加到6974亿立方米；2009~2014年处于快速上升阶段，增长幅度较大，如图3-13所示。

新疆工业固体废弃物达标排放量从总量上看呈现出上升趋势，大致可分为两个阶段。2000~2009年工业固体废弃物达标排放量呈现波动性变化的特征，2010~2014年工业固体废弃物达标排放量增长幅度较大，由253万吨增加到806万吨，如图3-14所示。工业固体废弃物达标排放量的持续增长，也表明科技进步研发的新技术用于生产的正向效益表现出来。

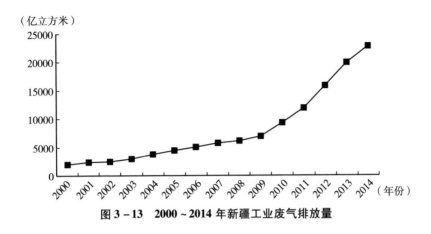

图 3 – 13　2000～2014 年新疆工业废气排放量

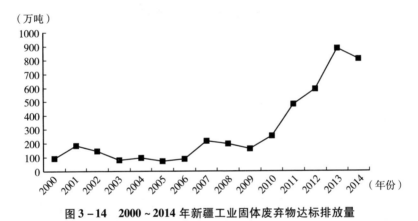

图 3 – 14　2000～2014 年新疆工业固体废弃物达标排放量

　　环境污染治理投资是资源型产业实现转型升级及可持续发展的重要条件之一，投资额的多少直接体现环境污染治理的投入力度。2000～2014 年新疆环境污染治理投资不断增加，大致可分为两个阶段。2000～2010 年新疆环境污染治理投资处于缓慢增长阶段，其中稍有波动；2010～2014 年处于迅速增长阶段，环境污染治理投资额由 2010 年的 65.02 亿元增加到 2014 年的 363.32 亿元，增幅较大，如图 3 – 15 所示。

　　实现这些固体废弃物的循环再使用，是资源型产业转型升级的方向。本书用固体废物综合利用率这一指标反映资源型产业的再利用程度。由图 3 – 16 可知，2000～2014 年新疆固体废物综合利用率在 40%～60% 之间浮动，在 2014

年达到最大值 55.63%。

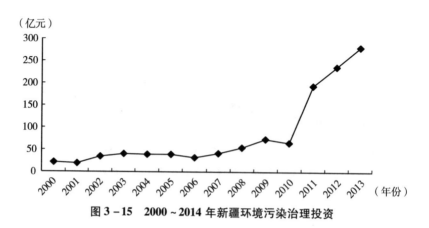

图 3 - 15　2000～2014 年新疆环境污染治理投资

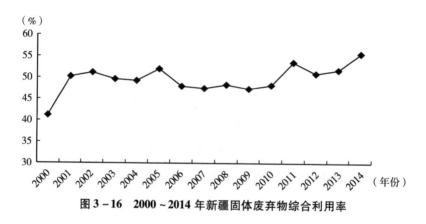

图 3 - 16　2000～2014 年新疆固体废弃物综合利用率

4. 结构优化指标分析

新疆第三产业产值占 GDP 的比重由 2000 年的 39.5% 上升至 2014 年的 40.8%，而第二产业产值占 GDP 的比重由 2000 年的 39.4% 增加到 2014 年的 42.6%。二者在十余年的变化过程中始终呈现反方向的变动，但是第三产业拉动的就业比重高于第二产业拉动的就业比重，如图 3 - 17 所示。

第三产业投资的增加更是产业结构优化、高度化的体现，也是影响产业结构优化的重要因素。第三产业的投资比重在 2000～2014 年时有波动，浮动在 40%～55% 之间，呈现出"上升—下降—上升"的趋势，如图 3 - 18 所示。

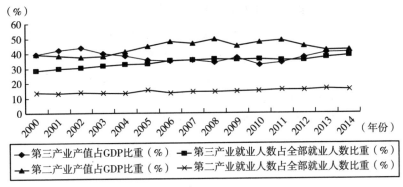

图 3-17 2000～2014 年新疆第二、三产业产值比重及就业比重

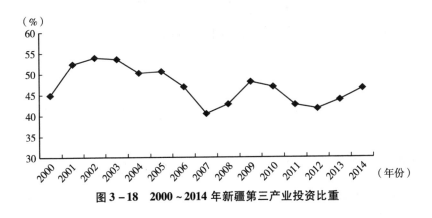

图 3-18 2000～2014 年新疆第三产业投资比重

3.2.4.4 结论

通过上述实证分析，可以得到以下结论：

（1）2000～2014 年新疆资源型产业转型得分趋势图显示个别年份表现出上下波动的状态，但波动中又有着明显的阶段性的特征，整体上呈现出上升趋势，这说明新疆资源型产业转型升级取得一定程度的效果，发展趋势较好。

（2）2000～2007 年，综合得分迅速上升，说明新疆资源型产业转型升级在新世纪初期取得较为明显的效果，这主要得益于国家西部大开发政策的实施对新疆资源型产业提供了发展机会和新的动力。

（3）2008 年和 2009 年新疆资源型产业转型升级的综合得分较低、所处阶段较落后，说明相关外部环境的变化也会对资源型产业转型升级产生影响。

（4）2011～2014 年综合得分上下缓慢波动，原因在于"新常态"的提出，经济发展由注重量的增加到注重质的改变。

（5）从二级指标经济增长、科技进步、环境改善和结构优化四个方面的指标权重来看，经济增长和科技进步对资源型产业转型升级的影响程度最为显著，是衡量资源型产业转型升级的主要内容，其次是结构优化和环境改善，体现了资源型产业转型升级对社会和区域发展的重要性。

（6）新疆资源型产业转型升级进程不断推进，然而当前新疆资源型产业转型升级仍然处于转型升级的初期，还有很大的改善、提升空间，实现资源型产业转型升级的高级阶段仍然有很大的困难需要克服。

3.3　新常态下新疆资源型产业转型升级的影响因素分析

3.3.1　新常态下新疆资源型产业转型升级影响因素的研究方法

3.3.1.1　研究方法的选择

本节用结构方程模型对新疆资源型产业转型所处阶段的影响因素进行路径分析，主要出于以下几个方面的原因：

其一，本节涉及同时处理多个因变量问题。

其二，本节涉及同时估计因子结构和因子关系问题。

基于上述原因，本节采用结构方程模型进行研究。

3.3.1.2　结构方程模型基本原理

结构方程模型由测量方程和结构方程组成。

测量方程：

$$x = \Lambda_x \xi + \delta$$
$$y = \Lambda_y \eta + \varepsilon$$

其中，x 是外生向量，Λ_x 是外生指标与外生变量之前的关系，ξ 是外生潜变量，δ 是外生指标的误差项；

y 是内生向量，Λ_y 是内生指标与内生潜变量之间的关系，η 是内生潜变量，ε 是内生指标的误差项。

结构方程：

$$\eta = B\eta + \Gamma\xi + \zeta$$

其中，η 为潜在因变量，ξ 为潜在自变量，ζ 为潜在因变量的残差，B 和 Γ 为系数。

3.3.2 新常态下新疆资源型产业转型升级影响因素的模型设计与数据来源

3.3.2.1 结构模型设定

本研究所设的结构模型既非检验潜变量之间的关系，也不是简化的检验观察变量之间的关系，而是用于检验潜变量——新疆资源型产业转型阶段和一组可观测变量——投资结构、人力资本、科技创新和经济开放之间的关系，属于混合模型路径分析。本节运用 AMOS 17 绘制了所设定的结构方程模型的路径图（见图 3-19），在该路径图中，包括了一个测量模型和一个结构模型。其中，待估计的回归系数为 8 个，方差为 9 个，自由参数个数为 17 个。测量模型主要检验不可观测变量"转型阶段"和 4 大可观测指标"经济增长、技术进步、环境改善和结构优化"之间的关系，这 4 大可观测指标也是前面用于资源型产业转型所处阶段评价的指标。

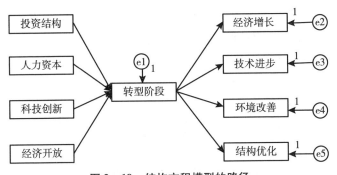

图 3-19 结构方程模型的路径

3.3.2.2 变量说明与数据来源

结构方程模型含 9 个变量，其中外因观察变量 4 个，内因潜变量 1 个，内因观察变量 4 个。内因观察变量沿用 3.2 节关于新疆资源型产业转型阶段判断的指标体系，其数值来源均参见 3.2 节。外因观察变量的数据来源主要来自《新疆统计年鉴》（2001～2015）以及中国经济与社会发展统计数据库等。各变量的具体数据来源如下：

（1）投资结构。采用制造业固定资产投资总额占全社会固定资产总额的比重，主要考察发展制造业的力度。

（2）人力资本。采用教育财政支出占财政支出总额的比重代表对人力资本开发和培训的重视程度。

（3）科技创新。采用科技财政支出占财政支出总额的比重衡量对科技创新的投入水平。

（4）经济开放。采用实际利用外资金额与地区生产总值的比值反映单位地区生产总值的实际利用外资水平。

3.3.3 新常态下新疆资源型产业转型升级影响因素的测评分析

3.3.3.1 模型的预检验

为保证结构方程模型是合适的、可以进行的，首先对各个潜变量指标进行 KMO 和 Bartlett 球形检验（见表 3－10）。经 SPSS 17.0 运行得出潜在变量的 KMO 值为 0.672，大于最低要求，Bartlett 球形检验的近似卡方值达到了 0.000 的显著性要求，因此可以运用结构方程模型进行分析。

表 3－10   KMO 和 Bartlett 球形检验

KMO 检验值		0.672
Bartlett 检验	Approx. Chi－Square	31.635
	df	10
	Sig.	0.000

3.3.3.2 模型整体的拟合优度

将所整理的相关数据代入 SEM 的路径图，通过 AMOS 17 进行分析，所得出的相关结果，除了比较拟合指标略微小于 0.9 以外，其他指标都在参考判断标准之内。因此，总体上所构建的测量模型和结构模型具有较好的解释能力。

3.3.3.3 模型的估计与检验

将相关数据代入 AMOS 17，分析计算出影响新疆资源型产业转型升级综合测评的各因素的回归系数，包括测量模型中观测变量对潜变量的路径系数以及结构模型中外因变量对内因变量的路径系数（见图 3-20）。

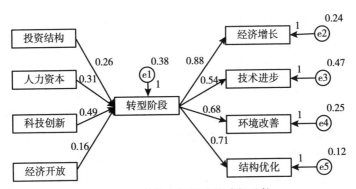

图 3-20 结构方程标准化路径系数

整体来看，所有路径系数显著性水平较高，除"经济开放→转型阶段"通过 10% 的显著性水平检验外，其他均能通过 5% 的显著性水平检验。系数 par_3、par_5、par_6 和 par_8 甚至通过了 1% 的显著性水平检验。

第一，变量"科技创新"路径系数显著性水平最高，通过了 1% 的显著性水平检验。其标准化回归系数为 0.490，表明新疆资源型产业转型综合测评结果显著受到科技创新力度的影响。

第二，变量"投资结构""人力资本"的路径系数具有较高的显著性，通过了 5% 的显著性水平检验，其标准化路径系数依次为 0.260 和 0.313。表明制造业的投资水平和人力资本的开发投入程度会对新疆资源型产业的转型升级所处阶段产生较大影响。

第三，变量"经济开放"路径系数虽具有一定的显著性，但仅在一定程度上对新疆资源型产业转型升级具有影响，通过了 10% 的显著性水平检验，其路径系数只有 0.163，在所有路径系数当中最小，显著性较低。表明新疆资源型产业与地区内外的经济联系紧密程度会对资源型产业转型升级产生一定影响，但是其影响力度具有一定的局限性。

3.3.3.4 结论分析

1. 制造业投资水平对资源型产业转型升级具有较大影响

资源型制造业的发展水平在资源型产业发展过程中处于领先的地位，直接关系到资源型产业转型升级的综合测评结果。从某个方面上说，资源型制造业的生产力水平反映该地区的科学技术的发展程度，直接促进社会化大生产的精细化、专业化和社会生产效率，影响新疆资源型产业转型升级的综合测评结果。但是，资金投入缺乏是新疆资源型产业的转型升级面临的主要问题。首先，资源型产业转型升级必须有足够的资金作支持，这就要求拥有必要的投资水平和投资来源。当前资源型产业转型升级的资金主要来源于企业的自身投入、财政投入、专项拨款及外商直接投资。由于资源型产业面临着投资需求加大、运营成本增加和沉淀成本的存在，使得资源型产业转型的资金支持无法满足其转型的资金需求。其次，由于资源型产业分工的专业化，使得其研发技术成果主要为本行业服务，对其他行业的溢出效应不甚显著，呈现出技术锁定现象。而资源的不可再生性是一个现实的问题，也导致资源产业的研发技术的边际产出效益不断下降。

2. 人力资本培养开发力度对资源型产业转型升级具有较大影响

通过资源型产业所形成的社会特征形成特定的路径依赖效应，阻碍资源型产业转型过程。资源型产业的技术准入门槛使得研究开发型人力资本的储量不足，制约资源型产业的转型升级进程。破解"资源诅咒"其实是以较低成本的人力资源开发取代消耗自然资源所换取的经济发展。而新疆资源型产业发展的准入门槛较低，对进入人员的文化水平要求较低，致使居民和政府不会对社会教育投入额外的资本支持，同时也降低了教育投资和人力培养的投资的积极性，在一定程度上也影响着新疆资源型产业转型升级的综合测评结果。因此，人力资本影响资源型产业转型升级的进程可以描述为：最初阶段是依靠自然资源，发展阶段是把自然资源和人力资源相融合，成熟阶段是纯粹依靠人力资源促进资源型产业的转型升级。

3. 技术研发与创新力度对资源型产业转型升级具有显著影响

新疆先进技术研发能力和整体科技水平较内地发达地区明显落后，资源开发利用过程中的"3R 技术以及关键性的链接技术和工业共生技术"不足，抑制了新疆资源型产业转型升级的进程。第一，新型资源型产业通过开采技术的引进与开发替代传统的资源型开采业及加工业，不仅提高了资源型产业在开发过程中的开采效率，也降低了在后期过程中的技术使用成本。第二，新科技新手段的引进也带来新的产业的发展。通过与新疆大学、石河子大学、新疆师范大学、新疆财经大学等高校的学术研究机构相结合，注重研发与实践应用相联系，推动传统产业的改进，培育了适合本地区的新兴产业。第三，新疆资源型产业的转型升级要结合当地实际情况，着力实施科技创新促进产业转型升级政策，充分发挥人力资本在产业转型升级中的作用，既要坚持吸纳外来的优秀人才和技术，也要善于创新和发明新的科技，内外兼修实现新常态下新疆资源型产业的转型升级。

4. 经济外向发展程度对资源型产业转型升级具有一定影响

结构方程模型的结果证实了新疆地区的经济发展的外向发展程度在一定层面上对新疆资源型产业转型升级的进程产生影响。作为连接中国内地与中亚国家通道的新疆，无论是对中东部地区输送丰富的自然资源，还是从中东部地区承接产业转移，抑或是依靠丝绸之路经济带建设，从沿线国家获得资金、项目的支持，都对新疆资源型产业的转型升级起到了推动的作用。所以，新常态下新疆资源型产业的转型升级不能关起门来搞转型升级，而是要主动地走出去，找准资源型产业的定位，引进转型所需要的人才、项目、资金等，培育主导产业和极具特色的优势产业，发挥其带动辐射作用，以此来推进新疆资源型产业的转型升级。

3.4 新常态下新疆资源型产业转型升级的路径

3.4.1 新常态下新疆资源型产业转型升级的原则

结合新常态下新疆资源型产业转型升级的影响因素及未来发展方向，本研究确立以下四个方面作为其转型升级的原则：第一，资源型产业转型升级的生态化；第二，资源型产业转型经营的集约化；第三，资源型产业特色优势的品牌化；第四，资源型产业专业化分工的集聚化。

3.4.1.1 资源型产业转型升级的生态化

生态化是资源型产业转型升级的关键方向，是新常态下新疆资源型产业实现转型升级的必经过程。新常态下新疆资源型产业转型升级的重要性主要表现在：首先，新疆资源型产业的转型升级是把传统的高污染、高消耗、高投入、低产出的产业转换为低污染、低消耗、低投入、高产出的产业，减轻了资源型产业本身给环境带来的伤害的同时提高了产业与环境友好相处的能力。除此之外，企业和居民环境素质的提高也有助于资源型产业的转型升级向生态化方向迈进，改良资源型产业的生态系统和经济系统。其次，新常态下新疆资源型产业的转型升级也是响应当下所提出的建设生态社会、生态城市、生态产业的号召，符合社会主义建设关于构建资源节约型、环境友好型社会的构想。生态化的资源型产业转型升级实现了资源的有效利用与环境的最大保护的有机统一，有利于构建生态文明建设。

3.4.1.2 资源型产业转型经营的集约化

英国古典政治经济学代表人物大卫·李嘉图提出集约经营的概念。相比粗放经营而言，集约化的经营就是通过对经营要素的重新排列组合，以最小的经营成本收取最大的投资效益。而新常态下新疆资源型产业转型升级的集约化的特点有：第一，质量经营。无论处在任何时候任何位置，始终要坚持质量为上的观念，把资源型产业产品的质量放在最重要和最关键的地位上，从源头上转变以前只注重量的增加到现在关注产品质的提高的经营理念上。第二，效益经营。较好的效益、较高的收益是从事各行各业的最终目标和最初动力，资源型产业的转型升级也不例外。树立低投入、高产出、低污染、高效益的目标，改变以往高投入、低产出、高污染、低效益的经营。第三，科技经营。新疆资源型产业转型升级的集约化经营离不开科技的支持，网络技术、云计算、物联网等一系列科学技术将为资源型产业的集约化经营提供强大的后台支持。第四，人才经营。新疆资源型产业的转型升级，归根结底是人在发挥能动性的过程，优秀的人才将成为集约化经营的重要因素并且不可取代。第五，规模经营。这也是集约化经营的重要一方面，规模经营可以促进产业集聚、产业集群，便于管理和精细化生产，方面推动新疆资源型产业的转型升级。

3.4.1.3 资源型产业特色优势的品牌化

新常态下新疆资源型产业转型升级的重点是建立适合当地的、具有竞争优势的资源型产业的特色品牌。特色优势品牌的建立对新疆资源型产业的转型升级意义重大，主要有：第一，更具新疆特色优势的资源型产业品牌能够彰显新疆的独特竞争力和吸引力，带动地区外资的流入和经济效益的提高。第二，新疆特色优势的产业品牌能够增加支柱产业和龙头产业的整体竞争力，发挥规模效应、辐射效应，带动周边地区的发展。第三，新疆特色优势的产业品牌的创建能促使相关产业与资源型产业的有效合作，使合作双方都愿意为产生的新项目投资、研发和推广，合作成功的概率和未来发展前景增大。第四，新疆特色优势的资源型产业品牌的创建能够使产业劣势转变为产业优势，产业优势逐渐转变为竞争优势。

3.4.1.4 资源型产业专业化分工的集聚化

资源型产业集聚有助于减少环境的不确定性，市场机制在处于同一区域而地理位置上又相差不远的企业之间所发挥的作用日益明显，不仅提高了交易双方掌握信息的对称程度，而且在一定程度上能够抑制市场交易中存在的机会主义。对资源型产业集群起重要作用的往往是来自一些克服了正式渠道的某些缺点的非正式渠道。资源型产业转型升级的集群效应也带动了产业集聚区内科学技术的研发。对资源型产业集群内部而言，良好的基础设施、信息服务、市场资源等有助于形成创业空间集聚的正反馈效应。集群内企业退出壁垒较低，新常态下新疆资源型产业内可以通过产权交易或并购的形式，完善产业的进出壁垒以及优化资源型产业的内部组成部分，加快新疆资源型产业转型升级进程。

3.4.2 新常态下新疆资源型产业转型升级的具体途径选择

以可持续发展为主要目标的资源型产业转型升级，需要在遵循资源型产业转型升级的原则上，从产业链角度、循环经济角度、产业集群角度和产业创新角度出发，提出新常态下新疆资源型产业转型升级的几种具体途径，以此促进新疆资源型产业的转型升级。

3.4.2.1 产业链延伸促进新疆资源型产业转型升级的路径

新常态下新疆资源型产业链延伸转型升级，是在对资源产业进行多元开采发掘及加工利用的同时，对其上游和下游的产业也进行深度发掘，拓宽相关产业的覆盖面，使新疆资源型产业的整个产业链与原来相比更具深度和广度。具体来说，主要有三个方面：其一，资源产品的附加价值在由"资源原料"向"资源成品"的转化过程中不断提高，充分开发其潜在价值。其二，将新产品、新技术应用到新疆资源型产业链延伸的实际过程中去，提高原始资源的利用率和产出率。其三，新疆资源型产业上游和下游产业链的延伸必然带来产业集聚和产业的专业化分工，从而推动集聚经济和规模经济的发展。

构成资源型产业链的三大要素为：资源、资本和知识。新常态下新疆资源型产业链延伸转型升级的主要特点即由新疆资源型产业的创新、资源型产业上游下游供给需求的价值链、资源型产业供给需求价值链的增值三个方面组成。在新疆经济发展步入新常态的背景下，新疆资源型产业必须适应日益严峻的自然环境和竞争环境，为此就必须走转型升级的道路，走资源型产业链延伸的路子，依靠新知识、新技术和新理念，实现资源产业链延伸的同时，经济价值和环境价值的双赢。因此，可以从以下两个方面展开工作：

第一，新常态下新疆黑色金属矿采选业可依托其储存量的资源优势，通过钢铁、合金等产业链所积累的生产工艺与自有的生产技术及管理上的创新，整合纵向的黑色金属生产产业链，大力发展建材、化工等高附加价值的产业，延长黑色金属的产业价值链，提高黑色金属产业的经济价值，实现黑色金属矿采选业由初级加工到精细化深加工的延长发展。

第二，新常态下新疆有色金属冶炼及压延加工业的转型升级中，可综合铝合金、黄金、新型铝材等相关产业，实现不同组合比例的搭配，产生新的产品用于生产和消费，以产品结构的差异化横向推进产业链的延伸。

3.4.2.2 发展循环经济促进新疆资源型产业转型升级的路径

循环经济转型升级模型，顾名思义，就是生产中的各个部分都纳入到一个循环体中，就如同自然界生态物质循环过程一样。新常态下新疆资源型产业循环经济转型升级路径，即把参与资源产业生产的各个环节依照生态经济学的原理，以经济循环发展的方式归入到同一个体系内的一种发展路径。新疆资源型产业循环经济转型升级路径主要包括三个方面：其一，微观层面，即新疆各资源型产业内企业的内部小循环。在这一阶段，主要强调企业内的清洁生产。其二，中观层面，即着眼于新疆资源型产业的中循环。在这一环节，主要强调共生共享。其三，宏观层面，即基于整个社会来说的物质大循环。在这一层面主要强调的是再生利用。

1. 微观层面—企业—小循环

循环经济的3R原则要求在企业内的生产活动这个小循环中必须坚持清洁生产，通过生产工艺的合理化精细化加快资源的循环使用及清洁生产。

第一，清洁生产的理念要贯穿到生产的各个环节，进入清洁生产的资源原料要较之前减少，从源头上坚持清洁生产；第二，各企业自身能够对生产所产生的剩余物、废弃物予以吸收再利用，内部小循环运行良好，在过程中做到清洁生产；第三，科技研发思想上体现清洁生产，产品能够对清洁生产予以解释和赋予说服性。

新常态下新疆黑色金属冶炼及压延加工业以新疆八一钢铁股份有限公司、新疆钢铁集团公司等骨干企业为重点，重点提高冶炼回收率、加工成品率、金属回收率和综合加工水平，加大对冶炼、压延过程中所产生的二氧化硫等气体的回收利用，提高伴生冶炼产品的附加价值和利用率。按照循环经济的发展理念，对生产过程中产生的废弃物进行再资源化循环利用，并对最终需要排放的少量废弃物进行无害化处理。

2. 中观层面—产业—中循环

生态学向我们阐述了一种现象：自然界中的各个群体之间都存在着某种联系。同样的，在生态经济学的观点看来，经济生产中也是存在着相互联系的群体的，故形成循环经济体。在资源型产业循环经济中，某一资源产业的副产品与另一资源产业的副产品是存在共享共生关系的。各个资源型产业可以通过共享资源、副产品的交换实现产业间的资源型产业转型的循环经济发展，从而扮演循环经济中"分解者"的角色。

以煤炭—炼焦产业为例，在煤炭—炼焦生态工业园区内预先合理布局煤炭加工企业、煤炼焦企业等，优质煤炭用于炼焦，生产焦炭产品，进入到生产领域的为前期产生的副产品。同时，开采伴随的煤气可用于居民生产生活的燃料来源，矿井水则用于补给工业园区内的生产生活用水。洗选厂和炼焦厂对废水集中处理、循环运用，各企业之间的生产能力相互配合，原材料供应相互平衡。

3. 宏观层面—社会—大循环

经过资源型产业内清洁生产和资源型产业间的共生共享，社会物质的大循环已经被分担了一大部分的废弃物，但是依然有废弃物存在于生产过程之外，产生于消费过程中。因此，需要在社会生活的宏观层面对其进行循环利用，使其进入到全社会的物质大循环中，以达到经济、社会和生态效益的统一。

新疆的煤炭开采业应依托四大煤炭产业基地，引进和培育大型发电企业、煤化工企业、特高压输电企业和冶金、建材等高载能企业，整合和延伸企业和园区层面的煤炭产业循环经济模式，形成由煤—电—高载能产业链、煤—焦—精细化工产业链、煤—气—清洁能源产业链等为主导的煤炭循环经济产业链网，同时在消费领域倡导和践行清洁消费、集约消费，实现煤炭产业在社会层面的大循环。

3.4.2.3　通过形成产业集群带动资源型产业转型升级的路径

随着新常态下新疆资源型产业的发展，资源型产业的集群也最终会形成较强的集群效应。集群内的主导产业、支柱产业将会带动集聚区内其他相关产业的发展和壮大，形成辐射和带动效应，从而促进新疆资源型产业的转型升级。

新常态下，新疆资源型产业的集群发展一方面促进了新疆资源型产业的转型升级，但是从另一方面来说，也存在着巨大的隐患。当集群内的资源型产业发展到一定程度时，随着原生资源的不断减少，集群体及所伴生的配套产业也面临着转型和升级的问题。

因此，新常态下新疆资源型产业的集群在发挥辐射和增长极优势的同时，也要认识到将来可能面临的问题。在利用新科学、新技术、新手段进行资源的高效合理开发利用的同时，也要善于发现、挖掘其他的资源，用全局的观念看待整个资源型产业集群体，用联系的、发展的、科学的、辩证的观点看待统筹整个资源型产业集群体。在结合省内外不同地区和国内外不同行业的转型升级模式的基础上，加入新常态下新疆资源型产业的现状和特点，努力探索出适合新疆实际情况的资源型产业集群模式来促进新疆资源型产业转型升级。

3.4.2.4 利用产业周期创新促进新疆资源型产业转型升级的路径

与众多产业一样，资源型产业也是具有产业周期的。而新常态下新疆资源型产业转型升级的本质在于创新，因此对于处于不同生命周期的资源型产业其转型升级的道路选择也有所差异。

1. 成长期资源型产业的创新转型升级

新常态下处于成长期的新疆资源型产业如有色金属矿采选业主要是通过四个方面实现创新转型升级的。其一是勘探技术，对原始资源的勘探能力的提高，以此来从源头上增加原始资源产业的存量；其二是采掘技术，通过提高对资源的开采率和利用率，实现资源的储量增加和浪费减少；其三是加工技术，即从原始资源到粗加工资源产品、再到精加工资源产品的实现过程，提高资源成品的产品价值和附加价值；其四是技术创新，即通过引进新设备、开发新技术、使用创新技术来提高原始资源的利用率，增加其经济、生态、社会效益。

2. 成熟期资源型产业的创新转型升级

新常态下处于成熟期的新疆资源型产业如石油加工、炼焦及核燃料加工业和煤炭开采洗选业、非金属矿物制品业等各方面发展都已经比较完善，资源产业的集聚效应使得新疆各资源产业之间的外部效应都为正，技术外溢效应和外部乘数效应不断扩大，吸引并促进相关产业的不断壮大。处于成熟期的资源型产业的创新转型升级不仅需要新技术、新发明，更需要的是相关政策制度的创新支持，给予资源型产业一定的自主权，联合管理创新等衍生出更多的交易方式和运营模式，培育和发展新兴的、可持续的、有发展前途的产业作为主导产业，形成多层次、全覆盖的资源产业经济体系。

3. 衰退期资源型产业的创新转型升级

新常态下处于衰退期的新疆资源型产业主要是通过三个方面来完成创新转型升级的。其一，新疆资源型产业前期发展所积累下的资金、人才和技术，转移到具有发展潜力的新的产业上去，逐步实现由衰退资源型产业到成长的新兴行业的过渡。其二，新兴产业的发展，使得原来处于衰退期的资源型产业可以得到新的生产要素的输入，从而激发资源型产业生产出新的产品并用于物质循环。同时，原有的新疆资源型产业中的生产要素用于新兴产业，依次实现从生产要素的转移到产业的更新。其三，处于衰退期的新疆资源型产业的退出和新兴产业的进入，可以使包括人力资本在内的诸要素重新分配，促进产业结构的优化。以上三个方面，促进了新常态下处于衰退期的新疆资源型产业的创新转型升级。

3.5 新常态下新疆资源型产业 转型升级的对策建议

3.5.1 政策保障

3.5.1.1 政府规划与引导

新常态下新疆资源型产业转型升级在政府规划与引导方面主要体现在以下几个方面：其一，明确新常态下新疆资源型产业的转型升级方向，有目的地对原始资源进行勘探与开采，同时结合新疆各资源型产业的地方特色，联动相关产业及周边配套设施进入到资源型产业的产业集群内，提高新常态下新疆资源型产业的特色优势和竞争优势。其二，制定新疆资源型产业勘探、开采的战略性目标，促使当地依靠资源带动的经济发展与资源的消费相协调，力争实现经济发展良好的情况下资源消耗尽可能地减少，以保证后续经济发展的资源需求。其三，将新技术、新发明、新手段运用到资源型产业生产的各个环节中，提高资源的开发利用率，降低单位地区生产总值的能源消费量。其四，将生态保护、环境指数纳入到资源型产业规划、开发和建设的体系中来，实现资源型产业的清洁生产和循环发展。其五，树立整体的观念，将新常态下新疆资源型产业的转型升级纳入到整个地区的产业转型升级中，构建地区整体的循环供应链。其六，构建有效的监督机制与协调机制，协调新常态下新疆资源型产业转型升级的各方关系，监督在转型过程中的不当做法，实现资源配置效率的最优化。

3.5.1.2 政策支撑

新常态下新疆资源型产业转型升级的政策支撑主要分为六个方面。具体地说，主要有：第一，资源配置政策。明晰资源的产权现状和产权归属，支持资源配置向产业转型升级方面的政策倾斜，突出资源的市场价值。第二，价格政策。缓解新常态下新疆资源型产业转型升级过程中的能源供需不平衡的问题，需要发挥资源价格的杠杆作用，科学合理地配置市场资源。积极推行区域能源价格稳定机制，推动能源价格的市场化改革。第三，投资政策。对新常态下新疆资源型产业转型升级的相关项目给予资金支持，安排专项资金，对相关领域的投资给予一定的税收优惠。第四，金融政策。鼓励支持引导金融机构对处于资源型产业转型阶段的企业给予信贷支持，同时鼓励有能力的资源型产业上市和发行融资债券。第五，环保政策。实行严格的污染物排放总量控制指标，实行排污价格制度、有偿排污，并对企业实施节能减排目标考核责任制。第六，人才引进政策。鼓励支持引进新技术、新发明，引进高层次相关科研人才和实际操作人才。此外，政府要强化服务，营造新常态下新疆资源型产业转型升级的环境，严格履行管理职责。

3.5.1.3 培育基础要素

新常态下新疆资源型产业转型升级的基础要素培育主要分为三个方面：

第一，由于南北疆之间存在着明显的差异，为此必须加强基础设施建设。第二，科学研究方面。增强新疆的科技创新能力就必须加大对科学研究相关方面的投入，建设相关学术研究的实验室、研究中心、研究基地等，并注重研究成果的实际应用，转化为实际产出价值，促使科技与经济的紧密结合。第三，教育方面。全面贯彻实施素质教育，大力发展基础教育，重视职业教育的开展。整合教育资源，建设学习型社会。实施人才兴业战略，制定并落实人才促进政策。

3.5.2 自主创新

3.5.2.1 健全人才开发体系

要做好新常态下新疆资源型产业转型升级的工作，就必须做好人才的引进、培养和安置工作，努力建设一支具有高素质、高水准的人才队伍。

第一，强化资源产业的产权和分配制度改革，推动新疆资源产业的知识产权标准化，人力资本要素化，扩大人才、技术、管理、资本作为生产要素参与分配的力度，调动人员从事转型产业的主动性、积极性。第二，政府制定相关的人才政策以吸引国内外优秀的高层次人才到新疆当地从事学术性和实践性研究。各用人单位根据本单位的实际情况自主选择人才，并给予人才一定的自主空间。社会方面要提供相应的公共服务，为市场调节人才资源的配置提供一定的基础。第三，营造良好的环境，包括科研环境、生活环境等。利用良好的软环境吸引并留住高层次人才，为人才体系制定一定的福利保障，吸引研究资源型产业转型升级人才的到来。

3.5.2.2 完善科技研发体系

新常态下完善科技研发主要通过以下三个方面：

第一，加大科研创新资金的投入。支持、鼓励各机构加大对相关科研项目的资金支持，允许社会力量对科技创新研发活动的资金支持投入，同时政府要建立长效的财政性科技投入稳定增长机制，以此来提升对新常态下新疆资源型产业转型升级的技术支持与资金支持。

第二，加快科研创新平台的建设。以新疆大学、石河子大学、新疆财经大学等各个高校的科学研究机构的实验室、研究中心、研究基地以及各大企业的相关研发中心为依托，鼓励各机构纵向或横向相互交流合作，进行多学科的交叉创新活动。同时，允许有条件的高校科研机构与企业共建研发中心，积极贯彻产学研一体化建设，促进研究成果转化为经济、社会价值。

第三，对共同和核心技术的研发。利用所构建的科研平台与研究机构，解决新常态下新疆资源型产业转型升级中遇到的技术性难题，重点研究产业转型升级过程中的清洁生产技术、资源开采生态修复技术、资源型产业精加工技术、资源型产业副产品和废弃物再利用技术等，以实现对新常态下新疆资源型产业转型升级的技术性瓶颈的突破。

3.5.2.3 建立成果应用体系

新常态下，做好自主创新的一个重要方面就是建立成果应用体系，主要包括两个方面：

第一，科技成果应用体系的规范化。这主要是要求商业机构在将科学研究成果商业化时一定要走规范化的渠道，在科学研究成果商业化应用中，明晰研发推广应用各个部门的权责关系。通过科学技术成果的规范化运作和商业化应用，扩大新常态下新疆资源型产业价值链，促进资源型产业的转型升级。

第二，科技成果应用体系的信息化。这主要是强调新常态下新疆资源型产业的信息化建设，以信息化带动科技化，进而促进新疆资源型产业的转型升级。同时，以信息化促进科学研究成果的商业化，在资源型产业转型升级的全过程中应用科学研究成果，如计算机应用技术、精益化生产、智能化实时控制等，提高资源利用的效率并降低能源的消耗，突出新常态下新疆资源型产业转型升级的速度和质量。

3.5.3 对外开放

3.5.3.1 加强与周边国家合作

新疆作为我国向西开放的重要窗口，深化与中亚、南亚、西亚等国家的交流合作具有非常重要的意义。从新疆独特的地理环境来看，在旅游资源、矿产资源等方面具有非常大的优势。通过与其他国家的深度合作，能够更为有效地推动整个新疆的经济发展。

在资源开发方面，鼓励支持有实力、有能力的企业上市和发行金融债券进行融资经营，鼓励支持与中亚、西亚等国家的技术合作研发。扩大资源型产品的成品出口，以低廉的价格引进原料资源的进口，大力提高资源型产品的精细加工水平。借助丝绸之路经济带的契机，引进外资和技术，促使新疆的产业结构向高新服务业、高端制造业、节能环保产业发展。

3.5.3.2　充分发挥大通道的作用

中国—中亚能源大通道建设是保障国家能源安全，保障国内能源需求的重要战略项目。新疆作为能源大通道的节点，其重要性不言而喻。能源大通道的建设为新疆发展带来了机遇，也为新疆资源型产业的转型升级提供了空间，应当充分发挥能源大通道所带来的促进作用。

一是增加能源贸易类别，加大可再生能源资源方面的合作，保证能源的来源、类别和传输线路的多样性，保证资源的供给。二是构建能源合作新机制，与合作国家成立能源研究机构，建立能源项目评估机制及信息共享平台，为新疆资源型产业转型升级提供支持。三是依托丝绸之路经济带的建设，以亚投行作为资金来源，完善能源大通道口岸建设，鼓励"走出去、引进来"，为新常态下资源型产业的转型升级带来契机。

3.5.4　协调发展

3.5.4.1　资源型产业与非资源型产业的协调发展

新常态下新疆资源型产业升级转型的实质是摒弃高投入、高污染、低产出的发展方式，实现低投入、低污染、高产出的经济转型，是逐渐降低对资源消耗带动经济发展的依赖。同时借助新常态下新疆资源型产业的转型升级的机会，培育非资源型产业，以此促进新疆产业结构的优化。

实行"资源开发型产业与非资源型产业并举"的协调发展战略，不仅是对新常态下新疆产业结构的优化升级，同时也是依靠当地的人文、自然、历史等资源促进相关产业的繁荣。提升装备制造业，打造出自己独具特色的装备制造业基地；加快推进高新技术产业化的过程，发挥产业集群的技术外溢效应和规模效应。大力开发服务型行业，扩大服务外包的内需市场；构建区域生产性服务体系，提高资源型产业对服务业的联动发展作用。

3.5.4.2　经济平稳增长与产业转型升级的协调发展

围绕新疆地区的特色资源产业和优势产业，结合新常态下新疆现有支柱产业的辐射周边、带动周边地区经济发展的因素，坚持具体问题具体分析，鼓励支持科技型、知识型、服务型、低碳型产业的优先发展，重点建设有区域鲜明特色的产业集群。以产业集群为平台进行产业转型升级，延伸资源产业链，形成产业集群，实现地区产业转型升级和经济增长。

开放国内与国际两个市场，吸引来自国际国内的各种资本，并加强政府与企业之间的联系，实时了解产业转型升级的情况，实现企业同政府之间的无障碍沟通与联系，实现经济增长与产业转型升级的协调发展。

第四章

新疆资源型产业转型升级的金融支持研究

4.1 金融支持资源型产业转型升级的作用机理

资源型产业转型升级需要资金的支持，不但需要政府财政的扶持以及企业本身的资金积累，还需要金融方面的支持。金融体系是现代国家经济的核心，它为经济的发展、产业的良好运行提供了重要的动力支撑和重要的资本保障。作为资源型产业，其产业的升级更需要金融系统的大力支持。经济学家认为一个国家的金融体系业已成为资源型产业升级的一个重要因素。在资源型产业升级的过程，金融体系贯穿其整个全过程。该过程包括筹资融资、资源要素的合理配置、产业转型的调节等各个环节。它是推动资源型产业转型升级以及维持经济持续发展的重要战略动力和支撑。因此，从金融的本身特点出发，从金融的规模大小、金融的结构性质、金融的经济效率等三个方面，可以全方位地观察到金融对高新技术产业的支撑机制。不仅有助于金融与产业转型升级相关理论研究的进一步深化，而且有助于健全和完善资源型产业转型升级的金融支持制度。

4.1.1 金融规模促进资源型产业转型升级的机理分析

4.1.1.1 资本形成是资源型产业转型升级的金融基础

对于资源型产业来说，资本形成即资源型产业的资本积累和投资追加，是维持并不断促进资源型产业转型与升级所必需的金融基础；更是提供资源型产业进行投资或资本运营的源泉，给资源型产业的升级带来了巨大的推动作用，也给资源型产业的升级带来了必要的条件。随着社会的进步，社会对资源的需求将会进一步增加，但资源的总量是有限的，在需求日益增加的同时，就会造成资源的进一步稀缺。在经济学上，产出会随着要素投入的增加而边际效益逐渐递减，资源型产业在生产过程增加要素的投资，必然会造成边际效率的进一步降低，在这样的情况下，如果想在资源有限的情况下实现资源的更多的产出，必须投入更多的资金。要想实现升级，资源型产业就要进行大规模的并且长期持续的资金投入，才能为产业的发展提供扎实的金融基础。在资本有机构成中，技术进步以及产业的升级都是企业进一步发展的关键，技术进步和产业升级在企业的发展过程中持续被运用，因此资本的有机构成将会进一步提高。资本有机构成提高的直接结果，是资本深化，从而促进资本不断扩展，而资本的扩展，又直接加深并扩大了生产的深度和广度。依照经济学的一般分析，投资规模将会直接决定一个产业的增长速率或它能够持续发展的广度与深度。因此，对资源型产业的直接投资规模的持续增加，对促进新疆资源型产业的转型升级具有重要意义。这也是推动资源型产业进行快速资本形成的一个重要推动力。同时资源型产业升级需要科技创新，而科技创新需要进行大量的研究开发投资，不仅要购置大量的科研设备、科研仪器、试验材料等，还要聘用一些高水平的科技人员。在科研院所或企业将科研成就转变为企业生产过程中的生产力，进而促使资源型产业升级的过程中，必然需要更大的资金投入。

总体而言，由于资源型产业的科研成果真正投入产业生产、科技研发、科技创新以及提高产业资本的有机构成等特点，都需要大量的资金，从而导致资源型产业严重依赖资金资本。而资金资本主要来源于社会上的大量储蓄以及资本的快速流转，所以要想更好地对资源型产业的升级进行支持，必须对现行的金融体制进行不断完善，提高金融体系为产业服务的效率。

4.1.1.2 金融总量增加是资源型产业转型升级的重要前提

各个国家或地区其社会金融资源的形成过程中，主要有两个因素在其中起决定性作用：第一，转化为资本的路径；第二，剩余资本的动员方式。各个国家或地区通过把社会上的闲散资本进行有效的集中和集聚，将社会剩余资本转变为巨大的储蓄资源，通过金融这个金融体系平台，使得储蓄资源能够更有效地进行配置，从而成为产业资本的重要来源。社会闲散资金的储蓄，其目的不是简单地将资金先进行集中、一定期限后取出的财产保险的功能，它的更重要的功能是要将集聚的大量资金运用于产业的生产投资中，创造出社会需要的产品或服务，提供更多的增值功能。如果一个国家或地区有一个比较功能健全、体系完善、分工明确的金融体系，就会更进一步地促进社会闲散资金的储蓄，从而积累更多的资金。这正好可以为产业的技术创新、产业的升级提供更多的资金支持，为产业发展带来巨大的推动力。

纵观绝大多数的发展中国家，这些国家或地区存在着金融体系欠缺、金融市场机制不完善、金融制度不健全、金融系统脆弱等诸多问题，进而使得社会的闲散资金不能很好地进行汇聚，资源配置效率大大降低，资源型产业由于缺少大量的资本资金的支持，其产业的发展受到很大的限制，更成为资源型产业升级的重大障碍。因此，促进金融制度的完善、金融市场制度的健全、金融体系的全面深化等全方位的改革，可以为金融带来更好的发展。这不仅是增大资源型产业资本形成规模的前提，而且还是金融支持资源型产业转型升级的切入点。

4.1.2 金融结构促进资源型产业转型升级的机理分析

4.1.2.1 金融结构影响着储蓄向投资转化的方式和效率

雷蒙德·戈德史密斯是金融结构的代表性人物，他认为金融结构就是金融机构和金融工具之间以及经济基础与金融上层结构相互之间的关系。他认为国家或地区的金融机构与金融工具二者之间的关系就构成了这个国家或地区的金融结构。金融结构并不是一成不变的，随着一个国家经济的发展，该国的金融结构也会不断地发生变化。正是金融结构的不断完善和优化促进了金融的发展。其外在的表现就是金融结构进一步的合理化以及金融机构的更高层次的发展。金融结构的合理化主要是金融的各个部门、金融的各个要素之间的关系进一步协调，而金融高层次的发展，主要是指金融的层次由低级向高级的转变，在该转变过程中，金融市场、金融机构和金融工具等集约化程度将进一步地提高。

金融机构的类型以及金融机构的性质等，都会影响到资本储蓄的转变效率和转变方式。社会资本的储蓄的转变会进一步促进或延迟一个产业的效率和发展速度。第一，融资结构会对储蓄转向投资的效率和方式产生影响。在资源型产业的转型升级阶段，由于企业需要大量资金支持，必须依赖外源融资，因此是否能够获得银行贷款以及取得证券市场融资的能力和便利程度，是资源型产业得到资金资本支持的一个重要条件。第二，金融结构中的业务结构也能对社会资金的流量和流向产生一定的影响。也就是业务种类的相对数量会对资源型产业的融资渠道产生重要的影响。而且金融机构不同业务间的相对规模比例也决定着资源型产业转型升级所能够获得的资金存量的规模。第三，金融结构开放程度的提高也会对资源型产业转型升级的资本形成产生正面的影响。外资金融机构的进入，不但可以提高金融市场的竞争度，而且为资源型产业的转型升级带来更为丰富的金融服务，带动着相关上下游企业、行业的全面发展。第四，结构合理的金融体系具有多样化的金融工具以及全面覆盖的金融机构组织，加上基于上述条件而形成的高级化的金融市场结构，共同为金融资本的配置以及资本的流动提供了较好的环境。更重要的是，其价值发现功能可以将那些在生产效率低的部门的流动资本流向资本利用率较高的部门，进而带动社会资本的合理流动。因此也加速了各种资本向某一特定部门或产业的聚集。

4.1.2.2　资源型产业转型升级与金融结构的抉择

戈德史密斯比较注重研究金融结构的理论分析和实际运用，也正是他的研究，开始掀起了研究金融结构问题的一个浪潮。在这个研究浪潮中，存在较大争议的是两种金融体系：一种认为以银行为主体的金融市场体系可以更好地促进该国或地区经济的增长；一种观点认为以市场为主体的金融市场体系可以更好地促进经济的发展。也正是这两种争论，使得人们开始认真审视资源型产业升级的重要性。是银行主导型金融结构有利于资源型产业转型升级，还是市场主导型金融结构有利于资源型产业的转型升级？对于该争论，我们可以通过资源型产业升级本身的特性和该产业所处的经济发展的具体阶段来进行具体的分析。在分析中，我们发现以银行为主体的金融体系和以市场为主体的金融体系各有优缺点。在资源型产业转型升级初期阶段，由于人们对产业升级成功与否持观望态度，因此在决定是否投资于该产业的技术升级研发时，人们普遍缺乏相应的参考信息，主要是依靠自己的经历和经验。金融市场它本身更可以看作是一个平台，在这个平台上有各种观点在这里进行碰撞。在这个平台体系中，金融市场可以通过股票的市场交易价格、成交量、兼并重组等多种方式来促使企业更好地进行经营管理。也许在企业中，最好的决策规则比较难以形成，而且即使形成，在实际运营过程中也会存在较大的争议，而金融市场则具有引导功能，能够将资本更好、更合理地配置。所以说，市场为主体的金融体系可以有先验的作用，有具体的实践作为指导，允许不同的观点、不同的方式来运作，这样可以更好地促进资源型产业的传播和推广。然而，产业发展到一定阶段后，新的生产技术不断地被推广，产业开始进行升级，资源型产业升级到一定程度后，人们对资源型产业该如何继续升级的认识会因为信息的泛滥而逐渐统一。在这个时候，银行导向型金融结构在信息搜寻、贷款监管方面的规模经济优势就慢慢突显出来。银行为主导的金融体系，其主要优点在于信息搜索和在客户监督管理上可以更好地降低成本。该主导体系具有正的外部性的影响，可以降低因为消息分散导致的当事人之间的外部性影响。所以银行为主导的金融体系在资源型产业升级转型的后期具有一定的优势。所以以银行为主导的金融结构比较适合传统产业，而以市场为主导的金融结构更适合情况变化较大、有比较强的不确定性的新兴产业。由此可见，高级化的金融结构不但能为资源型产业转型升级提供多种组合的融资渠道，而且能够满足资源型产业转型升级不同阶段的融资需求。①

综合来看，比较合理的金融结构可以更好地促进资源型产业进行升级的观点，在理论和实业界均已达成共识。但这个前提条件必须是金融结构的发展要与资源型产业转型升级的需求保持一致性。如果将资源型产业按照其升级的时间段来分的话，在资源型产业升级的初级阶段，以市场为导向的金融结构比较符合产业升级的需求。当资源型产业的升级到达中后期，以银行为

---

① 谢沛善. 中日高新技术产业发展的金融支持研究［D］. 大连：东北财经大学，2010.

导向的金融机构能够更好地适应资源型产业的转型升级。对于欠发达的地区，如新疆地区，其各个地区的资源型产业转型升级所处的阶段存在着一定程度的不同，这就要具体问题具体分析，只有这两种金融结构协调发展，才能合理地运用金融结构为新疆地区的经济发展服务，更好地促进新疆地区的社会经济发展。

4.1.3　金融效率促进资源型产业转型升级的机理分析

4.1.3.1　金融动员方式与金融效率

金融就是指将资金进行融通，为产业的发展提供资金支持。金融效率的本质就是资金融通的效率，其具体过程就是在金融市场的环境下，在健康的市场监督管理体制下，通过金融机构这个中介平台为筹资融资双方在金融市场中进行资金融通的效率。在一般情况下，通过金融市场，可以将社会上的剩余资金资本转变为可以受支配的金融资本。但从实际操作的角度，由于受到金融动员有效性的限制，在金融剩余转换为可支配金融资本的过程中，金融效率的损失必然也会产生一定程度的金融剩余转换的损失。在特定的阶段，一个社会的资金剩余总量是固定的，要想利用更多的可支配的资金资源，只能通过改变金融的融通效率。金融融通的效率主要取决于金融的融资方式、社会的金融制度体系。由于各个国家的制度环境不同，各个国家采取金融动员的方式也会不同，即使在同一个国家的不同地区，也有可能会产生不同的金融效率。一般情况下，社会的资金融资动员方式主要有两种：一种是政府管制下的金融动员；另一种是自由市场的金融动员。自由市场的金融动员主要是指金融机构通过向社会的个人、企业或组织支付一定的资金补偿报酬而获得资金剩余。将这些社会资金剩余通过储蓄的方式，借贷给企业或者组织，进而将剩余资金转化为社会可支配资金。管制性金融剩余的动员方式与市场化金融剩余动员方式则正好相反，其金融剩余向银行储蓄的转换并不完全取决于均衡利率，均衡利率只是其中的一个重要影响因素。政府管制型的金融动员，主要是通过政府采取行政手段，运用经济手段以及法律手段，对国民经济和金融体系实施一定程度的干预和管制，进而吸收社会上的剩余资金，然后将其转变为政府能够支配的金融资源。从世界各国的发展历程可以发现，各个经济体在发展过程中，在一定的历史阶段都采取过强制性或管制性的政府动员方式，以此来促进产业和经济的增长。国家实行政府管制的资金动员方式主要有两种原因。第一个理由，是为了某些需要大量资本投入的经济领域实现更快地发展。政府通过实行低利率的管制动员方式，可以降低投资者的融资成本，将原来利润特别低甚至基本无利可图的项目变成有一定利润的项目，进而吸引投资者，扩大产业需求。许多国家在建立初期都采取过这种方式，而且实践证明也是非常有效的。第二个理由，是为了金融系统的风险防范的需要。各个银行或金融机构在市场上自由竞争，激烈的竞争压力会迫使银行或金融机构通过升高利率来吸收存储，高利率的资金成本必然迫使银行或金融结构将资金更倾向于投资高风险高收益的项目，大量的资金投入高风险高收益的项目，无疑会增加金融系统的危险，危机到金融安全。从这个角度来看，进行管制的资金动员方式，可以对金融体系的整体进行很好的保护，维护商业银行和机构的整体安全。然而从20世纪70年代开始，实行政府管制的资金动员方式的弊端开始逐渐显现，如产业发展不均衡、区域发展不协调、投资结构不均衡等诸多问题。进而使得市场化的资金动员方式越来越受到各国的青睐。市场化的金融动员方式它的形成需要一个较高的环境基础，它要求该国必须建立完善的市场监督体制、健全的市场利率发现形成机制为基础条件。如果没有这些基础作为支撑，不健全的制度必然会导致金融机构之间的恶性竞争，造成资金回收的巨大风险，进而导致金融机构倒闭、金融市场动荡、金融体系崩溃的风险。所以，该采用哪一种资金动员方式可以更好地使得资金利用效率更高，主要取决于一定阶段的特定情况，只有这样，才能更好地利用社会剩余资金为国家经济的发展做出更大的贡献。

4.1.3.2 金融效率促进资源型产业转型升级的传导途径

对于资源型产业来说，金融资源禀赋特别是金融规模，是制约和影响其发展的速度、质量与效益的重要基础性因素，也是形成特定时期内资源型产业投资能力的基本前提。金融资本的形成主要依靠社会的剩余资金的集聚，但是资金剩余只是金融资本的潜在资源，必须依靠一定的途径以及适合的激励方式才能够进一步地转化为金融资本。在这个转化过程中需要依靠金融工具、金融产品的创新与组合、资金的动员方式的有效结合，才能更好地将剩余资金转化为社会可支配的，能够支持资源型产业发展的，可以利用的有效金融资金资源。金融效率的提升能够促进资源型产业进行升级的外在表现有两点：第一点，在资源型产业的升级过程中金融资本总量的投资增加，但金融的规模并没有发生变化。第二点，就是资本能够通过金融体系这个平台顺利地导向资源型产业，为资源型产业的发展提供资本。第一点为金融资本的融资增量效应，通过融资增量的效应，可以给资源型产业带来更多的资本，进而有利于企业扩大规模，进行规模经营，提高生产效率，提高利润。

金融的进一步发展，可以使社会剩余资金的收益率提高，投入产业的资本回收期也将大大地缩短，这就进一步增加了银行的存贷款，银行存贷款的增加反过来会进一步增加对资源型产业的投资，促进其产业转型和升级。金融的资本导向效应可以使得资本流向科技含量高、产品创新大的新型产业的研究与开发，不断提高该类型产业的市场竞争力。以市场为导向的金融体系能够很好地识别各个产业的竞争力的强弱。该金融体系通过对各种产业的投资收益率、回收期的长短、收益风险等情况进行全面的识别，进而对那些高新技术含量高、产品创新力度大的投资项目给予大量的资金支持，通过资金的市场导向，使得资金更多地流向那些倾向于主动进行资源产业升级和转型的产业，不断地提高其科技技术水平和市场竞争力。伴随着经济的进一步发展，金融市场的自由化程度进一步提高，金融产业自身进一步发展，在激励社会剩余资金动员存储、金融创新、优化投资渠道等方面进一步的改进，使得金融对产业资本的影响力也不断地增大。金融对产业资本的支配能力得到大大的增强，这些都极大地加快了资源型产业资本形成，增强了资源型产业防范市场风险的能力。综上分析可以发现，金融资源的配置途径和方式都会对金融效率产生很重要的影响，金融效率的提高会带来金融资本增量的提高和资本流向高收益产业的导向效应。正是通过这两种效应，使得金融资本能够将其有限的资源转化为资源型产业发展所必备的金融资源，进而使得资源型产业进行扩大规模成为可能，进而提高生产水平。

4.2 新疆资源型产业转型升级的金融支持状况

4.2.1 新疆资源型产业转型升级现状

改革开放 40 多年来，新疆经济社会发展取得了巨大成就，各项事业稳步推进。2011 年末，新疆全年实现地区生产总值 6610.05 亿元，比上年增长 1172.58 亿元，首次突破 6000 亿元大关，比上年增长 12%。其中，第二产业增加值 3225.90 亿元，同比增长 12%，占二产比重较大的资源型产业中的石油和天然气开采业、石油加工与炼焦及核燃料加工业规模一直较大，化学纤维制造业以及黑色金属矿采选业规模增加的幅度较大。特别是 2012 年以后，工业化速度逐步加快，石油和天然气开采业、石油加工与炼焦及核燃料加工业、黑色金属冶炼及压延加工业、化学原料及化学制品制造业、电力、热力生产供应业的发展对经济的拉动作用日益突出，整体经济呈现出良好的发展势头。

4.2.1.1 新疆资源型产业发展现状

1. 石油、天然气资源型产业发展历程

中华人民共和国成立之前，新疆石油天然气资源型产业相当薄弱，1942~1950 年累计原油产量还不到现在新疆一天的原油产量。中华人民共和国成立后，国家和地方政府非常重视新疆的石油开发利用事业，石油产业也因此可以得到及时的发展，总体来说，可以分为三个阶段：

第一阶段：1949~1960 年的恢复发展阶段。1950 年，为了恢复独山子的油矿生产，在新疆建立了中苏石油股份公司，到 1954 年新疆的石油产量基本得到恢复，同年独山子生产原油 4.88 万吨，生产天然气 74 万立方米，建立独山子炼油厂一期工程 7 万吨/年常压装置，当年加工原油 4.83 万吨。1955 年，中苏石油股份公司移交中国，成立了新疆石油公司，后来更名为新疆石油管理局，于 1955 年发现了克拉玛依大油田，1958 年发现了南疆第一个油田——依奇克里油田。1958 年，克拉玛依油田建成了我国第一条长输油管道，也就是克拉玛依 - 独山子输油管道，全长 147 千米，每年的输油能力达到 53 万吨。在同一年，独山子炼油厂建成了两套釜式焦化、氧化沥青和常压装置，每年加工原油 40 万吨。1959 年，建成了克拉玛依炼油厂，加工能力 15 万吨/年的蒸馏车间投产，当年加工原油 6 万吨。1960 年中苏关系恶化，苏联对我国实行石油产品禁运。新疆石油职工克服困难，艰苦奋斗，当年生产原油达到 166.2 万吨，占全国当年原油产量的 40%，加工原油 140.75 万吨。

第二阶段：1961～1990 年的稳步发展阶段。20 世纪 60 年代初期，国家的石油勘探重心逐渐向东部地区转移，克拉玛依油田的重心也逐渐由勘探转为开发，石油生产能力进一步得到巩固和提高。1964 年，南疆石油勘探会战指挥部成立，在同一年发现了柯克亚天然气田。1975 年以后，新疆石油管理局、地矿部西北石油局、玉门石油管理局、塔里木石油勘探开发指挥部并肩战斗，进一步加大了对准噶尔、塔里木和吐哈盆地的石油勘探力度，探明的石油天然气地质储量有较大增加。1989 年塔里木石油勘探开发指挥部的成立，拉开了塔里木盆地石油天然气大规模勘探开发的序幕。这一时期新疆油气产量稳步提升，原油产量从 1960 年的 166.22 万吨增加到 1990 年的 680.08 万吨；天然气产量由 1960 年的 0.06 亿立方米增加到 1990 年的 5.02 亿立方米。新疆炼油和石化工业也取得了重大发展。独山子炼油厂建成为年加工能力 250 万吨，二次加工手段较为齐全的燃料—润滑油—化工型炼油厂，具备了生产 11 大类、21 个系列、130 多种产品的能力，在经营管理和经济效益上都达到国内同行业的较高水平。克拉玛依炼油厂逐渐成为以加工重质原油为主，年加工能力在 150 万吨的中型燃料—润滑油—沥青型炼油厂。1989 年，国家出资建设的南疆重点扶贫项目泽普石油化工厂建成投产，包括生产能力 1 万吨/年的液化气厂、生产能力 15 万吨/年的炼油厂和生产能力 11 万吨/年的化肥厂。1985 年，乌鲁木齐石油化工总厂逐渐成为炼油—化肥—综合型石油化工企业。1990 年，新疆原油实际加工量达到了 293.11 万吨。

第三阶段：1991～2019 年的迅速发展阶段。在国家"西部大开发"以及"西气东送"战略的指导之下，逐渐加大了对新疆三大盆地的油气勘探力度，相继在三大盆地发现了石南油田、漠北油田、玛东油田等大油田及大北、依南等比较大的天然气田，为新疆油气资源型产业的发展奠定了坚实的基础。

2011 年新疆石油基础储量为 5.12 亿吨，天然气基础储量为 0.86 万亿立方米，分别占全国石油和天然气基础储量的 16.23% 和 22.80%。2012 年新疆地区产出原油 2426.9 万吨，占全国石油产量的 11.7%；产出天然气 2530101 万立方米，占全国天然气产量的 23.61%。到 2012 年底，西气东输工程已经累计向北京、上海等内地 15 个省区市供气 1400 多亿立方米，使中国上万家企业和数亿居民受益。

这一时期新疆地区充分发挥资源优势，以石油、天然气等优势资源的开发利用为重点，加快推进新型工业化建设，初步形成了塔里木、准噶尔、吐哈三大石油生产基地，以及克拉玛依－独山子、乌鲁木齐、南疆和吐哈四大石化基地的产业格局。截至 2012 年底，已经具有加工 2423.9 万吨原油，209.44 万吨尿素、127.09 万吨乙烯等石化产品生产能力。逐步建立炼油、塑料、化肥、化纤等综合原油加工和石油化工产业体系。同时，原油、天然气和成品油运输管线等基础设施逐渐完善，为新疆油气资源型产业发展奠定了基础。

2. 煤炭资源型产业发展历程

新疆煤炭资源型产业大致可分为两个阶段：

第一阶段：2005 年以前为缓慢发展阶段。在这一阶段，受新疆区位和交通运输条件的限制，新疆煤炭资源型产业发展较慢，加工层次低，且相对分散。截至 2005 年底，全疆 76 个县市分布着 456 处各类矿井，单井平均年生产能力仅有 6.5 万吨，2005 年新疆煤炭产量为 3702 万吨，只占全国煤炭产量的 1.63%，与新疆煤炭资源储量占全国的份额极不相符。煤炭消费主要集中于疆内市场，主要用于本地区的发电、炼焦、建材、供热以及农副产品加工等工业生产和传统居民需求，占煤炭消费总量的 90% 以上，煤炭外销受铁路运输能力的限制，不到产量的 10%。这一阶段新疆煤炭产业的最大特点是生产规模小、发展缓慢、发展方式粗放、结构性矛盾突出。

第二阶段：2005 年以后进入快速发展阶段。新疆作为中国煤炭储量最丰富的后备区逐渐受到关注，新疆煤炭产业快速发展。随着庆华、徐矿、神华、潞安、新汶、兖矿、国投、国电等众多国内有实力的大企业大集团相继入驻新疆，投资疆内煤炭资源型产业，进一步整合了新疆煤炭资源，一批千万吨级的、特大型煤矿逐渐开工建设，有效促进了新疆煤炭资源型产业的发展。

2012 年新疆煤炭产量 1.36 亿吨，较 2005 年的 3898.81 万吨增长了 248.72%，年均增长 35.53%。新疆"十二五"规划提出，新疆高起点、高标准和高效益规划建设国家第十四个现代化大型煤炭基地，按计划到 2015 年，新疆煤炭产能达到 4 亿吨以上，外运 5000 万吨。新疆煤炭资源型产业逐步进入重要发展机遇期，逐渐呈现稳步增长的态势。

3. 资源型产业规模状况

资源型产业在新疆地区经济总量中占有较大比重，对新疆地区经济发展有着举足轻重的影响。2001 年新疆资源型产业（包括煤炭开采和洗选业、石油和天然气开采业、黑色金属矿采选业、石油加工与炼焦及核燃料加工业、黑色金属冶炼及压延加工业、化学原料及化学制品制造业、化学纤维制造业、橡胶及塑料制品业、电力热力生产供应业）规模以上工业总产值为 575.55 亿元，占新疆工业总产值的比重为 53.08%。2012 年，新疆地区工业总产值 7886.25 亿元，其中资源型产业规模以上工业总产值为 4612.78 亿元，占新疆工业总产值的 58.49%，与 2001 年相比新疆工业总产值增加了 627.37%，资源型产业规模以上工业总产值增加了 701.46%，产值比重提高了 5.41%。截至 2012 年底，新疆资源型产业规模以上独立核算企业 584 家，占新疆规模以上工业企业总数的 29.81%。2012 年新疆资源型产业生产总值 46127831.3 万元，实现利润总额 7113204.2 万元，利税总额 12363973.2 万元，分别占新疆规模以上工业的比重分别为 61.24%、80.05% 和 80.35%。从业人数 319114人，占规模以上工业企业从业人员的 48%。

新疆各种资源型产业生产规模呈现增加的态势，石油和天然气开采业、石油加工炼焦及核燃料加工业规模一直较大，化学纤维制造业以及黑色金属矿采选业规模增加的幅度较大。如表 4-1 所示，2012 年煤炭开采和洗选业、石油和天然气开采业、黑色金属矿采选业、石油加工与炼焦及核燃料加工业、黑色金属冶炼及压延加工业、化学原料及化学制品制造业、化学纤维制造业、橡胶及塑料制品制造业、电力热力生产供应业产值分别为 2347353.4 万元、13736414.3 万元、1216929.3 万元、16731304.5 万元、7407811.5 万元、5155131.1 万元、884342.6 万元、1080572.1 万元、6192713.3 万元，占新疆工业总产值的比重分别是 2.98%、17.42%、1.54%、21.22%、9.39%、6.54%、1.12%、1.37%、7.85%，各行业工业产值较 2001 年分别增长了

14.4 倍、4.3 倍、29.5 倍、6.8 倍、13.5 倍、25.1 倍、56.5 倍、4.0 倍、13.7 倍。

　　资源型产业发展规模的壮大成为区域经济发展的引擎，具有积极的经济效应。资源型产业多分布在新疆资源富集地区，对区域经济拉动作用明显，并且决定着当地的工业结构。

表 4－1　　　　　　　　　　　新疆资源型产业规模状况

年份	煤炭开采和洗选业		石油和天然气开采业		黑色金属矿采选业		石油加工与炼焦及核燃料加工业		黑色金属冶炼及压延加工业	
	产值（万元）	比重（%）	产值（万元）	比重（%）	产值（万元）	比重（%）	产值（万元）	比重（%）	产值（万元）	比重（%）
2001	151620.7	1.4	2580515.8	23.8	39937.8	0.37	2151408.5	19.84	510739.8	4.71
2002	175145.5	1.55	2513736.9	22.18	50661.6	0.45	2121328.3	18.72	624619.6	5.51
2003	195545.7	1.47	3305901.5	24.85	60225.4	0.45	2592198.8	19.49	713432.5	5.36
2004	305714.3	1.74	5333576.2	30.37	113325.7	0.65	3553947.2	20.24	1187956.7	6.76
2005	269326.6	1.14	7836795	33.22	178880.6	0.76	4983019	21.12	1436370.3	6.09
2006	414146.1	1.43	10145280.1	35.05	233644.5	0.81	6393918.7	22.09	1676027.2	5.79
2007	542505.5	1.56	11228896.1	32.35	366534.8	1.06	7245490.6	20.87	2354188.7	6.78
2008	935456.5	2.02	13501303.9	29.1	719870.2	1.55	9043414.3	19.49	4067096.1	8.77
2009	1333269.7	3.19	8554229.4	20.44	549739.2	1.31	8597993.8	20.55	3811228.7	9.11
2010	1504627.9	2.61	11442905.6	19.84	877567.9	1.52	12450842.0	21.59	5531476.4	9.59
2011	1891207.7	2.66	14130667.7	19.89	1043029.9	1.47	15720006.4	22.12	6795822.6	9.56
2012	2347353.4	2.98	13736414.3	17.42	1216929.3	1.54	16731304.5	21.22	7407811.5	9.39

年份	化学原料及化学制品制造业		化学纤维制造业		橡胶及塑料制品制造业		电力热力生产供应业		资源型产业总计	
	产值（万元）	比重（%）	产值（万元）	比重（%）	产值（万元）	比重（%）	产值（万元）	比重（%）	产值（万元）	比重（%）
2001	197570.7	1.82	15358.7	0.14	216307.9	2.0	419851.6	3.87	6283311.5	57.95
2002	267233.5	2.36	11551.7	0.1	189578.9	1.67	512359.4	4.52	6466215.4	57.06
2003	394536.2	2.97	13527.2	0.1	221409.1	1.66	641357.1	4.82	8138133.5	61.17

年份	化学原料及化学制品制造业		化学纤维制造业		橡胶及塑料制品制造业		电力热力生产供应业		资源型产业总计	
	产值（万元）	比重（%）	产值（万元）	比重（%）	产值（万元）	比重（%）	产值（万元）	比重（%）	产值（万元）	比重（%）
2004	567519	3.23	43033	0.25	308106.2	1.75	1011683.1	5.76	12424861.4	70.75
2005	607153.8	2.57	80731.9	0.34	118455.1	0.5	1175906	4.99	16686638.3	70.73
2006	829668.8	2.87	133690.1	0.46	592678	2.05	1417973.4	4.9	21837026.9	75.45
2007	1358330.0	3.91	285494.4	0.82	439955.2	1.27	1808364.5	5.21	25629759.8	73.83
2008	2064767.9	4.45	357736.8	0.77	419692.4	0.9	2420544.8	5.22	33529882.9	72.27
2009	2436269.9	5.82	700098.6	1.67	388588.2	0.93	2824490.1	6.75	29195907.6	69.77
2010	3166536.6	5.49	952127.3	1.65	633174.2	1.1	3385869.0	5.87	39945126.9	69.26
2011	4548905.2	6.4	1073793.0	1.51	694903.0	0.98	4593579.5	6.46	50491915	71.05
2012	5155131.1	6.54	884342.6	1.12	1080572.1	1.37	6192713.3	7.85	54752572.1	69.43

资料来源：历年《新疆统计年鉴》。

4.2.1.2 新疆资源型产业转型升级现状

新疆资源型产业总体处于转型升级阶段，资源型采掘业趋于下降，资源型制造业处于不断增长态势，2012年资源型采掘业所占比重为34.87%，资源型制造业所占比重为65.13%。如表4-2所示，石油和天然气开采业在全部资源型产业中所占比重下降比较明显，2012年的比重为25.09%，相较于2000年的54.67%下降了29.58个百分点，下降幅度达到54.11%；黑色金属矿采选业、石油加工与炼焦及核燃料加工业、黑色金属冶炼及压延加工业、化学原料及化学制品制造业、化学纤维制造业以及电力热力生产供应业在资源型产业中所占比重都有所增长，其中黑色金属矿采选业所占比重由2000年的0.51%上升到2012年的2.22%，上升了1.7个百分点，增幅达到了335%；石油加工与炼焦及核燃料加工业所占比重由2000年的25.14%增长到2012年的30.56%，增加了大概5.4个百分点，上升幅度为21.56%；黑色金属冶炼及压延加工业所占比重由2000年的5.49%上升到了2012年的13.52%，增长了接近8个百分点，上升幅度为146.26%，化学原料及化学制品制造业由 2000 年的 2.99% 增长到 2012 年的 9.42%，增加了 6.43 个百分点，增幅为 215.05%，化学纤维制造业所占比重由 2000 年的 0.26% 增加到 2012 年的 1.62%，增幅接近 530%；电力、热力生产供应业所占比重由 2000 年的 6.04% 增长到了 2012 年的 11.31%，增长了接近 5.3 个百分点；煤炭开采和洗选业平稳增长，该行业所占比重由 2000 年的 2.07% 增长到 2012 年的 4.29%，增长了接近 2.2 个百分点，橡胶及塑料制品制造业所占比重趋于下降，由 2000 年的 2.83% 下降到了 2012 年的 1.97%。

本节所研究的新疆资源型产业的发展都在某种程度上有些波动，煤炭开采和洗选业从 1995 年到 2012 年经历了一个先逐渐下降然后逐渐上升的过程，依然保持在占资源型产业比重的 4% 左右。石油和天然气开采业总体是在经历一个逐渐下降的过程，说明资源型采掘业在往资源型加工业逐渐转型。黑色金属矿采选业以及冶炼及压延加工业都处在不断上升的过程，而且黑色金属矿采选业上升的幅度大于黑色金属冶炼及压延加工业，说明一定程度上新疆地区的黑色金属要运出新疆，提供给其他地区。石油加工与炼焦及核燃料加工业、化学原料及化学制品制造业、化学纤维制造业、电力热力生产供应业这四种资源型制造业都在经历着一个比重不断上升的过程，印证了新疆资源型产业内部的转型过程，朝着资源型制造业方向在发展。橡胶及塑料制品业的比重趋于不断下降的过程，受到科技技术限制以及原材料不足的影响，产业比重趋于下降。

在本节中我们用工业加工程度反映新疆资源型产业中由原材料采掘产业为重心转向以原材料加工、原材料利用产业为重心的演进过程，以此来呈现出新疆资源型产业内部转型的程度：工业加工程度 = 资源型制造业产值/资源型采掘业产值。如表 4 - 3 和图 4 - 13 给出了 1995~2012 年的工业加工程度的变化趋势。

在研究中我们把煤炭开采和洗选业、石油和天然气开采业、黑色金属矿采选业作为资源型采掘业，把石油加工与炼焦及核燃料加工业、黑色金属冶炼及压延加工业、化学原料及化学制品制造业、化学纤维制造业、橡胶及塑料制品业、电力热力生产供应业作为以原材料加工、原材料利用为主的资源型制造业。由数据可以看到，1995~2012 年间工业加工程度总体呈现上升的态势，年均环比增速为 9.83%，2012 年的环比增速达到 216.5%，1995~

2000 年产业间转型基本处于稳定的态势，没有大的升幅，2005～2012 年产业间转型程度呈现持续上升的态势，最近几年的环比增速有较大的升幅，说明受国家政策的影响新疆地区越来越重视资源型产业层次的高级化，从产业总体来说，新疆资源型产业从采掘业往制造业转型的程度在不断加深，说明产业层次在不断地提高，由低端产业往高端产业不断地演进，符合经济的发展规律，推动了新疆经济的快速发展。

表 4-2　　　　　　　新疆不同类型资源型产业所占比重　　　　　　单位：%

年份	煤炭开采和洗选业	石油和天然气开采业	黑色金属矿采选业	石油加工与炼焦及核燃料加工业	黑色金属冶炼及压延加工业	化学原料及化学制品制造业	化学纤维制造业	橡胶及塑料制品制造业	电力热力生产供应业
1995	4.68	58.92	0.39	13.03	6.40	5.41	00.22	4.02	6.93
1996	4.67	59.55	0.28	13.43	5.69	5.14	0.30	4.93	6.01
1997	4.27	59.88	0.27	14.01	5.64	4.46	0.35	4.44	6.68
1998	3.50	58.06	0.32	14.74	7.40	3.60	0.27	4.30	7.81
1999	3.14	59.14	0.42	15.64	6.14	3.62	0.29	3.46	8.15
2000	2.07	54.67	0.51	25.14	5.49	2.99	0.26	2.83	6.04
2001	2.41	41.07	0.64	34.24	8.13	3.15	0.24	3.44	6.68
2002	2.71	38.87	0.78	32.81	9.66	4.13	0.18	2.94	7.92
2003	2.40	40.62	0.74	31.85	8.77	4.85	0.17	2.72	7.88
2004	2.46	42.93	0.91	28.60	9.56	4.57	0.35	2.48	8.14
2005	1.61	46.96	1.07	29.86	8.62	3.64	0.48	0.71	7.05
2006	1.90	46.46	1.07	29.28	7.68	3.80	0.61	2.71	6.49
2007	2.12	43.81	1.43	28.26	9.19	5.30	1.11	1.72	7.06
2008	2.79	40.27	2.15	26.96	12.13	6.16	1.07	1.25	7.22
2009	4.57	29.30	1.88	29.45	13.05	8.34	2.41	1.33	9.67
2010	3.77	28.65	2.20	31.17	13.85	7.93	2.38	1.59	8.48
2011	3.75	27.99	2.07	31.12	13.45	9.01	2.13	1.38	9.10
2012	4.29	25.09	2.22	30.56	13.52	9.42	1.62	1.97	11.31

资料来源：历年《新疆统计年鉴》。

表 4 - 3   新疆资源型产业总体转型升级的状况

年份	工业加工程度 （%）	工业增加值率 （%）	单位能耗的工业产值水平 （万元/万吨）
1995	56.26	46.25	2823.7
1996	55.04	38.69	2907.4
1997	55.25	50.80	2665.9
1998	61.60	46.84	2908.2
1999	59.47	48.81	2904.7
2000	74.68	46.79	2963.2
2001	126.6	46.55	3074.2
2002	136.0	45.43	3169.1
2003	128.5	46.50	2753.6
2004	116.0	45.76	3016.7
2005	101.4	52.02	2543.0
2006	102.3	46.02	2537.9
2007	111.1	45.82	2641.1
2008	121.2	43.05	3092.7
2009	179.7	43.05	3209.3
2010	188.9	40.53	3155.0
2011	195.9	41.71	2852.4
2012	216.5	40.22	3385.2

资料来源：历年《新疆统计年鉴》。

　　对于新疆资源型产业升级的现状，我们用工业增加值率以及单位能耗的工业产值水平来反映，工业增加值率如表 4 - 3 和图 4 - 14 所示。由数据我们可以看到，1995 ~ 2012 年间工业增加值率呈现略微下降的趋势，从 1995 年的 46.25% 下降到 2012 年的 40.22%，年均环比增速为 - 0.34%，1998 ~ 2004 年工业增加值率基本处于持平的态势，2005 ~ 2012 年工业增加值率呈现不断下降的趋势。工业增加值率的大小直接反映企业降低中间消耗的经济效益，反映投入产出的效果，可以看出新疆地区资源型产业的投入产出比在下降，产能过剩的现象慢慢出现，这说明新疆地区资源型产业到了需要进行产业升级的瓶颈，政府部门需要重视产业技术的革新及产品的更新换代。单位能耗的工业产值水平如表4-3和图4-15所示，由数据我们可以看到，单位能耗的产值水平呈现微弱的上升趋势，年均环比增速为1.49%，1997～2002年间单位能耗的产值水平呈现稳定的增长态，2005～2010年间是新一轮的增长区间，这个时期的增速相对较快。单位能耗的产值水平从1995年的2823.7万元/万吨上升到2012年的3385.2万元/万吨，单位能耗的产值水平的提高表明能源利用效率的提高，一定程度上摆脱了高能耗、低产出的产业模式，近几年单位能耗的产值水平增速的加大，说明资源型产业在节能方面做出了努力，有利于资源型产业整体的升级进程。

总体来说，新疆资源型产业内部转型的效果比较明显，这是由于国家的政策导向所致，提出要走新型工业化道路，要延伸资源型产业的产业链条，由资源型采掘业向资源型制造业的产业转换，说明产业层次在提高。产业间的转换比较容易，可以不受政策的影响，但对于受技术条件限制的产业升级来说，产业附加值的提高需要技术的进步以及服务意识的增强，才能不断进行产品的更新换代，实现工业增加值的不断飞跃。单位能耗的工业产值水平还会受到"资源诅咒"效应的影响，有恃无恐地利用本地资源，不受到资源约束的限制，就不会珍惜资源的稀缺性。单位能耗的工业产值水平的提高需要加强企业的忧患意识，更重要的还是要提高节能技术以及产品的制造工艺流程的低耗能性。所以新疆地区的产业升级需要的是生产技术的进步以及企业内部员工的综合素质。

4.2.2　新疆金融业发展现状

4.2.2.1　新疆银行业发展现状

新疆金融机构从1978年只有人民银行和一些农村信用社，发展到目前拥有政策性银行、国有商业银行、股份制商业银行、城市商业银行、农村信用社、村镇银行以及以金融资产管理公司、信托投资公司、金融租赁公司为主的金融机构体系和以同业拆借市场、票据市场和股票市场为主体的金融市场体系。截至 2011 年末，全区共有各类金融机构及分支机构 3381 个，金融业从业人员 60331 人，其中人民银行分支机构 68 个、银行业监管分支机构 55 个、政策性银行业分支机构 92 个、国有商业银行分支机构 1261 个、股份制商业银行 94 个、城市商业银行 129 个、农村商业银行 4 个，村镇银行 3 个，农村合作银行 17 个，农村信用社 1052 个、外资银行 2 个，资产管理公司 3 个、信托投资公司 1 个、金融租赁公司 1 个、财务公司 1 个，邮政储汇机构 587 个，初步形成了在中央银行、证监会、银保监会宏观调控和监管下，国有商业银行为主体，政策性金融和商业性金融相分离，多种金融机构并存的金融体系框架。[①] 随着新疆经济的快速增长，新疆银行业也实现了快速发展，存贷款余额实现了逐年增加，截至 2011 年末，新疆银行业各项存贷款余额 10387 亿元，增长 19.85%，高于全国平均增速 6.85 个百分点；各项贷款余额 6270.21 亿元，增长 28.09%，高于全国贷款平均增速 12 个百分点，增速列全国第二。与此同时，新疆银行业金融机构还积极争取中央对新疆跨越式发展的支持政策，强化信贷援疆力度，增强银行业服务实体经济的能力，大力开展涉及水利、铁路、疆电外送等重点项目的融资服务，不断加大对关键领域、薄弱环节和民生项目的金融支持力度，信贷投放重点主要集中在制造业，电力、燃气和水的生产与供应业，个人贷款、水利环境和公共设施管理业，为新疆维吾尔自治区新型工业化和农牧业现代化建设提供了大量的金融资金支持。

金融相关率（FIR）是指某一日期一国全部金融资产价值与该国经济活动总量的比值。人们常用金融相关率去说明经济货币化的程度，而且将 FIR 的计算公式表示为 M^2/GDP。通常情况下采用银行存贷款总额与国内生产总值 GDP 的比值来表示，它体现了在经济生活中金融总量与国民收入的比值关系，FIR 的值反映了金融与经济发展关系的紧密程度。如表 4-4 所示，随着经济的发展，新疆存贷款总额在新疆地区生产总值中所占比重总体呈现上升趋势，反映了银行业在新疆经济发展过程中的重要作用。

---

① 魏燕. 新疆产业结构升级的金融支持研究 [D]. 石河子：石河子大学，2013.

表 4 - 4　　　　　　　　　　新疆金融机构存贷款情况

年份	存款总额 （亿元）	贷款总额 （亿元）	存贷款总和 （亿元）	GDP （亿元）	金融相关率
1995	838.42	843.38	1681.80	814.85	206.4
1996	1012.47	1016.20	2028.67	900.93	225.2
1997	1180.74	1215.39	2396.13	1039.85	230.4
1998	1336.58	1318.41	2654.99	1106.95	239.8
1999	1549.12	1386.78	2935.90	1163.70	252.3
2000	1863.48	1403.13	3266.61	1363.56	239.6
2001	1972.55	1584.73	3557.28	1491.60	238.5
2002	2225.30	1801.15	4026.45	1612.65	249.7
2003	2661.65	2099.09	4760.74	1886.35	252.4
2004	2959.78	2214.66	5174.44	2209.09	234.2
2005	3427.48	2272.08	5699.56	2604.14	218.9
2006	4040.78	2412.69	6453.47	3045.26	211.9
2007	4614.62	2685.00	7299.62	3523.16	207.1
2008	5399.34	2826.53	8225.87	4183.21	196.6
2009	6845.07	3782.92	10627.99	4277.05	248.5
2010	8870.72	4973.16	13843.88	5437.47	254.6
2011	10387.00	6270.21	16657.21	6610.50	252.0
2012	12330.89	7914.00	20244.89	7505.31	269.7

资料来源：根据历年《新疆统计年鉴》相关数据进行整理、计算。

　　如表 4 - 5 所示，通过对新疆各年存贷款增长比率和存贷比情况进行分析可以得出，新疆历年来金融总额平均保持在 10% 以上的速度增长，其中存贷款增长较为明显，存款比重大于贷款比重的局面未能得到显著改善，因此贷存比呈逐年下降趋势，使新疆金融信贷资源出现"剩余"。

表4-5　　　　　　　　　　新疆各年存贷款增长率以及存贷比情况

年份	存贷总和		各项贷款			各项存款			贷存比
	总额（亿元）	年增长率（%）	总额（亿元）	年增长率（%）	所占比重（%）	总额（亿元）	年增长率（%）	所占比重（%）	
1995	1681.8	—	843.38	—	50.15	838.42	—	49.85	1.01
1996	2028.67	20.62	1016.2	17.01	50.09	1012.47	20.76	49.91	1.00
1997	2396.13	18.11	1215.39	16.39	50.72	1180.74	16.62	49.28	1.02
1998	2654.99	10.8	1318.41	7.81	49.66	1336.58	13.2	50.34	0.99
1999	2935.9	10.58	1386.78	4.93	47.24	1549.12	15.9	52.76	0.90
2000	3266.61	11.26	1403.13	1.17	42.95	1863.48	20.29	57.05	0.75
2001	3557.28	8.9	1584.73	11.46	44.55	1972.55	5.85	55.45	0.80
2002	4026.45	13.19	1801.15	11.96	44.73	2225.3	12.81	55.27	0.81
2003	4760.74	18.24	2099.09	14.19	44.09	2661.65	19.61	55.91	0.79
2004	5174.44	8.69	2214.66	5.22	42.8	2959.78	11.2	57.20	0.75
2005	5699.56	10.15	2272.08	2.53	39.86	3427.48	15.8	60.14	0.66
2006	6453.47	13.23	2412.69	5.83	37.39	4040.78	17.89	62.61	0.60
2007	7299.62	13.11	2685.00	10.14	36.78	4614.62	14.2	63.22	0.58
2008	8225.87	12.69	2826.53	5.01	34.36	5399.34	17.01	65.64	0.52
2009	10627.99	29.2	3782.92	25.28	35.59	6845.07	26.78	64.41	0.55
2010	13843.88	30.26	4973.16	23.93	35.92	8870.72	29.59	64.08	0.56
2011	16657.21	20.32	6270.21	20.69	37.64	10387.00	17.09	62.36	0.60
2012	20244.89	21.54	7914.00	20.77	39.09	12330.89	18.71	60.91	0.64

资料来源：根据历年《新疆统计年鉴》相关数据进行整理、计算。

4.2.2.2 新疆证券业发展现状

自1994年宏源证券登陆深圳证券交易所成为新疆第一家A股上市公司以来，新疆资本市场开始了快速发展。1996年，新疆众和、百花村、渤海租赁、友好集团四家股份公司上市；1997年中粮屯河、啤酒花、新疆天业、特变电工、中葡股份五家公司上市；1998年，天山纺织成功上市；1999年，天山股份、新农开发、伊力特上市；2000年，新中基、广汇股份、国际实业、美克股份、天利高科五家企业成功上市；2001 年，天宏执业、香梨股份成功上市；2002 年，天富热电、八一钢铁上市；2003 年，冠农股份、青松建化、新疆城建、新赛股份成功上市；2004～2005 年受"啤酒花"和"德隆"事件影响，没有企业上市；2006 年中泰化学、天康生物上市；2007 年，金风科技上市；2008 年，国统股份、准油股份上市；2009 年，北新路桥、西部建设成功上市；2010 年，西部牧业、光正钢构上市；2011 年，新研股份上市，2011 年底，新疆 A 股上市公司已达 37 家，综合竞争力显著提升。新疆 37 家 A 股上市公司总股本 231.77 亿股，总市值达到 2233.71 亿元，全年实现再融资 156.77 亿元；辖区 62 家证券营业部资金账户共计 117.21 万户，客户资产总额 920.96 亿元；全年证券交易量 5032.71 亿元，手续费及佣金收入 9.42 亿元。期货经营机构开户数 12667 户，客户权益 6.78 亿元，其中机构客户权益占 51.66%；期货总成交额突破一万亿元，呈现出良好的发展势头。

资本证券市场是金融市场发展过程中的重要组成部分，证券机构的设立对于加强资本市场对经济的支持作用至关重要，截至 2011 年底，属于新疆辖区的证券机构仅 1 家（宏源证券股份有限公司），设营业部 38 个，期货经纪公司 3 家（新疆天利期货经纪有限公司、新疆金石期货经纪有限公司、宏源期货有限公司），共设营业部 8 个，异地辖区在新疆设立证券分支机构 17 家，设营业部 22 个，期货经纪分支机构 2 家，设营业部 2 个，初步形成了以证券机构为主，期货机构为补充的金融结构，如表 4 - 6 所示。

表 4 - 6　　　　　　　　新疆证券机构构成情况　　　　　　单位：个

公司名称	机构数	营业部数量	公司名称	机构数	营业部数量
宏源证券股份有限公司	1	38	金元证券股份有限公司	—	1
长江证券股份有限公司	—	2	华融证券股份有限公司	—	1
广大证券股份有限公司	—	1	华龙证券股份有限公司	—	1
广发证券股份有限公司	—	1	齐鲁证券有限责任公司	—	1
国泰君安证券股份有限公司	—	1	中信建投证券有限责任公司	—	1
海通证券股份有限公司	—	1	国信证券股份有限公司	—	1
平安证券有限责任公司	—	1	华泰证券股份有限公司	—	1
申银万国股份有限公司	—	1	新疆天利期货经纪有限公司	1	3

续表

公司名称	机构数	营业部数量	公司名称	机构数	营业部数量
湘财证券有限责任公司	—	1	新疆金石期货经纪有限公司	1	5
中国银河证券股份有限公司	—	1	万达期货经纪有限公司	—	1
中国民族证券有限责任公司	—	1	宏源期货有限公司	—	1

资料来源：根据《新疆统计年鉴2012》有关数据进行整理。

截至 2012 年底，新疆上市公司数量增加到 39 家，A 股总股本仅 266 亿股，总市值 2290 亿元，累计实现融资总额 791.59 亿元，近三年累计融资 473.4 亿元，呈现出持续发展的良好态势。

另外，新疆企业债券工作从无到有，近几年也取得了重大进展。截至 2012 年末，全区三年累计发行企业债券共 13 只，融资总量 157.6 亿元。其中城投类 10 只，融资 130 亿元（城市基础设施建设 2 只：乌城投和乌经开 35 亿元，保障房建设 8 只 95 亿元），产业类 3 只（广汇、新投、新业），融资 27.6 亿元，按年份计，2010 年 1 只 25 亿元，2011 年 2 只 21 亿元，2012 年前 11 个月 10 只，111.6 亿元，为区域企业发展提供了强有力的金融支持。

4.2.2.3 新疆保险业发展现状

1978 年经中国人民保险总公司决定，成立中国人民保险公司乌鲁木齐分公司；1984 年，自治区人民政府发出《关于加快发展我区保险事业的通知》，要求各级政府切实加强对保险工作的领导，自此以后，疆内保险业开始陆续成立保险公司或保险机构，全面开展保险业务，涉及民生、消费、产业发展等许多方面。经过多年的发展，新疆保险业实现了蓬勃发展，保险市场结构逐年完善，经营效益稳步提升，保险业的整体服务能力、风险管理能力和持续盈利能力逐步提高，保险收入稳步增长，保险业整体实力不断增强。直到 2012 年一季度末，新疆保险业累计实现保费收入 70.12 亿元，同比增长 18.39%，增速高于全国平均水平 13.68 个百分点，居全国第二，行业发展形势稳定。新疆财产险实现保费收入 21.59 亿元，同比增长 29.03%，增速高于全国平均水平 13.96 个百分点。人身险实现保费收入 48.53 亿元，同比增长 14.2%，增速高于全国平均水平 12.76 个百分点，其中，寿险累计实现保费收入 40.25 亿元，同比增长 9.61%；健康险累计实现保费收入 5.65 亿元，同比增长 38.84%，意外险累计实现保费收入 2.63 亿元，同比增长 54.1%；新疆保险业赔付支出总额稳定增长，累计赔付 16.27 亿元，同比增长 30.72%，其中，财产险累计赔款 8.13 亿元，同比增长 51.81%，寿险累计赔付 6.03 亿元，同比增长 13.01%，健康险累计赔付 1.7 亿元，同比增长 15.08%，意外险累计赔付 0.41 亿元，同比增长 47.77%，发展态势良好。①

截至 2011 年底，新疆各类保险机构及其分支机构共有 1514 个，公司从 2005 年末的 5 家增加到现在的 12 家，实现了保险市场主体数量增长 2.4 倍；保险分支机构总数从 2005 年末的 471 个增加到 1469 个，增加 3 倍多，一万多名保险从业人员营销服务于城乡及农牧团场。财产保险机构布局日趋合理，分支机构不断延伸、从业人员规模不断扩大的良性市场体系初具规模。

进入 21 世纪以来，新疆保费收入与全国保费收入均实现了长期增长，通过比较可以得到，新疆保费收入只有 5 个年份的年增长比率比全国的年增长比率大，其他的年份都小于全国年增长率，这表明新疆的保险业务发展速度仍然需要加速，如表 4-7 所示。

表 4-7 　　　　　　　　　**新疆保费与全国保费增长情况比较**

年份	新疆保费（亿元）	增长率（%）	全国保费（亿元）	增长率（%）
2000	28.20	—	1596.00	—
2001	34.16	21.13	2109.00	32.14
2002	51.72	51.41	3053.00	44.76
2003	62.18	20.22	3880.00	27.09
2004	68.13	9.57	4318.00	11.29
2005	72.50	6.41	4932.00	14.22
2006	85.41	17.81	5640.00	14.36
2007	105.62	23.66	7036.20	24.76
2008	152.52	44.40	9784.20	39.06

---

① 遥远. 2012 年第一季度新疆保险业平稳发展 [EB/OL]. (2012-05-03). [2014-10-04]. http://insurance. hexun. com/2012-05-03/141025125. html.

年份	新疆保费（亿元）	增长率（%）	全国保费（亿元）	增长率（%）
2009	156.69	2.73	11137.30	13.83
2010	190.92	21.85	14528.00	30.44
2011	203.62	6.6	14339.25	−1.30
2012	235.56	15	15487.93	8.01

资料来源：由历年《新疆统计年鉴》《中国统计年鉴》获得，未含港澳台数据。

除了保费收入以外，保险深度是衡量一个地区保险市场成熟度的重要指标，保险深度也反映出该地区保险业在整个国民经济中的地位，我们一般用某地区的保费收入占该地区 GDP 之比来表示保险深度。1995~2012 年间，保险深度最高点在 2009 年为 3.66%，最低点在 1995 年为 0.82%，年平均环比增长速度为 9.86%，在这 18 年间保险深度呈现稳步增长态势，说明新疆地区越来越重视保险业对经济的促进作用，在不断加大保险业的发展力度。

4.2.3　新疆金融发展对资源型产业转型升级支持现状

改革开放 40 多年来，特别是中央实施西部大开发战略以来，新疆的经济、金融业取得了长足的发展和进步，新疆金融在有效支持当地经济发展中发挥着积极的不可替代的作用。

4.2.3.1　商业银行支持新疆资源型产业发展的现状

随着新疆各类金融机构的发展，新疆的银行业通过资金聚集、资金导向作用对新疆资源型产业转型升级起到了举足轻重的作用。在资金聚集方面，新疆银行业的贷款总额总体上是逐年上升，大量的资金有力地支持了新疆经济的发展；在资金导向方面，贷款在各产业的分布趋于合理，有力地支持了新疆产业结构的调整以及资源型产业的转型升级。在这里我们先从产业结构层面分析银行业发展对产业的调整作用。在表 4 - 8 中我们可以通过分析短期贷款在各产业间的投向了解到产业结构的调整，如表 4 - 8 所示。

表 4 - 8　　　　　　新疆三产产值以及银行业金融机构短期贷款的产业投向情况

单位：亿元

年份	一产产值	二产产值	三产产值	农业贷款	工业贷款	商业贷款
1996	249.31	313.70	337.92	54.51	197.94	392.26
1997	279.73	385.37	374.75	51.31	238.72	444.88
1998	291.05	395.75	420.15	83.41	258.31	485.03
1999	268.51	420.48	474.18	91.51	270.20	471.45
2000	288.18	586.83	489.35	94.13	243.03	392.01
2001	288.12	573.91	629.57	99.46	298.91	433.27
2002	305.00	603.15	704.50	114.45	311.01	397.44
2003	412.90	719.54	753.91	123.03	319.51	411.22
2004	446.13	914.47	848.49	149.20	309.38	471.43
2005	510.00	1164.80	929.34	169.78	248.59	496.99
2006	527.80	1459.30	1058.16	175.86	272.90	443.03
2007	628.72	1647.55	1246.89	189.24	281.14	462.15
2008	691.07	2070.76	1421.38	220.77	269.80	411.54
2009	759.74	1929.59	1587.72	309.81	327.05	410.78
2010	107.63	2592.15	1766.69	—	—	—
2011	1139.03	3225.90	2245.12	—	—	—
2012	1320.57	3481.56	2703.18	—	—	—

资料来源：根据《新疆统计年鉴 2013》《新疆金融统计 60 年》整理。

　　从图 4 - 1 以及图 4 - 2 可以看到，银行信贷对新疆的产业经济发展发挥了重要作用，银行信贷与各产业增长变化趋势基本保持一致，第一产业的贷款增速略高于第一产业的产值增长速度，对工业贷款和商业贷款来讲，贷款从 2000 年以后保持着在某一固定范围波动，但从图中可以看到，二产产值的增长速度略高于三产产值的增长速度，这也说明了新疆地区目前还是工业为主的地区，对二产的金融支持一直也是新疆地区的重中之重，金融支持为二产中的资源型产业转型升级提供了资金基础。商业贷款略高于工业贷款，这是新疆地区的政策导向，不断优化产业结构的表现，三产的快速发展对于资源型产业转型也是有着促进作用的。因此，新疆信贷结构的不断调整不但为新疆产业结构的调整发挥了很大的作用，同时也为新疆资源型产业的转型升级提供了良好的基础。

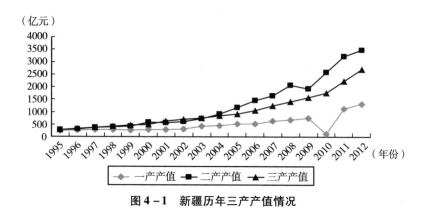

图 4 - 1 新疆历年三产产值情况

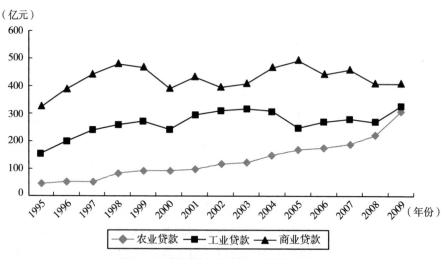

图 4 - 2 新疆历年各产业短期贷款情况

与此同时，在支持产业发展方面，新疆固定资产投资投向也反映了新疆金融机构贷款对产业发展的支持作用。从表 4 - 9 中可知，社会固定资产投资中国内贷款所占比重总体呈现下降趋势，由 1995 年的 24.57% 下降到 2012 年的 13.34%，1995~2012 年间年均环比增速为 -2.38%，虽然比重有所下降，但国内贷款所占比重依然是固定资产投资中的很重要的一部分，对资源型产业的转型升级仍然有着很重要的影响。

表 4 - 9   新疆资源型产业固定资产投资在第二产业内部的分布情况   单位：亿元

年份	资源型产业固定资产投资额（亿元）	第二产业固定资产投资额（亿元）	资源型产业固定资产投资比重（%）
2007	772.72	953.15	81.07
2008	886.51	1142.19	77.61
2009	979.55	1295.22	75.63
2010	1220.17	1667.06	73.19
2011	1583.84	2465.35	64.24
2012	1994.39	3360.04	59.36

资料来源：根据历年《新疆统计年鉴》计算整理，其中以规模以上工业企业分行业核算。

从第二产业内部来看，资源型产业固定资产投资额在不断地增加，从 2000 年的 772.72 亿元上升到 2012 年的 1994.39 亿元，说明国家对于资源型产业的重视程度依然很大。尽管资源型产业固定资产投资比重近几年呈现逐年下降的趋势，从 2007 年的 81.07% 下降到 2012 年的 59.36%，但资源型产业固定资产投资占二产固定资产投资额的比重还是接近 60%，这是由于随着近几年新型工业化的逐步推进，传统的资源型产业慢慢在转型，国家对于资源型产业新建以及扩建的速度在放缓，转向资源型产业的相关产业发展；对资源型产业的改建和技术改造也是固定资产投资的重要组成部分，这也是资源型固定资产投资比重居高不下的原因所在，如表 4-9 所示。

4.2.3.2   资本市场支持新疆产业发展的现状

截至 2011 年底，新疆辖区 62 家证券营业部共有客户资金账户 117.21 万户，客户资产总额 920.96 亿元，全年证券交易量 5032.71 亿元，手续费及佣金收入 9.42 亿元，利润总额 5.64 亿元，净利润 4.98 亿元，期货经营机构开户数 12667 户，期货总成交额突破 1 万亿元，利润总额 446.56 万元，充分发挥了市场的功能，对新疆产业经济发展起到了一定的促进作用。

从上市公司的产业分布来看，截至 2012 年底，新疆共有 39 家上市公司，在西北五省排名第一，其中 A 股总股本 266 亿股，总市值 2290 亿元，累计实现融资总额 791.59 亿元，近三年累计融资 473.4 亿元，上市公司广泛涉及农业、工业、商贸、科技等行业。各上市公司通过资本市场所募集的资金，极大地促进了其所从事的产业经济的发展，如表 4-10 所示。

表 4-10　　　　　　　　　新疆 39 家上市公司行业分布

序号	公司简称	行业	序号	公司简称	行业
1	新农开发	农业	21	天利高新	石油加工及炼焦业
2	新赛股份	农业	22	新疆天宏	造纸及纸制品业
3	香梨股份	农业	23	天富热电	电力热力生产供应业
4	新中基	种植业	24	八一钢铁	黑色金属冶炼及压延加工业
5	冠农股份	农林牧副渔服务业	25	青松建化	水泥制造业
6	天山生物	畜牧行业	26	新疆城建	土木工程建筑业
7	西部牧业	畜牧行业	27	中泰化学	化学原料及化学制品制造业
8	新疆天业	化学原料及化学制品制造业	28	天康生物	食品加工业
9	新疆众和	有色金属冶炼及压延加工业	29	金凤科技	电气机械及器械制造业
10	啤酒花	食品加工业	30	国统股份	非金属矿物制品业
11	中粮屯河	食品加工业	31	准油股份	石油和天然气开采服务业
12	汇通集团	土木工程建筑业	32	西部建设	非金属矿物制品业
13	特变电工	电器机械及器材制造	33	新研股份	专用设备制造业
14	ST 中葡	饮料制造业	34	北新路桥	交通运输辅助业
15	天山纺织	纺织业	35	光正钢构	土木工程建筑业
16	天山股份	水泥制造业	36	新疆浩源	天然气运输、销售和安装
17	伊力特	饮料制造业	37	宏源证券	证券、期货业
18	广汇股份	清洁能源	38	百花村	零售业
19	国际实业	炼焦业	39	友好集团	零售业
20	美克股份	家具制造业			

资料来源：新疆维吾尔自治区发改委。

从融资额来看，新疆直接筹资额和股票市价总值均呈增长态势，但增长幅度较慢，这反映了新疆证券业市场在新疆资源型产业转型升级过程中，与银行金融机构相比，其比重仍较少，对经济发展贡献仍十分有限，如表4-11所示。

表4-11	新疆直接融资额、股票市价总值情况	单位：亿元
年份	直接融资额（股票筹资额）	股票市价总值
1995	7.70	—
1996	7.70	—
1997	17.43	—
1998	40.62	—
1999	44.68	—
2000	59.96	777.0
2001	78.57	—
2002	82.55	644.00
2003	96.34	584.49
2004	107.43	405.39
2005	72.53	317.50
2006	80.47	735.58
2007	98.47	3174.31
2008	101.97	1441.37
2009	110.58	3021.29
2010	125.00	3703.07

资料来源：根据《新中国60年资料汇编》相关数据进行整理、计算。

4.2.3.3　政策性银行支持新疆产业发展现状

在我国，政策性金融机构主要包括国家开发银行、中国农业发展银行和中国进出口银行，目前因为中国进出口银行2012年才在新疆成立分支机构，因此，目前统计数据仅有国家开发银行和中国农业发展银行在新疆开展的业务量，它们对新疆的经济发展和产业转型升级发挥了重要的推动作用，中国农业发展银行主要针对农业、农村、农民的三农问题，由于我们讨论的是工业资源型产业，所以下面只针对国家开发银行展开现状分析。

国家开发银行新疆分行于 1999 年成立，其主要任务是"两基一支"，也就是为国家基础设施，基础产业和支柱产业提供长期资金支持，并发挥"投贷债租证"综合金融优势，始终把电力、公路、铁路、石油石化、煤炭、邮电通信、公共基础设施等行业作为贷款支持重点。据统计，"十一五"期间国开行向新疆维吾尔自治区累计发放各类贷款 1258 亿元，重点支持了自治区"十一五"公路建设项目、乌鲁木齐城市基础设施建设、中低收入住房、电网联网建设工程、红雁池发电项目、农业产业化等重大项目，现已成为新疆中长期融资领域的主力银行。

近年来，国家开发银行新疆分行存贷款额均实现了快速增长，为新疆的"两基一支"产业发展提供了良好的资金支持，如表 4 - 12 所示。

表 4 - 12　　　　　　　　国家开发银行乌鲁木齐分行存贷款情况　　　　单位：亿元

年份	各项存款余额	各项贷款余额	各项存贷款总和
2000	3.08	58.66	61.74
2001	1.87	68.32	70.69
2002	16.47	112.75	129.22
2003	12.84	156.81	169.65
2004	20.11	215.27	235.38
2005	19.24	278.05	297.29
2006	29.65	335.61	365.26
2007	28.64	403.12	431.76
2008	54.00	478.48	532.48
2009	95.63	600.87	696.5

资料来源：根据《新疆金融统计 60 年》相关数据整理、计算得到。

截至 2012 年 5 月，国家开发银行在新疆贷款余额达 1482 亿元，较 2009 年底增长了近 2 倍；累计向新疆电力、公路、铁路、水利、公共基础设施、煤炭等 8 大重点行业投放贷款 1509 亿元；累计发放中小企业贷款 526.90 亿元，贷款余额 315.48 亿元，支持了乌鲁木齐、昌吉、阿克苏、哈密等地区 380 余家中小企业及数万农户，支持领域覆盖制造业、农林牧渔、采矿业、交通运输、居民服务等多个行业。在承销债券方面，截至 2012 年 6 月底，国家开发银行已累计为新疆企业承销债券 91.6 亿元，占全疆金融机构发债总额的 13.83%，居各金融机构之首。

国家开发银行新疆分行助推新疆新型工业化建设。积极支持特变电工产业升级及"走出去"战略，即与特变电工签订了 100 亿美元《开放性金融战略合作协议》，用于支持特变电工 43 个海外项目及新疆煤电煤化工、新能源领域 6 个国内项目建设；充分运用"投贷债租证"综合金融服务支持美克化工、中泰化学等新型工业化重点企业跨越式发展。与美克集团签署 80 亿元人民币及 28 亿美元的《综合融资合作协议》，全面支持美克集团"十二五"发展；与中泰化学签署 280 亿元的"十二五"《综合融资合作协议》，以综合金融服务助推中泰化学实现跨越式发展；大力支持现代煤化工产业发展，与新疆庆华能源集团签订《开发性金融规划发展与战略合作协议》，合作涉及项目总投资 268 亿元；牵头组建 48 亿元银团贷款支持其 55 亿立方米/年煤制天然气一期工程项目，该项目是新疆首个获国家批复的煤制气项目，对新疆新型煤化工项目起到了示范作用，较好地发挥了政策性金融机构的支持作用。

4.3 金融支持资源型产业转型升级的实证分析

4.3.1 指标体系构建

4.3.1.1 资源型产业转型升级的金融支持指标体系的构建

基于科学性、可操作性及数据可获得性等原则，参考相关学者的研究成果，构建金融支持资源型产业转型升级的评价指标体系，如表 4-13 所示。

表 4 – 13   金融支持资源型产业转型升级的评价指标体系

目标层	准则层	指标层	单位	性质
产业转型升级综合指数	产业间转型程度 C1	Y1 工业加工程度	%	正指标
	产业升级程度 C2	Y2 工业增加值率	%	正指标
		Y3 单位能耗的工业产值水平	万元/吨	正指标
金融支持综合指数	金融支持规模 B1	X1 金融相关比率	%	正指标
		X2 商业银行贷款增速	%	正指标
		X3 上市公司数量	个	正指标
		X4 保险深度	%	正指标
	金融支持结构 B2	X5 新增存贷比	%	正指标
		X6 固定资产投资中国内贷款所占比重	%	正指标
	金融支持效率 B3	X7 金融服务水平	（个/百人）	正指标
		X8 边际资本生产率	%	正指标

资料来源：根据历年《新疆统计年鉴》计算整理，其中以规模以上工业企业分行业核算。

4.3.1.2 相关指标解释

1. 资源型产业转型升级指标解释

工业加工程度（Y1）：这是反映新疆资源型产业中由原材料采掘产业为重心转向以原材料加工、原材料利用产业为重心的演进程度的指标，所以，工业加工程度 = 资源型制造业产值/资源型采掘业产值。

工业增加值率（Y2）：指在一定时期内工业增加值占同期工业总产值的比重，反映降低中间消耗的经济效益。

单位能耗的工业产值水平（Y3）：这是反映新疆资源型产业的能源利用效率，单位能耗的工业产值水平越高，说明产业集约化程度越高，产业转型升级的程度越高。

2. 金融支持指标解释[①]

金融相关比率（X1）：金融相关率 =（金融机构存款 + 金融机构贷款）/

---

① 张玉霞. 兵团城镇化建设进程中的金融支持研究 [D]. 石河子：石河子大学，2013.

GDP，来反映单位 GDP 所拥有的金融资源支持、金融为资源型产业转型所做出的贡献。

银行贷款增速（X2）：银行信贷是金融体系聚集资源和形成储蓄后配置资源的起点，构成了产业转型升级的资金最为关键的来源。良好的金融体系不仅能够动员和鼓励本地区社会储蓄并为储蓄带来合理回报，而且具备较高影响力和辐射力，对于新疆资源型产业转型升级来说，银行贷款增加意味着调度全国的金融资源用以支持资源型产业转型升级的进程。

上市公司数量（X3）：国内外理论和实证研究表明，资本市场的直接融资与银行的间接融资存在着互补效应，资本市场对经济发展的影响日益凸显。基于数据的可获得性以及实际操作方便的特点，本节选用上市公司数量来衡量资源型产业转型升级中金融支持的程度。

保险深度（X4）：保险作为市场化的风险转移机制、社会互助机制和社会管理机制，具有经济补偿、资金融通和社会管理等功能，本节用保险深度衡量保险市场的相对发展水平，公式为：保险深度＝新疆保险费收入/GDP。

新增存贷比（X5）：新增存贷比指标可以较好地从动态的角度反映金融机构把吸纳的存款转化为贷款支持新疆资源型产业转型升级的变化情况，公式为：新增存贷比＝新增贷款量/新增存款量。

固定资产投资中国内贷款所占的比重（X6）：该指标是反映金融机构贷款对新疆经济发展中固定资产投资的贡献，资源型产业转型升级的外部资金来源主要有国内贷款、财政资金和外资等，其中国内贷款一直是资源型产业转型升级最重要的资金来源。

金融服务水平（X7）：金融机构提供的高质量和高效率的金融服务能降低经济交易成本，促进生产技术革新和经济增长。公式为：金融服务水平＝保险公司数量/年末人口，用于衡量新疆地区金融机构自身经营效率及其对资源型产业转型升级进程中的支持程度。

边际资本生产率（X8）：在新疆地区普遍面临资金短缺的情况下，提高资源配置效率是金融支持资源型产业转型升级的有效途径。公式为：边际资本生产率＝经济总量的增量/投资总额，反映了金融资源对新疆资源型产业转型升级进程中宏观层面的支持效率。

4.3.2 金融支持资源型产业转型升级指数的测度与分析

基于构建的指标体系，对 1995 ~ 2012 年的各个指标数据应用熵权法测算，如表 4 - 14 和表 4 - 15 所示，最终得出金融支持规模指数、金融支持效率指数、金融支持结构指数及金融支持综合指数。

表 4 - 14　　　　　　　　　　各指标权重

指标	Y1	Y2	Y3	X1	X2	X3
权重	0. 5056	0. 2111	0. 2833	0. 0939	0. 1455	0. 0889
指标	X4	X5	X6	X7	X8	—
权重	0. 0841	0. 1427	0. 1715	0. 1948	0. 0786	—

表 4 - 15　　　　　　基于熵权法的金融支持综合评价结果

年份	金融支持规模指数	排名	金融支持结构指数	排名	金融支持效率指数	排名	金融支持综合指数	排名
1995	0. 3835	14	0. 8225	1	0. 2875	13	0. 4951	8
1996	0. 3562	17	0. 6275	3	0. 1739	18	0. 3915	13
1997	0. 4418	10	0. 5321	6	0. 3481	8	0. 4445	9
1998	0. 3814	15	0. 5857	4	0. 2236	15	0. 4024	12
1999	0. 3955	13	0. 4502	8	0. 2034	17	0. 3602	15
2000	0. 3258	18	0. 4384	9	0. 3506	7	0. 3680	14
2001	0. 5017	7	0. 7507	2	0. 2428	14	0. 5092	6
2002	0. 6214	6	0. 5678	5	0. 2192	16	0. 4946	7
2003	0. 6919	5	0. 4827	7	0. 3111	12	0. 5221	5
2004	0. 4867	8	0. 1699	15	0. 3128	11	0. 3397	16
2005	0. 3778	16	0. 0464	18	0. 3194	9	0. 2577	18
2006	0. 4175	12	0. 0500	17	0. 3178	10	0. 2748	17
2007	0. 4864	9	0. 1723	14	0. 6808	5	0. 4408	10

年份	金融支持规模指数	排名	金融支持结构指数	排名	金融支持效率指数	排名	金融支持综合指数	排名
2008	0.4358	11	0.1012	16	0.8200	3	0.4357	11
2009	0.9094	2	0.4073	10	0.6770	6	0.6881	2
2010	0.9147	1	0.2970	11	0.8805	1	0.7112	1
2011	0.8278	4	0.2804	13	0.8407	2	0.6593	4
2012	0.8997	3	0.2908	12	0.7869	4	0.6775	3

资料来源：根据历年《新疆统计年鉴》计算整理。

在信息论中，熵是对不确定性的一种度量。信息量越大，不确定性就越小，熵也就越小；信息量越小，不确定性越大，熵也越大。根据熵的特性，我们可以通过计算熵值来判断一个事件的随机性及无序程度，也可以用熵值来判断某个指标的离散程度，指标的离散程度越大，该指标对综合评价的影响越大。由于本节选取的是反映金融支持新疆资源型产业转型升级的不同方面与层次的指标，指标量纲之间有差别，数据大小有悬殊，因此，需要对数据进行标准化处理。主要步骤如下：

（1）对于正向型指标，令 $X'_{ij} = (X_{ij} - minX_{ij})/(maxX_{ij} - minX_{ij})$。

对于负向型指标，令 $X'_{ij} = (maxX_{ij} - X_{ij})/(maxX_{ij} - minX_{ij})$，$maxX_{ij}$、$minX_{ij}$ 分别指第 j 项指标下各样本的最大与最小值，X'_{ij} 是标准化处理后的各指标数值。

（2）计算第 i 年份第 j 项指标值的比重：

$$Y_{ij} = X'_{ij} / \sum_{i=1}^{m} X'_{ij}$$

（3）计算第 j 项指标的熵值 $e_j = - (1/\ln m) \sum_{i=1}^{m} (Y_{ij} \times \ln Y_{ij})$。

（4）计算各指标的效用值 $d_j = 1 - e_j$，该指标值越大，则其价值越大，权重也就越大。

（5）计算指标 X'_{ij} 的权重。$w_j = d_j / \sum_{j=1}^{n} d_j$。

（6）计算综合评价值的公式：$V_j = \sum_{j=1}^{n} w_j X'_{ij}$。

4.3.2.1 金融支持的指数分析

1. 金融支持程度指数

1995~2012 年间，金融支持的力度呈现不断增大的趋势，金融支持综合指数发展速度相对缓慢。从 1995 年的 0.4951 上升到 2012 年的 0.6775，平均环比增速为 4.67%，从图 4-3 可以看出，在此期间金融支持综合指数呈现先下降后上升，然后再次下降到上升的波浪式增长形态。从一级指标的角度来看，金融支持效率及金融支持规模均表现为上升趋势，平均环比增速分别为 13.42% 和 8.91%，金融支持结构指数总体呈现下降趋势，平均环比增速为 1.37%（剔除 2009 年的极端值），相比较金融支持规模以及效率的环比增速有较大的差距，各年的金融支持结构环比增速呈现负增长的有 11 年之多。总体而言，金融支持规模及金融支持效率的增长促进了金融支持资源型产业转型升级的进程。其中金融规模增幅更大，而金融效率年均环比增速更快，相对来说金融结构一定程度上抑制了金融支持资源型产业转型升级，这说明在新疆资源型产业转型升级过程中，金融资金支持力度在不断加大，金融配置效率在不断提升，但金融结构在近几年还需要优化及调整。

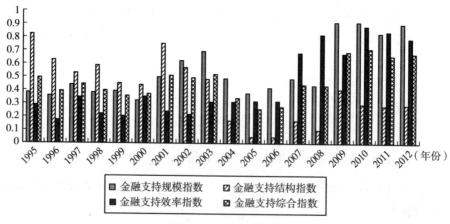

图 4-3　金融支持指数

2. 金融支持规模

（1）金融相关率。如图 4 - 4 所示，1995 ~ 2012 年间金融机构各项存、贷款余额总体占国内生产总值的比重呈稳定增长的态势，虽然在 2004 ~ 2008 年间比重不断处于下降态势，但是 2009 ~ 2012 年间又重新稳步上升至另一高点。金融资产平均环比增速为 15.94%，新疆地区 GDP 环比增速为 14.12%，表明新疆地区金融规模增速超过新疆地区 GDP 增速，1995 年全部金融资产占新疆 GDP 比重为 206.4%，2003 年增加到 252.4%，2008 年受到金融危机的影响降低至 196.6%，环比增速为 - 5.07%，呈现负增长。2009 年迅速回升至 248.5%，说明新疆地区金融支持系统抵御风险的能力较强。

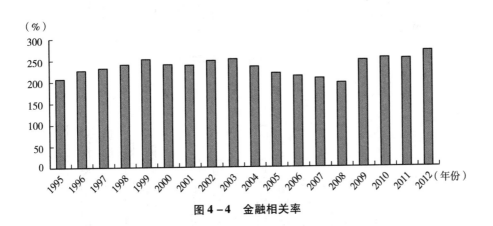

图 4 - 4　金融相关率

（2）商业银行贷款增速。如图 4 - 5 所示，1995 ~ 2012 年新疆地区银行贷款表现出快速增长的态势，银行贷款由 1995 年的 843.38 亿元上升至 2012 年的 7914 亿元，这 18 年间新疆银行贷款增速呈现下降—上升—下降的波浪式稳定增长态势，在 2009 年银行贷款增速达最高点 25.28%，2008 年受金融危机的影响，银行贷款增速基本达到了这个时期的最小增长速度，并没有出现负的增长，说明新疆地区的银行贷款方面有政策性银行的支持，保证每年贷款都有所增加。2009 年金融机构存、贷款额的迅速回升带动了银行贷款增速快速增长，达到了增速的最高点。

（3）上市公司数量。如图 4 - 6 所示，1995 ~ 2012 年新疆地区上市公司数量呈现不断上升的态势，18 年间的年环比增速为 38.14%，增速上有一定的优势，但在数量上新疆地区的上市公司还是偏少，这说明新疆地区的企业主要依靠间接融资、政策性扶持为主，新疆地区的金融支持体系还需要改善。

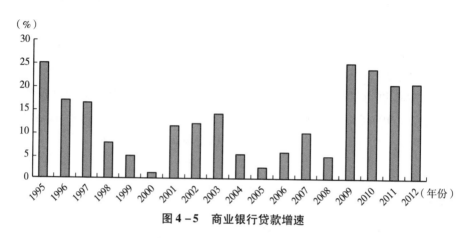

图4-5　商业银行贷款增速

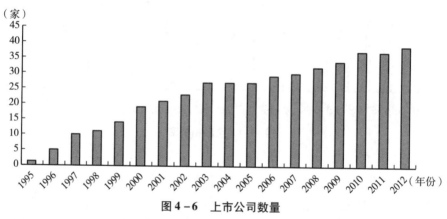

图4-6　上市公司数量

（4）保险深度。如图4-7所示，1995～2012年间，保险深度最高点在2009年为3.66%，最低点在1995年为0.82%，年平均环比增长速度为9.86%，在这18年间保险深度呈现稳步增长态势，在1995～2001年间保险深度不断上升，在2002～2012年期间保险深度基本稳定在一个水平上，没有太大的波动。保险深度反映了一个地区的保险业在整个国民经济中的地位，保险深度不断加强，说明保险业在新疆地区越来越重要，可以为地区的国民事业稳定发展保驾护航。

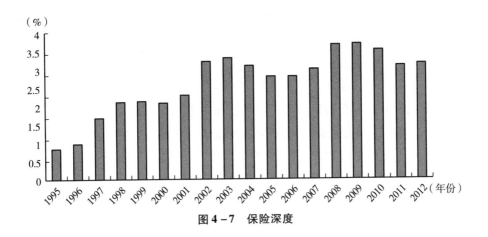

图 4 - 7　保险深度

3. 金融支持结构

（1）新增存贷比。由图 4 - 8 看出，1995～2012 年间新疆地区新增存贷比表现出微弱的增长趋势，总体呈现缓慢增长然后相对加速下降的过程，除去 2001 年的极端情况，在这 16 年间新疆地区新增存贷比环比增速为 5.45%。新增存贷比由 1997 年的 118.35% 下降到 2012 年的 84.56%，新疆地区的金融机构存贷款转化能力相对减弱，说明金融机构不断在规范贷款的标准，减少坏账、呆账的出现情况，市场化背景下政策性的投资在一定程度上减少，国家宏观层面上要利用市场的力量去发展经济，这也是导致新增存贷比下降的原因。

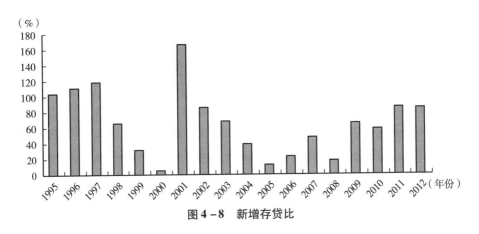

图 4 - 8　新增存贷比

（2）固定资产投资中国内贷款所占的比重。由图4－9可知，社会固定资产投资中国内贷款所占比重总体呈现下降趋势，由1995年的24.57%下降到2012年的13.34%，1995~2012年间年均环比增速为－2.38%，虽然比重有所下降，但国内贷款所占比重依然是固定资产投资中的很重要的一部分，国内贷款比重的减少是随着国家经济不断朝着市场化的方向发展，由市场决定产业的未来，商业银行的贷款是贷款的重要组成部分，但商业银行以营利为目的决定了它们对贷款的谨慎性加强，导致总体社会固定资产投资中国内贷款所占比重的下降。表明资源型产业转型升级进程中金融支持结构还需要优化和调整。

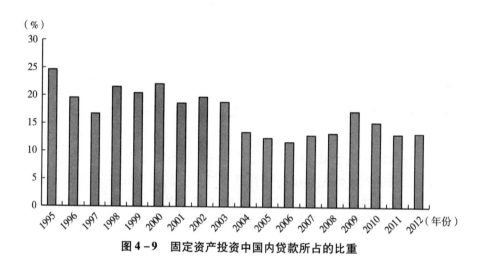

图4－9　固定资产投资中国内贷款所占的比重

4. 金融支持效率

（1）金融服务水平。由图4－10可以看出，金融服务水平表现出明显的上升态势，从1995年的6.86个/百人上升到2012年的70.14个/百人，金融服务水平的环比增速高达20.18%，金融服务水平环比增速在2007年高达166.95%，新疆地区保险机构数量从2006年的413个上升到2007年的1127个，在2012年达到1566个。说明金融服务水平提高较快，有助于资源型产业技术的升级与产品的更新换代，这样才能有效利用资源型产业的转型升级，为转型升级提供良好的金融环境。

（个/百人）

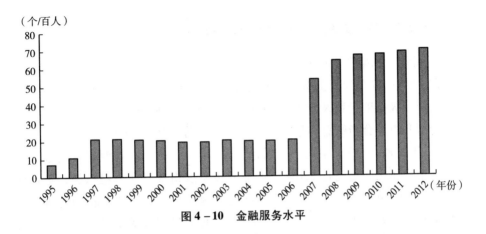

图4-10　金融服务水平

（2）边际资本生产率。由图4-11可以看出，在1995~1999年间，边际资本生产率呈现逐渐下降的趋势，在2001~2008年呈现稳定增长的态势，从2010~2012年间又出现逐年下降的现象。总体来看，新疆地区边际资本生产率是趋于稳定的态势，虽然在前几年有一定的波动，但还是会回归到2004年的27.79%的水平上下。环比增速在1995年达到最大值为45.76%，最低值出现在2009年为3.32%，受2008年金融危机的影响，新疆地区2009年的GDP与2008年的GDP差值相对较小，新疆地区金融投资力度的加强没有刺激新疆地区经济的增长。近几年投资力度虽然在加大，但经济总量并没有同步增大，这是由于受到全国经济下行形势的影响，产能过剩的出现导致经济增速处于下行阶段。所以新疆地区还是应该加强资源型产业的转型升级力度，才能跟上金融支持的步伐。

（%）

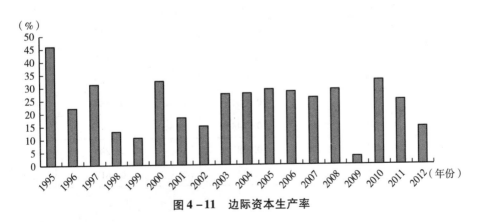

图4-11　边际资本生产率

4.3.2.2 新疆资源型产业转型升级指数分析

1. 新疆资源型产业转型升级指数

在 1995～2012 年间的数据基础上，运用熵权法计算产业间转型程度指数、产业升级程度指数及产业转型升级综合指数（见表 4 - 16、图 4 - 12）。产业转型升级综合指数总体呈现不断上升的态势，从 1995 年的 21.91% 上升到 2012 年的 81.31%，年均环比增速为 13.04%。产业间转型程度指数明显上升，年均环比增速高达 226%。产业升级程度指数呈现平稳态势，年均环比增速为 10.23%，总体来看，产业间转型程度指数以及产业转型升级综合指数呈较快发展趋势，尤其是产业间转型程度指数呈显著上升态势，产业升级程度相对发展较慢。

表 4 - 16　　　基于熵权法的资源型产业转型升级的综合评价结果

年份	产业间转型程度指数	排名	产业升级程度指数	排名	产业转型升级综合指数	排名
1995	0.0076	16	0.4354	12	0.2191	17
1996	0	18	0.2499	17	0.1235	18
1997	0.0013	17	0.4745	11	0.2352	16
1998	0.0406	14	0.5115	9	0.2734	14
1999	0.0274	15	0.5722	5	0.2968	13
2000	0.1216	13	0.5471	7	0.3320	11
2001	0.4432	7	0.6145	3	0.5279	6
2002	0.5014	5	0.6428	1	0.5713	5
2003	0.4550	6	0.3960	14	0.4258	9
2004	0.3776	9	0.5503	6	0.4629	7
2005	0.2871	12	0.4304	13	0.3580	10
2006	0.2927	11	0.2348	18	0.2641	15
2007	0.3472	10	0.2982	16	0.3230	12
2008	0.4098	8	0.5149	8	0.4617	8

续表

年份	产业间转型程度指数	排名	产业升级程度指数	排名	产业转型升级综合指数	排名
2009	0.7721	4	0.5937	4	0.6839	2
2010	0.8291	3	0.4763	10	0.6546	3
2011	0.8724	2	0.3094	15	0.5941	4
2012	1	1	0.6220	2	0.8131	1

资料来源：根据历年《新疆统计年鉴》计算整理，其中以规模以上工业企业分行业核算。

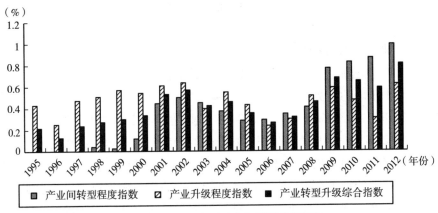

图 4 – 12 新疆资源型产业转型升级指数

2. 产业间转型程度指数

工业加工程度。由图 4 – 13 可以看出，1995 ~ 2012 年间工业加工程度总体呈现上升的态势，年均环比增速为 9.83%，2012 年的环比增速达到 216.5%，1995 ~ 2000 年产业间转型基本处于稳定的态势，没有大的升幅，2005 ~ 2012 年产业间转型程度呈现持续上升的态势，最近几年的环比增速有较大的升幅，说明受国家政策的影响新疆地区越来越重视资源型产业层次的高级化，产业总体来说，新疆资源型产业从采掘业往制造业转型的程度在不断加深，说明产业层次在不断地提高，由低端产业往高端产业不断地演进，符合经济的发展规律，能够进一步助推新疆经济的快速发展。

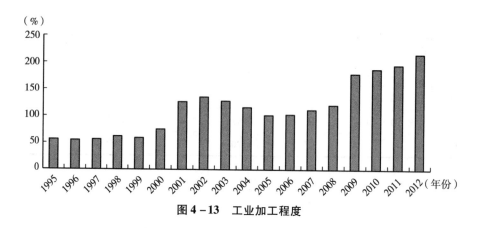

图 4 – 13 工业加工程度

3. 产业升级程度指数

（1）工业增加值率。由图 4 – 14 可以看出，1995 ~ 2012 年间工业增加值率呈现略微下降的趋势，从 1995 年的 46. 25% 下降到 2012 年的 40. 22% ，年均环比增速为 – 0. 34% ，1998 ~ 2004 年工业增加值率基本处于持平的态势，2005 ~ 2012 年工业增加值率呈现不断下降的趋势。工业增加值率的大小直接反映企业降低中间消耗的经济效益，反映投入产出的效果，可以看出新疆地区资源型产业的投入产出比在下降，产能过剩的现象慢慢出现，这说明新疆地区资源型产业到了需要进行产业升级的瓶颈，政府部门需要重视产业技术的革新及产品的更新换代。工业增加值率越高，企业的附加值越高、盈利水平越高，投入产出的效果越佳。增加值率是一个地区工业企业盈利能力和发

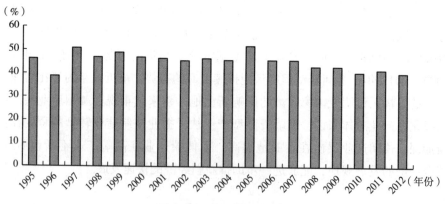

图 4 – 14 工业增加值率

展水平的综合体现，其增加值率高低直接决定着一个地区的发展水平和效益水平。

（2）单位能耗的工业产值水平。由图4-15可以看出，单位能耗的产值水平呈现微弱的上升趋势，年均环比增速为1.49%，1997~2002年间单位能耗的产值水平呈现稳定的增长态势，2005~2010年间是新一轮的增长区间，这个时期的增速相对较快。单位能耗的产值水平从1995年的2823.7万元/万吨上升到2012年的3385.2万元/万吨，单位能耗的产值水平的提高表明能源利用效率的提高，一定程度上摆脱了高能耗、低产出的产业模式，近几年单位能耗的产值水平增速的加大，说明资源型产业在节能方面做出了努力，有利于资源型产业整体的升级进程。

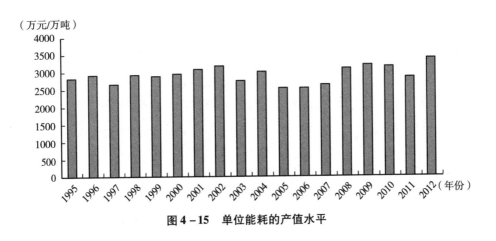

图4-15　单位能耗的产值水平

4.3.3　新疆资源型产业转型升级及金融支持的协调性分析

为了真实反映资源型产业转型升级系统与金融支持系统的协调性，可以运用协调发展度来衡量两者间协调程度。协调性分析表明两者最终目的是实现共同发展、促进的状态，构建协调度模型如下：

$$C = \left[\frac{A \cdot B}{\left(\frac{A+B}{2} \right)^2} \right]^2$$

式中的A、B为基于熵权法的综合评价值，协调度C是介于0~1之间的数值，通过协调度分析比较可以发现二者关联与匹配程度。通常情况下，C 值介于 0 ~ 0.35 之间为低度关联，两者间互相影响较弱，处于不协调状态；C 值介于 0.35 ~ 0.65 之间为较弱关联度，处于一般协调性；C 值介于 0.65 ~ 0.85 之间为高度关联，二者的变化同步性较强。C 值介于 0.85 ~ 1 之间为极高关联度，二者的变化同步性很强。判定标准如表 4 – 17 所示。

表 4 – 17　　　　　　　　　协调性判断标准

协调度 C	0 ~ 0.09	0.10 ~ 0.19	0.20 ~ 0.29	0.30 ~ 0.39	0.40 ~ 0.49
	极度失调	严重失调	重度失调	轻度失调	濒临失调
协调度 C	0.50 ~ 0.59	0.60 ~ 0.69	0.70 ~ 0.79	0.80 ~ 0.89	0.90 ~ 1.00
	勉强协调	初级协调	中级协调	良好协调	优质协调

以综合评价指数 A 和 B 的得分作为自变量定义两者协调发展评价函数为：$H = \sqrt{C \cdot I}$，其中 $I = \alpha A + \beta B$。在这里，我们取 $\alpha = \beta = 0.5$，认为资源型产业转型升级程度与金融支持程度同等重要。协调发展的划分标准如表 4 – 18 所示。

表 4 – 18　　　　　　　　　协调发展度划分标准

不可接受区	0 ~ 0.09	0.10 ~ 0.19	0.20 ~ 0.29	0.30 ~ 0.39	0.40 ~ 0.49
协调度类型	极度失调衰退	严重失调衰退	中度失调衰退	轻度失调衰退	濒临失调衰退
可接受区	0.50 ~ 0.59	0.60 ~ 0.69	0.70 ~ 0.79	0.80 ~ 0.89	0.90 ~ 1.00
协调度类型	勉强协调发展	初级协调发展	中级协调发展	良好协调发展	优质协调发展

根据上述协调度计算的方法，在熵权法计算的资源型产业转型升级程度和金融支持程度的综合得分基础上，计算 1995 ~ 2012 年的新疆资源型产业转型升级和金融支持的协调性，如表 4 – 19 所示，除了 1995 ~ 1997 年外，其余年份的产业转型升级程度与金融支持程度的协调度均在 0.9 以上，属于优质协调阶段，产业转型升级及金融支持协调性不存在明显的波动性。

表 4 - 19　　　　1995 ~ 2012 年资源型产业转型升级与金融支持协调度

年份	产业转型升级综合得分	金融支持度综合得分	协调度	年份	产业转型升级综合得分	金融支持度综合得分	协调度
1995	0.2191	0.4951	0.7236	2004	0.4629	0.3397	0.9534
1996	0.1235	0.3915	0.5317	2005	0.3580	0.2577	0.9476
1997	0.2352	0.4445	0.8193	2006	0.2641	0.2748	0.9992
1998	0.2734	0.4024	0.9285	2007	0.3230	0.4408	0.9530
1999	0.2968	0.3602	0.9815	2008	0.4617	0.4357	0.9983
2000	0.3320	0.3680	0.9947	2009	0.6839	0.6881	1.0000
2001	0.5279	0.5092	0.9993	2010	0.6546	0.7112	0.9966
2002	0.5713	0.4946	0.9897	2011	0.5941	0.6593	0.9946
2003	0.4258	0.5221	0.9795	2012	0.8131	0.6775	0.9835

通过以上大致的分析可以得出如下结论：

金融支持推动资源型产业转型升级，资源型产业转型升级带动金融发展。两者互相影响，彼此促进，优质协调关系的保持有助于资源型产业转型升级的顺利进行，同时也为金融发展提供良好的市场大环境，这样就为地区经济稳健发展提供了实质性的基础。

（1）金融支持及资源型产业转型升级之间存在耦合关系。金融支持为资源型产业转型升级提供大量的固定资产投资支持，为资源型产业转型升级提供基础设施的更新换代的资金来源，进一步推进资源型产业的技术革新以及产业链的延伸进程，因为金融支持的显著性差异不明显，所以两者的协调性一直很高，随时间的变化二者差异不明显。

（2）资源型产业转型升级促进新疆地区经济快速发展，但金融支持效应仍需加强。在资源型产业转型升级与金融支持协调度接近的情况下，资源型产业转型升级程度高的年份，经济水平增长的速度也较快，但金融支持水平高的年份，经济水平增长的速度不一定快。

（3）1995 ~ 2012 年间，产业转型升级综合得分上升较快，年均增长速度达到 3.3%，而金融支持度综合得分上升相对缓慢，年均增长速度为 1.01%，在某种程度上虽然产业转型升级与金融支持的协调度很高，但并不意味着它

们之间一定协调发展。我们需要进一步做协调发展指标计算，协调发展结果
如表4-20所示。

表4-20　　1995~2012年新疆金融支持与产业转型升级协调发展度类型的分类

年份	协调发展度	等级	协调类型	年份	协调发展度	等级	协调类型
1995	0.5083	勉强协调发展	勉强协调转型升级滞后型	2004	0.6186	初级协调发展	初级协调金融支持滞后型
1996	0.3700	轻度失调衰退	轻度失调转型升级滞后型	2005	0.5401	勉强协调发展	勉强协调金融支持滞后型
1997	0.5277	勉强协调发展	勉强协调转型升级滞后型	2006	0.5189	勉强协调发展	勉强协调转型升级滞后型
1998	0.5601	勉强协调发展	勉强协调转型升级滞后型	2007	0.6033	初级协调发展	初级协调转型升级滞后型
1999	0.5678	勉强协调发展	勉强协调转型升级滞后型	2008	0.6693	初级协调发展	初级协调金融支持滞后型
2000	0.5900	勉强协调发展	勉强协调转型升级滞后型	2009	0.8282	良好协调发展	良好协调转型升级滞后型
2001	0.7199	中级协调发展	中级协调金融支持滞后型	2010	0.8250	良好协调发展	良好协调转型升级滞后型
2002	0.7263	中级协调发展	中级协调金融支持滞后型	2011	0.7895	中级协调发展	中级协调转型升级滞后型
2003	0.6813	初级协调发展	初级协调转型升级滞后型	2012	0.8562	良好协调发展	良好协调金融支持滞后型

由上述计算结果可以得到下面几点结论：

（1）从总体上来看，新疆金融与资源型产业转型升级处于协调发展阶
段，而且总体来说，金融支持与资源型产业转型升级的协调度随着时间的推
移不断得到良性提高。从发展来看，资源型产业转型升级与金融发展可分为
起步期、成长期和成熟期。在起步期阶段从资源型产业转型升级为核心，金
融作为服务业为工业的发展提供资金服务，随着资源型产业转型升级的不断

深入，金融业也在不断发展，进入成长期以后，资源型产业的转型升级带来分工的细化，同阶段的金融支持不能满足资源型产业转型升级的金融服务需要，金融支持滞后的现象。进入成熟期以后，资源型产业转型升级与金融支持滞后的现象就会交替出现，它们之间的互动发展越来越明显。金融业作为第三产业在国民经济中有着举足轻重的地位，不断发展第三产业，促进分工的不断细化，第二产业与第三产业之间不断融合，这是成熟期的标志。所以说，1995～2012 年间新疆资源型产业转型升级与金融发展经历了从起步期到成长期的过渡阶段，并有向成熟期发展的趋势。

（2）新疆金融支持与资源型产业转型升级在功能协调性上还有待提高。金融支持与资源型产业转型升级的功能性协调不仅是系统协调发展的重要内容也是结构性协调的重要表现形式，一般而言，如果金融支持与资源型产业转型升级的结构性协调程度低，那么在金融与资源型产业转型升级协调发展系统内，金融支持与资源型产业转型升级两个子系统很难形成良性的合力，达到整体作用大于两个子系统单独作用的目的。[1] 当其整体作用不能充分发挥的时候，系统就处于初级协调发展阶段；结合上述我们实证分析的结果，1995～2012 年间，新疆金融支持与资源型产业转型升级协调发展度处于良性发展增长过程，说明新疆金融支持与资源型产业转型升级两个子系统的合力不断加强，两者的整体效果不断趋于明显。但从表中可以看到其仍没有达到一定的高度，还需要继续加大对两者系统性的调节力度，促进它们之间的功能性协调不断深化。

（3）新疆金融支持与资源型产业转型升级在时间上发展不协调，甚至长时间的彼此背离，金融支持与资源型产业转型升级协调发展的内容之一就是时间性协调，也就是说金融的发展不能脱离资源型产业转型升级而独立发展，同样反过来，资源型产业转型升级也不能脱离金融的发展。但我们通过对新疆金融支持与资源型产业转型升级程度的比较分析，可以得出，1995～2000年，金融支持的水平一直高于资源型产业转型升级的水平，金融的发展未能带动资源型产业转型升级达到对应的水平；经过多年的金融扶持，资源型产业转型升级水平在2001～2002 年反超了金融发展水平，导致金融支持滞后。

---

[1] 谢沛善. 我国金融支持高新技术产业发展模型的构建及实证分析 [J]. 广西财经学院学报，2013（6）：105 - 109.

延续至今，金融支持与资源型产业转型升级之间互相反超，它们在时序阶段上本来应该是协同发展的系统，却没有呈现出密切的联系和默契的配合，反而是两者之间表现出不同程度不同时段的背离。

4.3.4　新疆资源型产业转型升级过程中的金融支持效应分析

4.3.4.1　模型构建

$$\ln TP_t = \beta_0 + \beta_1 \ln FSC_t + \beta_2 \ln FST_t + \beta_3 \ln FE_t + \varepsilon_t$$

为了研究金融规模、金融结构、金融效率对新疆资源型产业转型升级的影响，我们选择新疆资源型产业转型升级指标作为模型的因变量，金融规模、金融结构、金融效率三个指标作为模型的自变量，TP_t 表示第 t 年的新疆资源型产业转型升级综合指数，作为衡量资源型产业转型升级的指标；FSC_t 表示第 t 年的金融规模指数，FST_t 表示第 t 年的金融结构指数，FE_t 表示第 t 年的金融效率指数，ε_t 是随机扰动项。模型之所以采用双对数形式，一是可以直接得出因变量对自变量的弹性，二是可以消除随机误差项的异方差性。模型中各变量数值都已剔除了当年物价。

4.3.4.2　单位根检验

如果用非平稳序列来建立模型，就会出现虚假回归的问题，即尽管基本序列不存在任何关系，也会得到回归模型。因此要建立模型，首先必须进行随机序列的平稳性检验。检验序列平稳性的标准是单位根检验，下面我们采用 ADF 单位根检验法，在进行 ADF 检验时需要注意两个问题，一是必须为回归定义合理的滞后阶数；二是可以选择常数和线性时间趋势，这方面可以通过画图的方法来确定。对各变量序列进行 ADF 检验，表 4 - 21 给出了平稳性检验结果。由表 4 - 21 可知，在 5% 的显著性水平下，各原始序列的 ADF 检验值都大于 5% 临界值，表明各序列存在非平稳性。接下来对各序列同时进行一阶差分的 ADF 检验，如表中结果显示，在 5% 的显著性水平下，差分后的序列 ADF 检验值均小于 5% 临界值，说明在一阶差分的情形下，各序列变量实现了一阶单整，也就是实现了序列的平稳性。

表 4 - 21 　　　　　　　　　　ADF 单位根检验结果

变量	ADF 检验值	检验类型 (C, T, K)	1% 临界值	5% 临界值	平稳性 (5% 显著性水平)
$\ln TP_t$	-2.190386	(C, T, 3)	-4.616209	-3.710482	不平稳
$D(\ln TP_t)$	-4.755313	(C, T, 2)	-4.667883	-3.733200	平稳
$\ln FSC_t$	-2.377143	(C, T, 3)	-4.616209	-3.710482	不平稳
$D(\ln FSC_t)$	-4.123918	(C, T, 3)	-4.667883	-3.733200	平稳
$\ln FST_t$	-1.723955	(C, T, 2)	-4.616209	-3.710482	不平稳
$D(\ln FST_t)$	-3.942208	(C, T, 3)	-4.667883	-3.733200	平稳
$\ln FE_t$	-3.478748	(C, T, 2)	-4.616209	-3.710482	不平稳
$D(\ln FE_t)$	-5.151971	(C, T, 3)	-4.728363	-3.759743	平稳

注：本表中 ADF 检验采用 Eviews 6.0 回归分析；检验形式（C, T, K）中各项依次表示单位根检验方程的截距项、趋势项和滞后阶数。

4.3.4.3　协整检验

协整是考察两个或者多个变量之间的长期平稳关系的检验方法。协整检验分为两种：一种是基于回归残差序列的协整检验，即 EG 两步法检验，主要运用于两变量模型的检验；另外一种是基于回归系数的协整检验，即 Johansen 检验，主要用于进行多变量模型的检验。本节是多变量协整检验，因此我们选用 Johansen 检验进行长期平稳关系分析。其结果如表 4 - 22 所示。

表 4 - 22 　　　　　　　　Johansen 协整检验结果（Trace）

原假设	特征值	Trace Statistic	5% 临界值	概率
0 个协整向量	0.815037	57.48169	40.17493	0.0004
最多 1 个协整向量	0.710301	30.48008	24.27596	0.0073
最多 2 个协整向量	0.455382	10.65747	12.32090	0.0935
最多 3 个协整向量	0.056747	0.934740	4.129906	0.3864

从表 4 - 22 可以看出，在不存在任何协整关系的原假设下，迹统计量是 57.48169，大于 5% 显著性水平下的临界值 40.17493，从而可以拒绝原假设，

也就是说新疆资源型产业转型升级和金融支持之间至少存在一个协整方程。同样的道理，在最多存在 1 个协整关系的原假设下，迹统计量是 30.48008，大于 5% 显著性水平下的临界值 24.27596，从而拒绝接受最多存在 1 个协整关系和 1 个协整方程的原假设，在最多存在 2 个协整关系的原假设下，迹统计量是 10.65747，小于 5% 显著性水平下的临界值 12.32090，从而接受了最多存在 2 个协整关系和 2 个协整方程的假设，也就是说新疆资源型产业转型升级和金融支持之间存在 2 个协整方程。

同理，采用最大特征值检验方法，在 5% 的显著性水平下，拒绝了存在 0 个协整向量的假设，同时也拒绝最多存在 1 个协整向量的假设，接受最多存在 2 个协整向量的假设。所以我们可以确定变量之间存在 2 个协整方程。因此这两种方法都证明了新疆资源型产业转型升级和金融支持之间存在 2 个协整方程，表 4 - 23 是最大特征值检验方法。

表 4 - 23　　　　　　　　Johansen 协整检验结果（max - Eigen）

原假设	特征值	max - Eigen Statistic	5% 临界值 （max - Eigen Statistic）	概率（max - Eigen Statistic）
0 个协整向量	0.815037	27.00161	24.15921	0.0201
最多 1 个协整向量	0.710301	19.82261	17.79730	0.0245
最多 2 个协整向量	0.455382	9.722735	11.22480	0.0908
最多 3 个协整向量	0.056747	0.934740	4.129906	0.3864

经过标准化的协整向量（lnTP，lnFSC，lnFST，lnFE）为（1.000000，1.042488，- 0.287201，- 0.880990）。因此长期协整方程可以写为：

$$lnTP = -1.042488lnFSC + 0.287201lnFST + 0.880990lnFE$$
$$s.e. = (0.64307，0.13263，0.36722)$$

从上式我们可以得出结论，新疆资源型产业转型升级与新疆金融支持结构、新疆金融支持效率之间呈现同向变动关系，与新疆金融支持规模呈现反向变动关系。在这里需要说明的是，资源型产业转型升级与金融支持规模呈反向变动关系并不能说明金融规模的绝对增加对产业转型升级没有促进作用，只是相对于金融支持结构以及金融支持效率来说，金融支持规模的变化对产业转型升级程度的提高没有那么显著的效果。

4.3.4.4 VAR 模型构建

通过对新疆资源型产业转型升级与新疆金融支持关系的协整检验，本书得到了新疆资源型产业转型升级与金融支持规模、金融支持结构、金融支持效率之间存在长期的均衡关系模型，该模型能够较好地反映各变量之间的长期变动关系。

为了更好地估计全部内生变量的动态关系，本节采用 VAR 模型对新疆资源型产业转型升级与金融支持之间的关系进行动态预测。VAR 模型结果如下所示：

$$
\begin{pmatrix} \ln TP_t \\ \ln FSC_t \\ \ln FST_t \\ \ln FE_t \end{pmatrix} = \begin{pmatrix} 0.283372 \\ 0.351564 \\ -0.145418 \\ -0.378976 \end{pmatrix} + \begin{pmatrix} 0.299367 & -0.602892 & 0.268241 & 0.599867 \\ -0.119577 & 0.220173 & -0.043200 & 0.520827 \\ -0.653203 & -0.351800 & 0.444028 & 1.283190 \\ -0.674754 & 0.660128 & -0.026198 & 0.472091 \end{pmatrix}
$$

$$
\begin{pmatrix} \ln TP_{t-1} \\ \ln FSC_{t-1} \\ \ln FST_{t-1} \\ \ln FE_{t-1} \end{pmatrix} + \begin{pmatrix} 0.531646 & -0.360650 & -0.026946 & 0.069912 \\ 0.593314 & -1.089951 & 0.255841 & 0.339505 \\ 0.979258 & -2.893163 & 0.705423 & 0.443447 \\ 0.428602 & -0.258490 & -0.177061 & 0.230170 \end{pmatrix}
$$

$$
\begin{pmatrix} \ln TP_{t-2} \\ \ln FSC_{t-2} \\ \ln FST_{t-2} \\ \ln FE_{t-2} \end{pmatrix}
$$

从上面的模型结果可以看出，新疆的资源型产业转型升级程度、金融支持规模、金融支持结构、金融支持效率各变量均受各自滞后一期、滞后二期指标值的影响。其中滞后一期的资源型产业转型升级程度对当期的资源型产业转型升级程度具有一定的正向作用，滞后一期的资源型产业转型升级程度每增加 1%，本期的资源型产业转型升级程度将会平均增加 0.299%；滞后一期的金融支持规模对当期的金融支持规模具有一定的正向作用，滞后一期的金融支持规模每增加 1%，本期的金融支持规模将会平均增加

0.220%；滞后一期的金融支持结构对当期的金融支持结构具有一定的正向作用，滞后一期的金融支持结构每增加1%，本期的金融支持结构将会平均增加0.444%；滞后一期的金融支持效率对当期的金融支持效率具有一定的正向作用，滞后一期的金融支持效率每增加1%，本期的金融支持效率将会平均增加0.472%。

4.3.4.5 格兰杰检验

结合收集的数据，对模型中因变量TP与自变量FSC、FST、FE进行格兰杰检验，结果如表4－24所示。由结果可以得出，在0.05的显著性水平下，新疆资源型产业转型升级是金融支持规模的格兰杰原因，金融支持效率是资源型产业转型升级的格兰杰原因，金融支持效率是金融支持规模的格兰杰原因，上述这些变量相互之间存在确定的因果关系。

表4－24 格兰杰因果检验结果

原假设	样本数	F统计量	P值	结果
FST 不是 TP 的格兰杰原因	17	0.75149	0.4006	接受
TP 不是 FST 的格兰杰原因	17	0.50901	0.4873	接受
FSC 不是 TP 的格兰杰原因	17	7.1E－06	0.9979	接受
TP 不是 FSC 的格兰杰原因	17	5.12959	0.0399	拒绝
FE 不是 TP 的格兰杰原因	17	7.22186	0.0177	拒绝
TP 不是 FE 的格兰杰原因	17	0.01581	0.9017	接受
FST 不是 FSC 的格兰杰原因	17	0.63958	0.4372	接受
FSC 不是 FST 的格兰杰原因	17	2.08308	0.1709	接受
FST 不是 FE 的格兰杰原因	17	2.32224	0.1498	接受
FE 不是 FST 的格兰杰原因	17	0.19676	0.6641	接受
FE 不是 FSC 的格兰杰原因	17	6.37950	0.0242	拒绝
FSC 不是 FE 的格兰杰原因	17	0.86847	0.3672	接受

4.3.4.6 实证结论及分析

第一，从以上的实证结果可以看出，新疆资源型产业转型升级与新疆金融支持规模、新疆金融支持结构、新疆金融支持效率之间存在着协整关系，也就是说存在着长期的均衡变动关系，又由于上述因变量以及自变量都会受到它们的滞后一期、滞后二期指标变动的影响，因此通过 VAR 模型可以得出各变量在短期中的波动关系。第二，从实证分析中可以看出，在长期均衡关系中，新疆资源型产业转型升级程度与金融支持结构、金融支持效率之间呈同方向变动关系，且金融支持结构指标值每提高 1%，资源型产业转型升级程度将提高 0.287201%；金融支持效率指标值每提高 1%，资源型产业转型升级程度将提高 0.880990%，上述结果反映出这两大变量对新疆资源型产业转型升级的影响较为明显。第三，通过格兰杰因果检验可以看出，新疆的金融支持效率是金融支持规模的格兰杰原因，同时也是新疆资源型产业转型升级程度的格兰杰原因，说明新疆金融支持效率对新疆资源型产业转型升级程度有着直接的影响，而且新疆资源型产业转型升级程度是新疆金融支持规模的格兰杰原因，新疆资源型产业转型升级程度反过来对新疆金融支持规模具有一定的影响，这就说明了上述各变量相互之间存在确定的因果关系。

4.4 新疆金融支持资源型产业转型升级存在的问题及障碍

4.4.1 新疆金融支持资源型产业转型升级存在的问题

4.4.1.1 金融支持力度不够

1. 商业银行方面信贷规模偏小且面临总量不足和资金流出的双重困境

信贷规模是中央银行为实现一定时期货币政策目标而事先确定的控制银行贷款额度的指标，充足的信贷资金是经济实现快速发展的重要保障，其在某种程度上可以用来反映一个区域的经济发展速度和规模。近年来，新疆金融实现了快速发展，截至2012年末，新疆金融业增加值达到288.8亿元，年均增长22.6%，比全国的水平高2.6%，发展势头良好；金融机构本外币贷款余额达到了8386亿元，正加速进入万亿贷款省区行列，为银行业金融机构支持新疆资源型产业转型升级奠定了良好的资金基础。但与全国信贷资金规模相比，仍有较大差距，如表4-25所示。

表4-25　　　　　　　　　新疆与全国信贷资金总体规模对比

年份	存款余额占GDP比重（%）		贷款余额占GDP比重（%）		人均存款余额（元）		人均贷款余额（元）		贷存比（%）	
	新疆	全国	新疆	全国	新疆	全国	新疆	全国	新疆	全国
2005	131.62	155.28	87.25	105.27	17049.17	21962.24	11301.91	14889.60	66.29	67.80
2006	132.69	155.08	79.23	104.18	19711.12	25520.34	11769.22	17143.45	59.71	67.18
2007	130.98	146.48	76.21	98.45	22024.83	29469.00	12815.07	19805.71	58.18	67.21
2008	129.07	148.45	67.57	96.61	25339.38	35105.12	13265.05	22845.64	52.35	65.08
2009	160.04	175.34	88.45	117.24	31710.25	44791.38	17524.63	29950.17	55.26	66.87
2010	163.14	179.02	91.46	119.44	40666.57	53563.47	22798.75	35736.63	56.06	66.72
2011	157.13	171.16	94.86	115.87	47027.00	60071.00	28388.00	40668.00	60.36	67.70

资料来源：根据《新疆统计年鉴2012》《中国统计年鉴2012》相关数据整理，未含港澳台数据。

从表4-25可以看出，自2005年以来，新疆存款余额占GDP比重、贷款余额占GDP的比重、人均存款、贷款比等各项指标尽管在趋势上呈上涨趋势，但其增加值均远低于全国同期水平。从2011年新疆金融结构实际存贷款余额来看，尽管存款余额达到了10386.99亿元，贷款余额达到了6270.21亿元，但从全国来看，其存贷余额仅占全国的1.28%和1.14%，规模相对较小，对产业发展支持力度有限。除此之外，新疆信贷仍面临两方面的困境。

一方面，从经济发展对信贷的需求角度来看，新疆金融面临着信贷资金总量不足的困境。2012~2015年间，新疆为满足经济跨越式发展的需要，在四年内新增贷款需求8100亿~9300亿元，而在此期间的新疆新增存款最多能释放7300亿元的银行信贷，因此，金融机构能提供的信贷资金与实际的信贷需求之间存在 800 亿~2000 亿元的信贷资金缺口，出现了信贷资金供给不足的现象，而这将直接影响未来新疆资源型产业的发展。

另一方面，从信贷资金的利用程度来看，新疆金融发展还面临着贷存比长期低下导致资金外流的困境。从表 4 - 26 可以看出，新疆贷存比长期偏低，显示出新疆产业发展对信贷资金的利用不充分，出现了"信贷相对剩余"的情形，这对信贷总量本身不足的新疆来讲，必然会一定程度上降低银行信贷对新疆产业发展的支持力度。从新疆银行等金融机构近三年的贷存比与全国进行对比，也可以看出这一问题，如表 4 - 26 所示。

表 4 - 26　　　2009~2011 年新疆与全国银行等金融机构贷存比对比情况　　　单位：%

年份	全国		新疆	
	平均存贷比	四大银行存贷比	平均存贷比	四大银行存贷比
2009	66.9	57.6	55.3	38.1
2010	66.7	58.8	56.1	39.6
2011	66.7	59.8	60.4	41.2

资料来源：中国人民银行乌鲁木齐中心支行。

从表 4 - 26 可以看出，新疆 2009 年以来平均贷存比呈上升趋势，但与全国同期相比，其仍比全国同时期平均贷存比分别低 11.6、10.6、6.3 个百分点，而四大国有商业银行的贷存比也比同时期全国的贷存比分别低 19.5、19.2、18.6 个百分点，这进一步说明了新疆信贷资金未能得到完全充分的利用。

正是由于新疆长期以来的贷存比低下，商业银行秉持资金的"逐利性"特征，将新疆的信贷资金除了为新疆本地产业发展提供必要的支持以外，剩余的信贷资金已通过全国大型金融机构系统内部的资金上存、票据融资等方式流入到了金融机构总部和其他利润较高的东部发达省区。因此，这部分被转移出去的信贷资金也就无法实现对新疆地区产业发展的支持，而且随着西部大开发的推进和对口援疆工作的深入开展，新疆的大开发、大发展过程中对信贷资金的需求也会越来越强，金融信贷资源总量的相对短缺与区域信贷资金长期外流的矛盾，必将成为金融支持新疆经济发展的重要障碍，同时也必然会削弱新疆金融对资源型产业转型升级的支持作用。

2. 资本市场方面资本市场规模小、层次低，融资能力有限

经过近 20 年的发展，新疆在资本市场中的股票市场、债券市场、期货市场和产权市场取得了一定成绩。数据显示，自 1994 年到 2012 年 7 月底，近 20 年的新疆资本市场发展历史中，新疆上市公司累计实现融资总额 791 亿元，其中，2009 ~ 2012 年，累计融资 473 亿元，超过前 15 年的总量，呈现出良好的发展势头。仅 2012 年的前 9 个月，新疆 39 家上市公司在 A 股市场实现融资总额 199.49 亿元，是 2011 年融资 155.67 亿元的 127.25%；完成直接融资额 429.1 亿元，超过 2011 年全年总数，分别是 2009 年和 2010 年的 4.0 倍和 1.24 倍，在西部 12 省区的排名由 2011 年的第五名提升至第三名。尽管如此，资本市场的发展与新疆跨越式发展的需求相比较，其在融资规模和多层次市场体系建设等方面仍存在着较大的差距。

从新疆资本市场融资规模来看，2010 ~ 2011 年间，占新疆资本市场融资主导地位的股票融资，虽然融资额度呈上升趋势，但与全国股票融资额相比，其所占比重一直在 3% 以下，融资规模相对较小（见表 4 - 27）。

表 4 - 27　　　　　　　　2001 ~ 2010 年新疆股票融资额构成

年份	新疆股票融资额（亿元）	全国股票融资额（亿元）	新疆股票融资额占全国的比重（%）
2001	4.06	1252.34	0.32
2002	12.82	961.75	1.33
2003	17.80	1357.75	1.31
2004	3.12	1510.94	0.21
2005	0	1882.51	0.00
2006	12.06	5594.29	0.22
2007	112.71	8680.17	1.30
2008	53.80	3852.21	1.40
2009	34.08	6124.69	0.56
2010	213.40	11971.93	1.78
2011	156.77	5814.19	2.70

资料来源：根据历年《中国统计年鉴》《新疆统计年鉴》相关数据整理。

多层次资本市场是针对质量、规模和风险程度不同的企业，为满足多样化市场主体的资本需求而建立起来的分层次的市场体系。从新疆资本市场的多层次建设情况来看，截至2012年底，新疆共有A股上市公司39家，分别在沪市主板、深市主板、深市中小板和创业板上市，其中沪市主板21家（美克股份、广汇能源、新疆天虹、天富热电、新疆众和、中粮屯河、新疆股份、天利高新、青松建化、啤酒花、中葡股份、友好集团、百花村、新疆城建、冠农股份、特变电工、伊力特、新疆天业、八一钢铁、香梨股份、新农开发），深市主板6家（*ST中基、天山纺织、国际实业、天山股份、宏源证券、渤海租赁），中小板9家（光正钢构、新疆浩源、金凤科技、准油股份、中泰化学、天康生物、国统股份、北新路桥、西部建设），创业板3家（西部牧业、新研股份、天山生物），按各自在资本市场中的分布来看，新疆上市公司融资主要分布在主板市场，约占70%左右，中小板和创业板约占30%左右，而对于资本市场中三板市场中的产权市场、私募股权融资市场等涉及相对较少，因而多层次的资本市场建设与发展任重道远。

另外，新疆融资结构不合理，债券融资不足，极大限制了企业的融资能力。债券市场是资本市场的重要组成部分，截至2012年10月，新疆资本市场中的债券余额仅为200亿元，占GDP的比重仅为3%，远远低于全国50%的平均水平；债券融资与银行融资的比重为1:16，也远远低于全国1:3.5的平均水平，反映出新疆债券融资发展相对缓慢，银行信贷依然是新疆地区的主要融资方式。

从新疆与全国资本市场融资情况对比来看（见表4-28），2009~2011年，我国资本市场融资总额分别为4784亿元、10691亿元和7963亿元，其中债券融资额分别为638亿元、603亿元和1172亿元，分别占各年融资总额的13.3%、5.6%和15%；新疆2009年辖区上市公司共实现A股融资43.6亿元，公司债10亿元，占融资总额的22.93%；2010年融资总额143.13亿元，其中公司债融资37亿元，占14.7%；2011年实现融资总额156.77亿元，其中公司债为21亿元，占融资总额的13.4%，与全国平均水平相比较，基本上平均各年新疆公司债融资比例都高于全国平均水平，但就实现债券融资的公司数来说，不足辖区上市公司总数的20%，债权融资的资金额度不足全国的1%。① 因此，大力发展公司债券，引导间接融资向直接融资分流，才能更好地支持实体经济中各产业的快速发展。

表4-28　　　　　　2009～2011年新疆与全国融资结构情况对比

年份	融资总额（亿元）	全国债券融资（亿元）	债券融资占比（%）	融资总额（亿元）	新疆债券融资（亿元）	债券融资占比（%）
2009	4784	638	13.3	43.6	10	22.9
2010	10691	603	5.6	143.13	37	14.7
2011	7963	1172	14.7	156.77	21	13.4

资料来源：中国人民银行乌鲁木齐中心支行、《中国统计年鉴2012》。

4.4.1.2　企业融资模式单一

目前，新疆地区的企业融资渠道主要是靠银行金融机构和资本市场来进行，且间接融资作为新疆企业融资的主要方式，占据着主导地位。由于新疆自1994年开始进行资本市场的发展，有些数据搜集困难，因此，本节选取2000～2012年新疆直接融资和间接融资的相关数据进行对比，如表4-29所示。

表4-29　　　　　　2000～2012年新疆融资量构成变化情况

年份	新增融资总量（亿元）	间接融资金额		直接融资			
		（亿元）	占比（%）	股票	占比（%）	债券	占比（%）
2000	110.4	74.85	67.80	19.21	17.40	16.34	14.80
2001	193.3	135.50	70.10	4.06	2.10	53.74	27.80
2002	278.8	205.75	73.80	12.82	4.60	60.22	21.60
2003	378.7	301.07	79.50	17.80	4.70	59.83	15.80
2004	183.7	137.41	74.80	3.12	1.70	43.17	23.50
2005	203.9	151.09	74.10	0.00	0.00	52.81	25.90
2006	158.7	140.61	88.60	12.06	7.60	6.03	3.80
2007	401.1	272.35	67.90	112.71	28.10	16.04	4.00

---

① 蔡青青. 新疆地方资本市场建设研究 [D]. 乌鲁木齐：新疆财经大学，2010.

续表

年份	新增融资总量（亿元）	间接融资金额		直接融资			
		（亿元）	占比（％）	股票	占比（％）	债券	占比（％）
2008	404.5	338.57	83.70	53.80	13.30	12.14	3.00
2009	1013.8	960.21	94.71	43.60	4.30	10.00	0.99
2010	1363.9	1183.76	86.79	143.13	10.49	37.00	2.71
2011	1474.9	1297.10	87.94	156.77	10.63	21.00	1.42
2012	1978.0	1640.90	82.96	199.49	10.09	137.60	6.96

资料来源：中国人民银行乌鲁木齐中心支行、历年《新疆统计年鉴》，新增量为计算获得。

从表4－29分析可以得出，新疆自2000年到2012年以来，间接融资额、直接融资额、总融资额都一直保持稳步增长态势，但融资结构长期以来都处于失衡状态，来自银行业金融机构的间接融资贷款额占总融资量的比重从2000年的67.8％增长到2012年的82.96％，融资比例始终保持在80％左右，新疆地区的直接融资力度较小，对资源型产业的转型升级支持力度也相对有限。

从内源融资和外源融资来看，新疆信贷市场还未能真正实现新疆特色优势产业与资金的需求对接，内源融资相对较少，主要依靠外源融资。依据美国经济学家梅耶（Mayer）提出的著名"啄食顺序理论"，也就是说在市场经济条件下的企业融资过程中，企业应该在内源融资和外源融资中首选内源融资；在外源融资中的直接融资和间接融资中首选间接融资；在直接融资中的债券融资和股票融资中首选债券融资。而在新疆信贷市场中，企业的融资主要依赖外源融资，且在外源融资中以间接融资和股票融资为主，与融资的"啄食顺序理论"不相一致。

由于融资关乎新疆资源创新型企业的发展，而融资方式的选择又是融资中重要的一环，因此，这种以银行为主导的单一的融资方式和有限的融资渠道，大大限制了具有成长性的资源创新型企业的发展，由于资源创新型企业普遍具有风险性高，资金需求长期性等特点，所以也就不能像一般企业那样以普通融资方式筹集资金，从而限制了资源创新型企业的发展，也影响了资源型产业的转型升级进程。

4.4.1.3 政策性银行功能不强

中国政策性金融机构在成立之前发布的《关于金融体制改革的决定》，对即将成立的三家政策性金融机构的经营原则做出了明确要求："政策性银行要加强经营管理，坚持自担风险，保本经营，不与商业性金融机构竞争的原则"。但以后的政策性金融实践中，特别是国家开发银行，其政策性的经营原则被完全抛弃，事实上也在与商业性金融机构竞争，在一定程度上破坏了金融运行秩序。政策性金融是为了弥补市场对金融资源配置失灵的情况下政府的理性选择，由于新疆经济发展滞后，产业结构调整难度大，市场对资源配置能力弱，部分产业发展风险大，商业性金融不愿参加，因此，政策性金融就成了新疆弱势产业发展的必然选择。据国家开发银行（以下简称"国开行"）年报显示，近年来国开行向各地区发放的贷款余额中，西部地区仅占20%～28%，与东部地区的50%以上相去甚远。尽管国开行新疆分行已经为新疆经济发展做出了贡献，但其支持方式还有待进一步改进，国开行的业务主要依靠政府的支持而较少直接干预，业务开展得广度有余而深度不足，与商业性金融业务高度重合，没有遵循有进有退的原则，政策性效应发挥同样不佳，国开行业务涉及交通、电力、城市基础设施、水利、农业产业化、煤炭、化工，都是公认的优质客户以及利润丰厚的行业，这与其政策性金融身份不相称，需要调节。

2007年召开的全国金融工作会议，提出了政策性金融机构改革方案，要求国开行为代表的政策性银行全面推行市场化运作。但2007年的金融工作会议使得市场化运作在政策性银行中产生了新的含义，也就是在相当宽泛的范围内，政策性银行有自主选择项目的权利，政策性强但盈利能力低的项目不被纳入贷款范围，政策性不强但盈利能力强的项目反而能够得到政策性金融机构的信贷支持。

市场化运作由经营手段拓展到了政策性银行经营的整个过程，包括选择融资领域和融资对象、融资的经济效益和财务评价指标，这种扭曲的市场化运作在"提高政策性金融效益"的口号下愈演愈烈，离政策性金融的基本原则越来越远。近年来的转型过程中，政策性银行以商业银行为榜样，模仿商业银行建立了以利润考核为中心的绩效考评体系，银行监督管理部门进一步扭曲了绩效考评标准，社会合理性目标被搁置，进一步忽视了政策性金融的基本原则和基本功能，使政策性功能有了很大程度的退化。

4.4.2　新疆金融支持资源型产业转型升级存在的障碍

新疆资源型产业转型升级要在特定的经济和社会环境下进行，要保证资源型产业顺利完成转型升级的目标，就必须分析当前的内外部条件对它的制约和支持这两个方面，才能有针对性地进行完善和修改现有的条件，通过改变内外部条件来促进资源型产业转型升级。因此本节主要是针对新疆地区的情况，总结出对资源型产业转型升级影响最大的三个制约因素：创新机制、基础设施以及政绩评价体系。

4.4.2.1　创新机制弱

科技是推动资源型产业转型升级的核心因素，科技进步对产业转型升级的影响深远，即通过科技创新和科学技术扩散这两个方面来提高资源型产业的投入产出比、生产要素转化效率，进而达到推动资源型产业转型升级的目标。新疆地区现有的科技创新机制不强、人才瓶颈明显，这些因素将在一定程度上制约资源型产业转型升级的实现。

1. 科研能力较弱

目前新疆地区还属于典型的科技弱省区，具体来讲主要表现在：科技创新能力低、科技领军人才缺乏、重大科研成果少，科技投入低、科技政策环境不友好等等，因此科技发展还不能很好地引领经济社会的稳定快速发展，不能很好地支持新疆资源型产业转型升级。

新疆地区拥有普通高校 34 所，其中综合性大学 3 所；拥有重点实验室 33 个，批准成立的工程技术研究中心 19 个，其中国家级 4 个；拥有组建期内的工程技术中心 73 个，自治区科技成果转化基地 30 个。县以上部门所属研究与技术开发机构截至 2011 年末仅有 118 个，科技信息与文献机构 8 个，社会与人文科学领域 6 个，自然科学与技术领域 93 个，总体上来看，科研规模较小。2012 年新疆地区在引进技术经费支出上为 3821 万元，在西北五省排在第四位，在技术改造经费支出上投入为 130951 万元，在西北五省排名第四位，因此可见新疆地区在工业企业科研投入上总体偏低，很大程度上制约了资源型产业的转型升级，如表4-30所示。

表4-30　　　　　新疆地区规模以上工业企业技术获取和技术改造　　　单位：万元

省区	引进技术 经费支出	消化吸收 经费支出	购买国内技术 经费支出	技术改造 经费支出
陕西	13804	18005	14386	667947
甘肃	43646	67843	49520	810067
青海	3182	4120	250	18489
宁夏	10467	2466	1483	133954
新疆	3821	10773	21911	130951

资料来源：《中国科技统计年鉴2013》。

多年以来新疆地区科技发明处在全国的后位水平，2012年新疆地区仅仅拥有发明专利3440项，其中发明451项；实用新型2383项，外观设计606项，所以说不管是在总数上还是在各个分项上都处于西北五省区的第三位，排名比较靠后，在全国更是排在后列。所以说新疆地区的企业在自主知识产权这一核心竞争力上是相当弱的，对做大和做强主导产业和新兴产业有很强的负面影响。优势学科专业带头人匮乏，难以吸引高端人才和高水平研发机构在新疆发展。资源型产业技术装备和生产工艺相对落后，资源型产业产品更新周期长以及产品质量有待提高。当然创新机制不健全也对科技创新的成果和效率有着某种程度的制约作用，新疆资源型企业对自己作为科技创新的主体地位定位不够清晰；产学研不能构成一个完整的系统，科学技术中介服务依然不能满足人们日益增长的需要；因此我们需要完善现有的科技创新机制去契合市场机制要求和资源型产业创新发展的要求。

2. 人才瓶颈显著

受地方教育水平、社会人文环境、自然环境等的影响，新疆地区在人才培养、人才吸引以及人才稳定等方面做得不够好，导致优秀人才的流失较为严重，人才队伍结构优化程度不高，高层次的科技研发人才以及企业经营管理人才偏少，尤其是从事科技创新的技术带头人以及金融资本运营管理人才相当稀缺，这对新疆地区的资源型产业创新发展有着很大的负面影响。从图 4-16 可以看出，在 2000 年到 2012 年期间企事业单位主要专业技术人员规模变化较小，只是在 2010 年以后略微呈现上升的趋势。

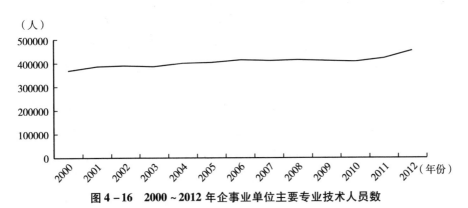

图 4-16　2000~2012 年企事业单位主要专业技术人员数

资料来源：《中国科技统计年鉴 2013》。

从科研人员的构成来看，新疆地区高学历科研人员构成比例不高。2011 年县级以上政府部门属于研究与开发机构的科技活动人员 6436 人中，拥有大学本科及以上学历的人数为 4229 人。2012 年规模以上工业企业所办研发机构人员中博士和硕士的比例为 14.2%，全国平均水平为 12.7%，虽然超过了全国平均水平，但是在西部地区相对于陕西的人员构成比例 14.9% 来说依然落后，同发达地区北京、上海、广州等地的差距更为严重，北京的人员构成比例为 23.2%，上海的人员构成比例为 19.8%，广州的人员构成比例为 20.1%。从人口的文化程度来看，劳动者的文化素质和知识水平也还有待提高。2012 年平均每万人当中大学生人数为 120 人，中学生人数为 620 人。可见劳动力的整体文化素质偏低，这也将会对产业转型升级产生长远和深刻的负面影响。

4.4.2.2　基础设施差

资源型产业转型升级需要相应的物质基础，基础设施的建设是重要的组成部分，当地的交通运输状况和信息化水平对资源型产业转型升级的影响很大。新疆目前的交通运输基础相对较差，很难为资源型产业转型升级提供需要的保障，另外新疆地区的信息化水平低，也对资源型产业转型升级造成一定的阻碍。

1. 交通运输基础薄弱

新疆是一个内陆省份，而且区内面积很大，进出新疆的主要交通工具是火车，因此铁路运输在新疆的物流运输中有着举足轻重的地位。但目前新疆运输干线数量很少，截至 2010 年，新建铁路营业里程为 4393 公里，其中复线里程 1324 公里，自动闭塞里程 1408 公里，虽然较 2000 年有一定提高，但并不突出，运输网络布局不合理。长期以来，新疆通往内地的铁路运输，空车严重不足，虽然铁道部每年都要调拨给乌局 40 万辆排空车辆，但申请车皮仍非常困难，许多疆内产品，如棉花、番茄、农副产品、矿产品等物资运不出去，造成库存增加，成本加大，资金无法回笼，销售成为生产制造企业的难题，制约了经济的发展。只能依靠大量高价的公路运输承担，大大增加了各种产品的运输成本，降低了产品的市场竞争力。而且新疆铁路覆盖面小，路网骨架还未形成。新疆铁路网的密度、通达度等较全国平均水平有相当大的差距，对新疆各地区的协调发展以及新疆与外界经济往来有不利的影响。

2. 信息化水平低

信息化可以为工业化插上翅膀，也就是说信息化对工业化的推动作用很强，走工业化与信息化相结合的新型工业化道路是我国经济新常态背景下的工业发展导向，是更好地实现实体经济工业化的创新点。信息化带动工业化水平的不断提高是解决新疆地区资源型产业转型升级的重要着力点，也为在更高层面上推进工业化进程提供了可能性。但新疆地区的信息化水平偏低，信息化水平的提升存在一些问题。问题主要表现在：首先，新疆地区远离文化水平较高的地区，地域虽然广阔但信息比较封闭，地域的开放性较差，城市进程发展缓慢，人们对于信息化水平的提高要求不够迫切，对推进信息化的认识不够深刻。其次，新疆地区各地政府在信息公开和信息资源利用上没有较好地做出引导，造成信息被割裂开来，同时基础性数据开发没有被重视起来，造成信息资源的利用率低，制约了信息化整体的发展。再其次，新疆地区高层次人才匮乏，高级信息技术人才流失严重，人才培训机制不健全，造成整个信息化行业创新能力差，可持续发展能力不足。

4.4.2.3 政绩评价体系不完善

资源型产业转型升级是一个长期的过程，前期资本投入大，转型成功与否可能还会受各种因素的干扰，如果效果不好可能会造成地方经济波动或者下滑的风险。然而地方政府的行政领导经过 4 年可能就要换人，因此政府官员为了保证他们在任期间的经济发展和政治绩效不会出现偏差，不敢进行大范围的企业变革和资源型产业转型升级，这样一来对经济增长有极大利好的技术改革和制度变迁不能在实体经济中推行。新疆地方政府官员要实现升迁，使自己与其他同级政府官员在竞争中取得较好的成绩，只能选择继续扩充落后产能，走"规模效益"路线。这势必会造成落后产能过剩，先进技术产品缺乏的现象，同时也造成环境破坏，生态环境恶化的后果。有些官员们受到利益的驱动，寻租现象就会发生，对非法开采矿产资源以及矿产资源配置中的条件执行等方面缺少严格的监督，造成地方政府与中央的政策不完全一致的现象在各地区依然存在。我们国内的资源型城市发展带有显著的计划经济性质，在所有制结构上基本以国有和国有控股为主，非公有制为辅。国企比重太大的市场经济结构会产生很多对社会不利的影响，诸如经济市场环境不健康、政府职能目标不明确、人们的经济观念陈旧等。资源型产业转型升级是关乎政府、国企等多方面利益的变革，面临复杂的社会经济环境，要达成资源型产业转型升级的目标，又能够保证各方利益不受到太大的损害，这对地方政府官员的选择问题有很大的考验。

4.5 新疆金融支持资源型产业转型升级的对策建议

4.5.1 基于金融规模角度层面

改革开放以来，新疆地区居民部门在金融剩余大幅持续增长的同时，结构也发生了深刻变化，居民部门成为资金盈余部门，居民储蓄也已成为弥补企业部门和政府部门资金短缺的主要来源。在向市场经济转轨的大背景下，由于通过税收动员居民的金融剩余支持远远大于金融途径的信息成本，通过金融的方式来实现社会剩余资金的动员，进而实现将剩余资金变为储蓄，再由储蓄变为产业的投资，已经成为现代社会储蓄—投资转化的必然选择及核心机制。而以金融途径实现居民部门的金融剩余，如前所述，可以通过市场性金融动员和管制性金融动员两种方式。资源产业转型以来新疆地区管制性为主导的金融动员政策的实施，在极大地促进新疆地区的经济、产业的发展的同时，也产生了极大的效率损失和风险积累。在内外部环境日益发生改变的今天，以管制性金融动员为主导的金融动员政策不再具有可持续性，市场性金融动员必将代表着未来发展的进一步趋势。这就需要依靠完善的现代化市场经济体制，通过自由市场的功能实现金融资源的配置。提供必备的外部环境，有赖于从利率市场化和经济证券化等方面进一步推进金融改革。

4.5.1.1 继续稳步推进利率市场化改革

利率不仅仅受到市场的控制，同时还受到国家政府的控制，利率的市场自由度在我国经历了一个由政府为主导逐渐向由市场决定的改革进程。自从改革开放以来，我国的利率制度也随着经济的发展而逐渐地开始改革，为经济的发展做出了巨大的贡献，虽然我国利率市场化起点低，改革时间晚，但是在改革开放中对经济的发展取得了令人瞩目的成就。然而人民币的存贷款利率并未完全实现市场化，一方面是由于国家调节经济发展的需要，另一方面是由于我国金融体系中的法制法规尚未完善。换言之，人民币存贷款利率市场化还任重而道远，是我国利率市场化改革的最后堡垒，对储蓄与投资转化机制的形成至关重要，事关金融改革的得失成败。

4.5.1.2 努力提高经济证券化程度

目前阶段我国金融业还处在发展的初级阶段，股票证券类非货币的金融资本还比较缺乏，这就造成了目前我国的居民或企业将多余的资金只能选择存储在银行，而金融类非货币资产的持有比重则比较低。而且目前金融资产比较单一，居民没有太多的选择，而银行和金融机构也缺少投资融资的空间，企业在资金盈余的情况下只能主要依靠银行，导致金融资源在一定程度上的浪费。经济证券化，就是将社会的闲散剩余更多地转化为证券等信用货币，使得个人或企业能够将资本在更宽泛的领域内寻找投资的机会，从而使得剩余社会资本能够更有效地为经济发展服务。随着我国信用形式的不断丰富和金融工具的不断创新，特别是随着资本市场的不断深化发展，个人储蓄向投资转化的渠道不断增多，金融证券化水平日渐提高。为了使得我国的经济更多地金融化，在依托上交所与深交所两大证交所的基础上，进一步发展其他形式的金融资本市场，进一步增加股票、债券、基金等金融市场的规模，更大程度地吸收广大社会居民的剩余资金，为资源型产业转型升级服务。

4.5.2 基于金融结构角度层面

理论与现实证明，金融组织体系越丰富，市场构架越合理，储蓄与投资的转化效率就越高。要想建立一个有效的社会剩余—储蓄—产业投资的转化机制，就很有必要在新疆地区发展种类齐全的金融中介机构，通过有效的市场竞争机制，在高效地而且完整地将储蓄转化为投资的金融市场里，将社会的储蓄资源变成资源型产业转型升级的资金源泉。

4.5.2.1 建立与资源型产业转型升级相适应的多层次银行体系

新疆地区的金融市场的非充分竞争性还是较为明显的，间接融资体系相当成熟而且占据主导地位，这其中又以国有控股银行占主体地位，所以市场结构的集中度很高和市场竞争不充分，从而导致银行经营活力降低和经营效率下降。针对上述情况，学者们提出两点建议，一是加快银行业的产权结构改革，二是改变现有的银行业市场结构。在产权改革方面，各大国有银行经过股份制改革和 IPO 上市以后，国内银行业的产权混乱问题明显得到了改善，银行经营过程中的产权约束得到很大的增强。在银行市场结构调整方面，除了国有银行以外，再引进股份制银行以及外资银行，加大中小银行机构的发展力度，继续推进政策性银行向综合开发性金融机构转型，以此来降低银行业的市场集中度，强化整个市场的竞争性。

4.5.2.2 健全多层次资本市场体系，拓宽资源型企业直接融资渠道

多层次的资本市场就是在金融体系内建成由低级到高级的垂直风险体系。在这个体系中，不同等级的风险和收益程度不同，证券投资人可以根据自己的风险偏好选择投资的层次，依照这样的体系，不同类型的融资者也可以按

照自己的资金需求情况来选择融资的种类。通过研究发达地区的金融发展，可以看出多层次的资本市场结构可以促进资本市场的活力，创造出更高的效率。改革开放以来，新疆地区的金融市场为新疆地区传统产业的升级与转型、产业结构的调整等都做出了非常重要的贡献，但是资本市场的结构和层系比较单一，资本市场的区域布局也不合理。所以创建更多层次的证券市场有助于解决股票市场的结构性和功能性缺陷问题，努力拓宽市场为资源型企业服务的直接融资渠道。

4.5.3 基于金融效率角度层面

改革开放以来新疆地区虽然保持着较高的国民储蓄率，但是储蓄转化为资本的效率却非常低下，并不能满足新疆地区经济发展的需求。导致该系列问题产生的主要原因，不是现行金融结构的不合理，而是更多地表现在金融机构运行机制和其所提供的金融产品严重地滞后于经济发展的需求，储蓄资本转化为产业需求资本的效率非常低。要从根本上解决储蓄向投资转化的低效率问题，提升有限资源的使用和配置效率，有赖于改革现行的金融管理体制与运行机制，丰富金融产品和创新服务手段，真正以市场手段配置和使用金融资源。

4.5.3.1 推动银行组织体系和机制创新

银行等间接金融机构作为我国资源配置的组织，在新疆经济发展的过程中一直都占据着一定的地位，今后将仍然成为新疆地区资源型企业融资的重要方式。因此必须高度重视并充分发挥银行间接融资对资源创新型产业发展的支持作用。然而在我国目前的发展阶段，商业银行在资源创新性企业融资中的作用却非常有限，解决这一问题既要进行商业银行信贷制度创新和融资技术创新，更要为资源型产业转型升级量身定做合适的金融产品和服务项目。为了更好地适应新疆地区资源型产业的特点，新疆地区的商业银行信贷机制也需要做出一定的改革和创新。在创新的过程中可以邀请专家为金融风险进行评估，然后再授信银行机构。同时适当地调整审批过程、金融机构经营的重心。金融机构应当充分地发挥地域优势，为资源型产业转型升级提供专业化的服务。

4.5.3.2　推动适合资源型产业特点的信贷创新

银行产品尚未完全适应资源型企业的信贷需求，贷款期限较短与企业需求期限不匹配，抵质押贷款体制创新障碍重重等问题的存在严重制约了银行对资源创新性企业的信贷支持力度。为尽可能减少因信息不对称引发的逆向选择和道德风险，以较好地缓解资源创新型企业融资问题，有必要针对资源型产业自身成长的性质，从大力拓展各类权利质押贷款业务、适当发展仓单质押贷款、创新和运用理财类融资业务、大力发展融资租赁业务、建立贷款担保基金等几个方面着手，创新研发能够较好地适应资源型产业的信贷产品，积极进行贷款方式的创新，增强金融产品的实用性以及适用性。

4.5.3.3　建立多层次广覆盖的政策性信用担保体系

对资源创新型产业提供资金融资担保是鼓励银行、证券等一些金融机构支持资源创新型产业发展的重要举措。为此，在推进多层次银行体系和资本市场体系建设的时候，还必须建立多层级覆盖全面的政策性信用担保体系。可以从建立和完善多层次风险分担机制、发挥政府资金的杠杆作用、建立严格规范的管理制度、探索和创新多种担保方式及其组合、加强评级制度为核心的行业监管等几个方面进行着手构建。

4.5.4　基于资源型企业角度层面

4.5.4.1　金融支持资源型企业内部人才引进战略

资源型企业要进行改革创新，人才是关键，企业内部需要技术型人才，同时优秀的干部群体也是重要的组成部分，因为干部群体的优劣往往影响整个企业的发展方向和业绩水平。因此企业首先需要拿出一部分钱去推进干部培养计划，同时也要不惜重金去引进一大批技术型人才。在组织领导方面和技术研发方面，两手都要抓，两手都要硬，才能实现资源型企业的快速转型升级。

一是推进干部培训计划，强化稳定快速发展人才支撑体系建设。稳定快速发展首先需要冲破旧的思维框架，启用新思路、新方法实现资源型企业的快速稳定发展。在新形势下，需要在发展模式以及体制、科学技术、企业内部管理等方面走在现阶段资源型企业发展的前列，以新的理念、新的思路实现资源型企业的新发展。为推进稳定快速发展服务，就必须培养一大批政治上靠得住、业务上有本事、企业员工信得过的干部群体，努力提高干部群体的综合素质。

二是在人才使用和引进机制上要实现突破。在人才使用上要树立开放、公平、公正的人才选拔使用机制，纠正对创新型人才成长产生阻碍的人才测评方法，在构建创新创业平台上做出努力，为科技创新活动提供公平公正的竞争环境，在科技创新实践中注意去发现、培养、凝聚创新型人才。在人才引进机制上，必须要创新方法去开辟人才引进新途径。当然最后也要合理利用人才，可以鼓励专业技术人才通过兼职技术咨询、定期技术服务、科技项目引进、科学技术开发等方式为新疆地区经济社会稳定快速发展提供有力的智力支持。

4.5.4.2　金融支持大集团战略

实现新疆地区的经济社会稳定快速发展，还需要坚持大集团为主体的资源型产业发展战略。多年来，在实施大集团战略中，新疆地区各家金融机构提供了强有力的资金支持，做出了重要贡献。面对新疆地区要稳定发展的新机遇和新挑战，各金融机构要继续坚持对大集团的金融支持，以新疆地区经济社会的可持续发展为基础，在适当超前的原则上重点对大集团资源型产业的各类投资项目做出金融支持。要针对大集团、大企业资金高度集中的管理模式以及对低成本融资产品的强烈需求，开发出更多的金融融资工具和金融服务产品，为资源型产业提供专业化、特色化以及多样化的金融服务。充分发挥金融系统合力，扬长避短，各展优势，加强与各自总行的沟通与衔接，积极利用银团贷款、总行直贷、异地系统内机构合作等模式增强贷款能力，力争保障新疆地区重点资源型产业项目配套信贷资金支持到位。

4.5.5 基于资源型企业外部环境角度层面

4.5.5.1 金融支持基础设施建设

从近些年来看新疆地区的经济发展虽然很快，但基础设施建设薄弱依然制约着地区经济的稳定快速发展。我们要从以下三个方面增强金融支持新疆地区基础设施建设，第一，窗口指导，加大金融支持力度。新疆地区的人民银行应强化窗口指导效果，引导各金融机构重点加大对铁路、公路、信息工程等基础设施建设的支持力度，夯实经济发展基础。第二，方式创新，积极探索多元化的融资模式。一是在以政府性融资公司为平台的基础上，采取BOT（建设—经营—转让）、BTO（建设—转让—经营）、BOOT（建设—拥有—经营—转让）等类似项目融资的方式，使基础设施建设资金的筹集进入良性循环轨道。二是可以逐步推行和发展基础设施建设的资产证券化。第三，政府政策支持，构建良性金融支持激励机制。首先要让政策性金融机构发挥先导的作用，其次是鼓励商业银行加大对地区基础设施建设的资金投入力度，所以地方政府可以出台金融支持的奖励政策，由此达到在对新疆地区基础设施建设的金融支持中金融机构和社会互利互助的目标。

4.5.5.2 加强对地方教育和科技的资金投入

一是转变人才观念，重视和加强教育特别是职业教育。总体上看，新疆地区基础教育近年来总体上虽有所发展，但仍然存在一些突出问题，如高等教育改革跟不上社会的步伐、现有的人才结构和产业结构不对称等。为此，应积极支持创办满足新疆地区工业化发展的高等教育体系，同时要转变观念，强调"只求所用，不求所有"的人才使用观念，以吸引外来的一切先进的文化、技术，为我发展所用。新疆地区要实现稳定快速发展，必须首先从发展的人文环境入手，从思想、意识、观念、作风上求得突破，重点以人力资本建设实现稳定发展。

二是将科技创新和进步作为区域经济稳定快速发展的着力点，实现稳定快速发展产业成长是关键。影响产业成长的因素有很多，如市场需求、科技水平、政策和文化背景等等。其中，科技是产业成长的基础支柱。科技对产业成长的支撑作用，主要表现在：第一，科技进步能带来生产能力的提高。第二，科技进步能加快产业化进程。第三，科技进步有助于产业集聚。加快新疆地区科技进步的步伐，有重大的现实意义。科技进步会改变新疆地区各产业之间的关联方式；可以淘汰新疆地区落后的生产能力，促进传统产业的技术升级；同时也会催生新兴产业，创造出新的产业部门和就业机会，培养出新的经济增长点和支柱产业，从而改变新疆地区现有的资源型产业发展现状。

4.5.5.3　优化政绩评价体系

政府政绩评价能够测评政府运作效率，是政府官员调度的重要根据。以GDP为核心的评价方式推动了新疆地区的经济增长，但是在经济增长的同时，也出现了生态破坏、自然环境恶化、自然资源过度消耗等问题。以GDP为核心的评价方式会导致地方政府只重视传统资源型产业的规模性发展，而忽视对地方环境保护、公共服务建设、资源型产业转型升级等方面的重视。由于其弊端逐渐地显现，新的评价方式由理论层面逐渐进入到政府政绩评价的实践中去。全面科学的评价指标体系对建设责任政府有很大的帮助，因此需要构建新的地方官员政绩评价考核体系，来优化新疆地区政府管理，并落实以资源型产业转型升级为价值取向，以广大人民满意度为评价考核依据，评价考核内容应该包括经济、环境、社会等方面。每一方面划分成不同的维度，在每一维度下设定具体的评价考核指标。这样新的评价指标体系就体现了以经济为基础、以人为本的经济社会可持续发展指标要求，而且科学全面地反映出目前新疆地区政府职能内涵和外延的责任要求。最后补充一点，就是在采用新的评价指标体系进行政府政绩评价时应该考虑区域特色问题，各地区经济发展具有不平衡性和各自的独特性，不能采取同一套评价指标体系去测评，因此要因地制宜地去针对各地区发展规划设置对应的评价标准，满足不同区域规划目标和定位的政府绩效评价。

第五章

双向 FDI 驱动新疆产业结构升级研究

5.1 双向 FDI 与新疆产业结构升级的现状及问题

5.1.1 新疆双向 FDI 的现状及问题

5.1.1.1 新疆双向 FDI 的总量现状

随着丝绸之路经济带战略的不断推进，新疆作为经济带的核心区，对外开放将开启全新的格局。近年来，新疆对外直接投资与外商直接投资均取得了较快的发展，对新疆经济的发展与产业结构的转型升级提供了新的原动力。

由于新疆经济发展较为缓慢，其对外直接投资历程相比全国而言也相对落后。1993 年新疆对外直接投资 694 万美元①，2015 年达到 90823 万美元，相比全国其他省份：北京 1228033 万美元、浙江 710816 万美元等，新疆走出去的程度仍然相对落后，但从发展速度来看，新疆对外直接投资年均增长率高达 29.26%，发展速度较快，超过全国平均水平，表明新疆对外直接投资仍然具有较大的发展潜力。随着 2014 年新丝绸之路经济带战略的推进，新疆成为丝绸之路经济带的核心区，成为我国向西开放的"桥头堡"，

---

① 新疆对外直接投资时间较晚相关统计也相对较晚，正式统计年鉴和相关资料中，1993 年为统计的最早时间。

新疆对外直接投资迎来了新的一轮高潮，国家和政府不断鼓励商品、资本和技术的走出去、鼓励对外直接投资，新疆对外直接投资必将获得快速的发展。

改革开放以来，新疆对外经济的发展取得了十足的进步，对外商直接投资的利用从无到有，逐渐发展，并取得十足的进步，1990 年新疆实际利用外资 6678 万美元，2015 年为 45250 万美元，年均增速高达 10%。但是由于种种原因，新疆对外商投资的引进仍然较为困难，相比全国平均水平与其他发达省份相比，新疆外商直接投资仍然有一定差距。但是随着丝绸之路经济战略的推进，新疆优越的地缘位置必将吸引大量国内外资本涌入，促进新疆本地金融等现代服务业的发展，并为其他产业的发展带来充足的发展资金，为新疆产业结构升级提供新的动力源泉。

图 5 - 1[①] 为 1990 ~ 2015 年新疆 OFDI 与 IFDI 的发展趋势图，从图中可以看出，新疆 OFDI 与 IFDI 随着经济社会的不断发展，其总量增长十分迅速。尤其是 2014 年，丝绸之路经济带战略开展后，新疆对外经济联系不断密切，"引进来"与"走出去"频繁，双向投资发展迅速。对比对外直接投资与外商

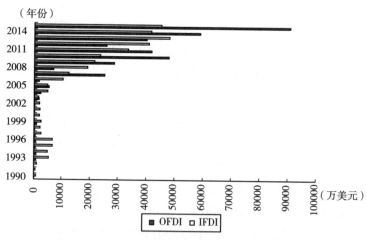

图 5 - 1　1990 ~ 2015 年新疆 OFDI 与 IFDI 发展趋势

---

① 新疆 OFDI 统计数据开始时间为 1993 年，图中 1990 ~ 1992 年 OFDI 数据并没有显示，但并不代表无。

直接投资发现，新疆从资本引进状态不断向资本走出状态演进，2005 年新疆对外直接投资首次超过外商直接投资，并且其对外直接投资的发展速度不断增快，至 2015 年外商直接投资占对外直接投资的一半左右。

5.1.1.2 新疆与境外双向投资的地区分布现状

1. 新疆对境外直接投资地区分布

1991 年以后，新疆对境外直接投资主要由哈萨克斯坦、巴基斯坦、吉尔吉斯斯坦、沙特阿拉伯等几个国家扩展至韩国、俄罗斯等 29 个国家和地区。由于新疆的地缘位置，资源丰富，与周边的中亚国家产业协同度较高，互补性较强，其在对境外直接投资上具有明显的区位优势，而且随着中国与中亚国家在政治文化等交往不断深化，为新疆对中亚国家的对外直接投资提供了坚实的基础。据调查显示，新疆境外投资主要集中于中亚五国，在其对境外直接投资中占有统治性的地位，其比例高达 80% 以上。目前，随着丝绸之路经济带战略的不断推进，新疆作为经济带核心区，其对外直接投资迎来了新的发展机遇，其投资区域也不断向西发展，逐渐向西亚、欧洲等国家快速扩展。

对 2015 年 91 份新疆企业对境外投资报告①进行统计发现，其中投资哈萨克斯坦的比重最多，达到了 26%，其余依次是吉尔吉斯斯坦（13%）、乌兹别克斯坦（13%），中国香港（10%）、塔吉克斯坦（9%）、美国（7%）以及其他各国（22%）。图 5 - 2 为新疆 2015 年对境外直接投资区位比重图，从图中可以发现中亚五国仍然占有较大比重，占据 60% 左右，中亚地区仍然是新疆目前重要的投资地区。从时间趋势来看，新疆对中亚投资比重不断下滑，这表明新疆对境外直接投资区位不断多元化，投资结构不断升级。而中国香港和美国作为近年来新兴的投资地区的比重不断上涨，2015 年分别占 10% 和6% 左右，这表明新疆对境外直接投资开始向发达地区不断转移，其背后隐藏的是投资目的的改变，由资源和市场获取型转向技术和战略资产寻求型，这对促进新疆技术升级，优化产业结构具有重要的推动作用。

---

① 新疆企业对外投资报告来源于《知企业》数据库中的"在境外投资的中国企业名单"，人工统计并加工，下同。

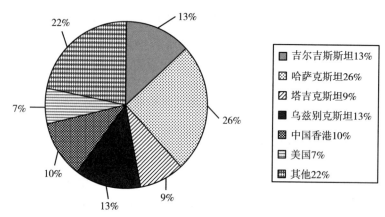

图 5 - 2　2015 年新疆对境外直接投资区位比重

2. 新疆境外来疆直接投资地区分布

新疆对外开放初期，其境外来疆直接投资的主体大部分为我国港、澳、台地区，但随着新疆对外开放水平不断上升，基础设施与市场经济不断完善，境外来疆直接投资的主体也发展到除中国港、澳、台地区之外的美国、德国、荷兰、新加坡、马来西亚、韩国等国家和地区。尤其是近年来，欧洲以及东南亚对新疆投资不断增加，这也使得新疆境外来疆直接投资的来源结构不断优化，对单个国家投资的依赖度大大降低。

其中，中国香港仍然为新疆境外来疆直接投资来源地，占据总投资的 36.76%，其他投资比重排名前五的依次是：荷兰（3%）哈萨克斯坦（2.62%）、德国（2.53%）、新加坡（1.79%）。表 5 - 1 为新疆 2015 年境外来疆直接投资的来源比重与数额，从表中可以发现，除中国香港独占鳌头外，其他国家在整体中所占比例较小，这也验证了新疆境外来疆投资结构正在变得更加合理与优化，减弱了个别国家的依赖程度。

表 5 - 1　　　　新疆 2015 年境外来疆直接投资数额及来源地区比重

投资方	数额（万美元）	比重（%）
中国香港	16634	36.76
荷兰	1359	3.00

续表

投资方	数额（万美元）	比重（%）
哈萨克斯坦	1184	2.62
德国	1144	2.53
新加坡	810	1.79
澳大利亚	661	1.46
马来西亚	500	1.10
日本	80	0.18
加拿大	65	0.14
其他	22815	50.52

资料来源：《新疆统计年鉴2016》。

5.1.1.3 新疆与境外双向投资行业分布现状

1. 新疆对境外直接投资行业分布

新疆企业主要投资中亚国家，由于其双方都是资源密集区，能源、资源领域成为新疆对中亚五国投资的重要行业。如新疆资金矿业的金矿项目，对外投资高达1.8亿美元，年产量7吨，年产值高达1.5亿美元；新疆塔城国际资源有限公司在中亚的铅锌项目，投资8000多万美元，年产精矿20万吨，产值约1亿美元。境外资源、能源项目投资对推动当地就业经济发展，促进新疆与中亚经贸深入合作具有积极的推动作用。随着合作的深入与各种领域的探索，新疆的投资合作已经逐步发展到金融、中间品加工、房地产、技术研发、通讯等高新技术产业，进一步提升了新疆走出去的结构与质量。

对2015年91份新疆企业对境外投资报告进行统计发现，新疆对境外直接投资行业主要集中于制造业、资源型产业、高新技术业、现代服务业，分别占投资数额的29.3%、21.7%、13.0%和18.4%，其中制造业和资源型产业仍然占有较大比重，超过总投资数量的一半（如图5-3所示）。另外，新疆对境外直接投资中高新技术产业以及现代服务业比重不断提升，2015年占比超过30%，这表明新疆对境外直接投资行业结构在不断优化升级。

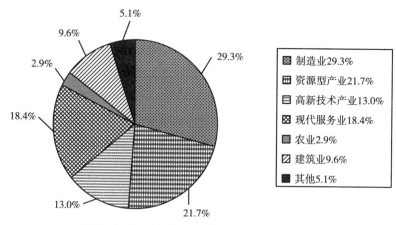

图 5 - 3 2015 年新疆对境外直接投资行业比重

2. 新疆境外来疆直接投资行业分布

新疆承接境外来疆直接投资不断增加，对新疆的经济发展、吸纳就业与产业结构升级都有积极的推动作用。1990 ~ 2015 年之间，新疆制造业实际利用外资 4.65 亿美元，占实际利用外资的 45.25%，占据了境外来疆直接投资的绝大部分。其次为交通运输、仓储及邮电通信业与采矿业，分别实际利用外资 1.20 亿与 1.17 亿美元。而农业虽然在新疆经济产值与就业中占有重要地位，但是由于其前期投资量较大，利润率较低、回收周期较长，并且由于其气候、社会等因素，投资的风险较大，与外资企业的追求目标不符，因此农业难以成为境外来疆投资的选择，只占实际投资的 6.17%。另外，与制造业、农业相比，境外来疆直接投资在地区高新技术产业的投资也较少，科学研究、技术服务和地质勘查业、文化体育和娱乐业、信息传输、计算机服务和软件业、租赁和商务服务业等产业所吸纳的投资比重也极低，分别只占 1.67%、0.03%、0.02% 和 2.64%。

图 5 - 4 为 2015 年新疆境外来疆直接投资行业比重，由图 5 - 4 可知，2015 年底，制造业实际利用外资额为 2577 万美元，占总投资额的 59.7%，仍然占据主导地位；虽然农业吸引投资达 1311 万美元，占投资总额的 2.9%，这表明新疆农业对外资的吸引力仍然不强。虽然科学研究、技术服务和地质勘探业等高新技术产业投资额不断增加，但是在总投资额中的比例仍然很低，只占投资比重的 0.46%。由此可见，新疆承接的外商投资额主要集

中在资源和资本密集型产业，包括采矿业（5.7%）、交通运输、仓储和邮电通信业（11.85%）等，忽视了新疆特色农业和对地区技术提升较高的高新技术和新兴行业的投资，虽然这符合外商投资的意义最大化原则，但是这种失衡的投资结构对于新疆经济的可持续发展与产业结构升级推动力不足。

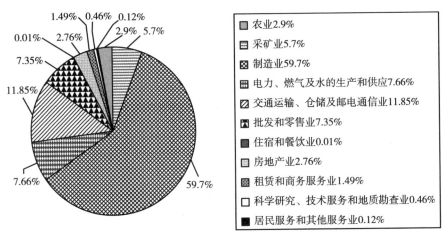

图 5 - 4   2015 年新疆境外来疆直接投资行业比重

5.1.1.4   新疆双向 FDI 存在的问题

1. 新疆对境外直接投资存在的问题

新疆境外投资虽然取得了十足的发展，抓住丝绸之路经济带战略的发展机遇，在未来必然迎来又一轮快速发展的时期。但总结以往的对境外直接投资，新疆的对境外投资仍然处于初级阶段，其投资结构和投资区域结构仍然不尽合理，在高新技术行业和现代服务业行业的投资仍然较少，区域投资仍然较为集中于中亚国家，依赖性较大。具体来看，企业投资缺乏整体的战略规划，境外投资的长期发展能力较弱。另外，新疆境外投资企业投资规模偏小，大项目的合作较为缺乏，在投资行业中也缺乏核心竞争力，创新能力不足，难以有效地规避国际市场的风险。另外从国内的投资环境看，新疆对投资企业的管理体制不完善，对投资企业的标准过严，审批手续非常复杂。国内的金融支持尚未到位，中小企业难以获得国内和国外的金融和资金支持，严重阻碍了新疆中小企业走出去的步伐。

2. 新疆境外来疆直接投资存在的问题

新疆承接的境外来疆直接投资虽然取得了较大的发展，但是近年来新疆境外来疆直接投资增速放缓，发展遇到阻碍。并且目前新疆境外来疆直接投资结构出现失衡，从投资行业来看，新疆承接的境外来疆投资额主要集中在资源和资本密集型产业，忽视了新疆特色农业和对地区技术提升较高的高新技术和新兴行业的投资，虽然这符合境外来疆投资的意义最大化原则，但是这种失衡的投资结构对于新疆经济的可持续发展与产业结构升级推动力不足；从投资区位来看，新疆境外来疆直接投资主要集中于北疆，经济较为发达的北疆地区占据境外来疆直接投资的绝对比重。2015 年，北疆吸收境外来疆直接投资 4.19 亿美元，占总投资额的 92.6%，其中乌鲁木齐承接 2.41 亿美元，占总投资额的 53.22%，虽然有利于北疆地区的经济发展与产业结构升级，但是对于新疆整体的发展和缩小南北疆发展差距产生一定的消极作用。

5.1.2 新疆产业结构的现状及问题

5.1.2.1 新疆产业结构总体现状

产业结构升级，是指经济增长方式的转变，如从劳动密集型增长向资本和知识技术密集型方式转变，是一个经济发展从量到质的转变。从我国改革开放 40 年和国外各国（地区）的发展进程来看，均显现出其共同趋势，即产业重心按照第一、二、三产业逐渐转移，由劳动和资源密集型向知识、技术密集型转移。改革开放至今，新疆地区经济发展迅速，产业结构逐渐优化，其主要体现在三大产业的发展上。2015 年，新疆实现地区生产总值 9324.8 亿元，其中，第一产业增加值达到 1559.09 亿元，同比增长 5.8%，第二产业增加值 3564.99 亿元，同比增长 6.9%；第三产业增加值 4200.72 亿元，增长 12.7%。三次产业结构比为 16.7:38.2:45.1，产业结构逐渐向资本和知识技术密集型转移，结构不断优化。

表 5-2 是 1990 年以来，新疆三次产业产值结构和三次产业就业结构，其中 y_1、y_2、y_3 分别代表三次产业的产值占比，x_1、x_2、x_3 分别表示三次产

业就业结构占比，我们从产值和就业两方面探讨新疆产业结构升级的过程。从产业结构来看，第一产业趋势不断下降，其所占比例，从 1990 年的 39.8% 减少到 2015 年的 16.7%，第二产业发展有所发展，但其所占比例变动较小，第三产业发展较为迅速，产业增长最为迅速，从 1990 年的 28.4% 增长到 2015 年的 45.1%，总体生产总值从第一产业不断向第二、三产业转移，尤其是向第三产业转移。这也反映出随着新疆经济的发展，第一产业对经济发展的贡献不断下降，而第三产业的发展对经济发展的贡献不断上升的趋势，这也符合经济发展过程中呈现的基本规律；从就业结构来看，第一产业就业人数有所下降，说明由于农业技术的提升等原因，我国第一产业正在不断释放出多余的剩余劳动力，但是 2015 年仍然占有 44.0%，从业人员仍然较多，第二产业就业较为稳定，变化较小，结合产值变动和大小，表明新疆第二产业多为资本和资源密集型的工业，对就业的吸纳能力较低，轻工业发展较为薄弱，第三产业吸纳就业不断上升，2015 年达到 40.7%，发展速度较快，较多的吸纳了由第一产业解放出来的剩余劳动力。

表 5 - 2　　　　　1985～2015 年新疆三次产业结构和就业结构　　　单位：%

年份	y_1	y_2	y_3	x_1	x_2	x_3
1990	39.8	31.8	28.4	61.2	17.3	21.3
1991	33.3	32.1	34.6	60.9	17.0	21.7
1992	28.5	36.7	34.8	59.6	17.2	23.0
1993	25.6	41.4	33.0	59.0	18.9	22.1
1994	28.3	37.6	34.1	58.0	18.3	23.2
1995	29.5	34.9	35.6	57.4	18.3	24.2
1996	27.7	34.8	37.5	57.2	17.5	25.3
1997	26.9	37.1	36.0	58.8	14.7	26.3
1998	26.3	35.7	38.0	56.9	15.6	27.4
1999	23.1	36.1	40.8	55.5	15.0	29.4
2000	21.1	39.4	39.5	57.6	13.7	28.5
2001	19.3	38.5	42.2	56.6	13.4	29.9

续表

年份	y_1	y_2	y_3	x_1	x_2	x_3
2002	18.9	37.4	43.7	55.8	13.6	30.4
2003	21.9	38.1	40.0	55.0	13.2	31.6
2004	20.2	41.4	38.4	54.1	13.2	32.60
2005	19.6	44.7	35.7	51.5	15.5	32.9
2006	17.3	47.9	34.8	51.0	13.7	35.2
2007	17.8	46.8	35.4	50.3	14.2	35.4
2008	16.5	49.5	34.0	49.7	14.1	36.1
2009	17.8	45.1	37.1	49.3	14.7	35.9
2010	19.8	47.7	32.5	48.9	14.8	36.1
2011	17.2	48.8	34.0	48.6	15.6	35.7
2012	17.2	45.2	37.6	48.7	15.6	35.6
2013	17.0	42.3	40.7	46.1	16.3	37.5
2014	16.6	42.6	40.8	45.3	15.9	38.6
2015	16.7	38.2	45.1	44.0	15.1	40.7

资料来源：《新疆统计年鉴2016》。

引入产业结构层次系数，进一步考虑三次产业之间的相对变动结构和产业结构高级化与合理化的动态变化，测算公式如下，其中 y_i 表示第 i 产业的产值（就业）比重。

$$upgrade = \sum_{i=1}^{3} y_i \times i = y_1 \times 1 + y_2 \times 2 + y_3 \times 3 \qquad (5-1)$$

如图5-5所示，y 与 x 分别表示以产值和就业比重为原始数据的新疆产业结构层次系数，从直观上可以看出新疆产业结构不断优化升级，从第一产业向第二产业迈进，但是升级速度仍然较缓，产业结构层次系数仍然较靠近0.2，说明新疆产业结构仍然以第二产业为主。对比就业结构算出的产业结构层次系数，产值系数较高，这说明我国第二三产业产值虽然上升，但其对就业的吸纳能力仍然较弱，说明新疆产业结构升级质量仍然较差。

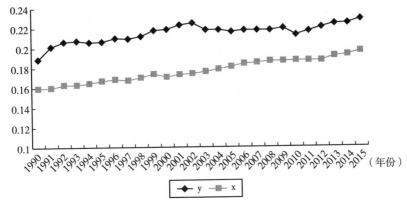

图 5 - 5　1990 ~ 2015 年新疆产业结构层次系数

5.1.2.2　新疆产业结构的合理化、服务化与技术升级现状

产业结构升级指的是整体产业质量和效率的提升，不仅包括产业间的合理化，即三次产业在国民经济中的合理分配，还包括产业内部的技术高级化与服务化，如高新技术与工业服务化的发展。新疆产业结构升级的过程也是三次产业之间合理化，即产业内部技术高级化与服务化的过程。

1. 产业结构合理化现状

产业结构合理化是指产业间的协调合理发展的质量，实现生产要素在产业间合理分配的过程。产业结构合理化不仅能够反映产业之间的协调发展程度，还能从侧面反映出资源的分配和利用效率。

现有研究中对产业结构合理程度多以产业结构偏离度表示，并以产业结构偏离度系数进行衡量，却忽视了各产业在整体中相对的重要程度，因此，本节参考干春晖（2008）的做法，引入泰尔指数 TL，将各产业在经济体中相对的重要程度考虑在内，而且在简化了计算的前提下并没有丢失产业结构偏离系数的经济含义。考虑到现实经济运行过程中，经济非均衡反而是一种常态，因此 TL 不等于 0，其值越大表明产业结构偏离越高，产业合理化程度越低，其具体计算公式如下：

$$TL = \sum_{i=1}^{3}\left(\frac{Y_i}{Y}\right)\ln\left(\frac{Y_i}{L_i}\Big/\frac{Y}{L}\right) \tag{5-2}$$

其中，Y_i 表示第 i 产业的产值比重，L_i 表示各产业的就业人数。利用式

（5-2）对新疆1990～2015年产业结构合理化水平进行测度，测度结果如表5-3所示，新疆产业结构合理化水平从1990年的0.101上升到了2015年的0.237，其中在2008年达到最优化0.417，1990～2008年期间新疆产业结构合理化水平不断降低，在2008年之后，新疆注重产业间的协调发展，不断优化自身产业结构，其合理化水平开始不断降低。

表5-3   1990～2015年新疆产业结构合理化水平

年份	TL	年份	TL	年份	TL
1990	0.101	1999	0.247	2008	0.417
1991	0.157	2000	0.330	2009	0.336
1992	0.210	2001	0.342	2010	0.342
1993	0.245	2002	0.329	2011	0.360
1994	0.195	2003	0.294	2012	0.322
1995	0.164	2004	0.336	2013	0.267
1996	0.186	2005	0.313	2014	0.273
1997	0.244	2006	0.408	2015	0.237
1998	0.216	2007	0.370	—	—

资料来源：历年《新疆统计年鉴》。

相对于国内其他省份而言，新疆矿产资源丰富，由于资源禀赋优势与国家政策，新疆经济发展过多的依赖于其资源型产业，虽然新疆经济取得了较快的发展，但是也难以避免地导致新疆产业间较弱的协调发展能力，产业间发展失衡，产业结构合理化较弱。如表5-3和图5-6所示，1990～2008年新疆产业结构偏离度曲折上升，三次产业间协调发展水平不断降低，产业结构合理化水平不断下降，并在2008年达到顶点。2008年至今，产业结构偏离指数下降，产业结构合理化水平开始上升，其原因可能是因为受2008年全球金融危机影响，经济增长低迷，国家为促进经济发展，开始转变经济发展模式，扩大内需，大力发展高新技术产业和第三产业，新疆也不断进行产业间生产要素的合理流动，产业间协调发展能力不断提升，产业结构合理化水平不断上升。

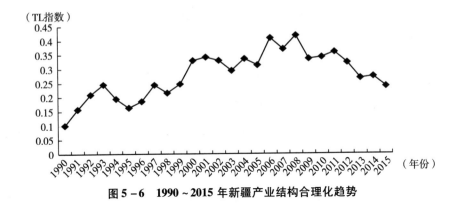

图 5 - 6 1990～2015 年新疆产业结构合理化趋势

2. 产业服务化现状

随着信息技术爆炸式发展，对工业化国家的产业结构也造成了严重的影响，经济向服务化的方向不断发展，"经济服务化"成为国家经济发展的新趋势，也是现代产业结构升级中重要的特征之一。以往的研究多以非农业产值来衡量，本节参考吴敬琏（2008）的方法，选择第三产业产值与第二产业产值之比（service）来衡量我国产业结构高级化，以反映当今第三产业增长率快于第二产业增长率这一典型事实，并且能够很明确地反映出产业结构服务化的趋势。测算结果如表 5 - 4 所示。

表 5 - 4　　　　　　　　1990～2015 年新疆产业服务化水平

年份	Service	年份	Service	年份	Service
1990	0.892	1999	1.128	2008	0.686
1991	1.075	2000	1.000	2009	0.823
1992	0.949	2001	1.097	2010	0.682
1993	0.796	2002	1.168	2011	0.696
1994	0.905	2003	1.048	2012	0.831
1995	1.022	2004	0.928	2013	0.961
1996	1.077	2005	0.798	2014	0.999
1997	0.972	2006	0.725	2015	1.178
1998	1.062	2007	0.757	—	—

资料来源：历年《新疆统计年鉴》。

从表 5 - 4 和图 5 - 7 中可以明显看出，新疆产业服务化发展水平缓慢，发展过程较为曲折。新疆产业结构服务化水平从 1990 年的 0.892 上升到 2015 年的 1.178，并在 2003~2010 年出现严重的下滑，服务化水平不断降低，其中 2009 年虽然有升高的迹象达到 0.823，但受到 2008 年全球金融危机的影响，新疆第二产业出口受阻，发展缓慢，在刺激内部消费的同时，服务业取得了进一步的发展。直至 2010 年之后，产业服务化水平才又开始上升，超过以往水平，2015 年达到最高。其发展曲折缓慢的原因与新疆的发展环境密切相关，新疆过多地依赖于资源型产业，生产要素流向第三产业不足，导致工业发展超过服务业发展的速度，这一现象在 2008 年之后出现转变，新疆开始审视自身的发展模式，大力发展第三产业，其产业服务化水平快速提升，尤其是 2014 年之后，新丝绸之路经济带战略的提出，为新疆再一次带来发展的机遇，金融等现代服务业得到快速发展，对新疆产业结构升级起到了积极的推动作用。

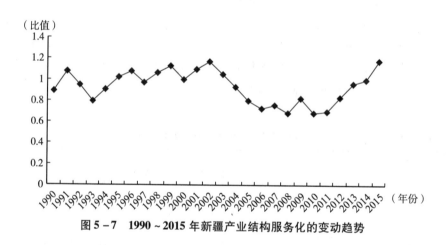

图 5 - 7　1990~2015 年新疆产业结构服务化的变动趋势

3. 产业技术升级

产业内部的技术升级是产业结构升级的重要组成部分。由于工业在新疆产业结构中的决定性地位，以及工业技术本身往往能够代表一个国家或地区的整体经济技术发展水平，本节参考汪伟等人的做法，采用工业中资本和技术密集型行业的产值占比（te）来表示产业内部的技术升级情况。并借鉴王志华对制造业结构的分类方法，从从业人员报酬、行业的平均资本存量、行业内部的研发投入三个维度进行划分劳动密集型、资本密集型与技术密集型，具体行业细分如表 5 - 5 所示。

表 5 - 5 　　　　　　　　　基于要素密集度的工业行业细分

产业类型	细分行业
资源密集型产业（res）	煤炭采选业、石油和天然气采选业、黑色金属矿采选业、有色金属矿采选业、非金属矿采选业
劳动密集型产业（lab）	农副食品加工业、食品制造业、纺织业、纺织服装（料、帽）制造业、皮革毛皮羽毛（绒）及其制品业、木材加工及木竹藤棕草制品业、家具制造业、印刷业和记录媒介的复制业、文教体育用品制造业、橡胶制品业、塑料制品业、非金属矿物制品业、金属制品业、手工艺品制造业
资本密集型产业（cap）	饮料制造业、烟草制品业、造纸及纸制品业、石油加工与炼焦及核燃料加工业、化学原料及化学制品制造业、化学纤维制造业、黑色金属冶炼及压延加工业、有色金属冶炼及压延加工业、通用设备制造业
技术密集型产业（tec）	医药制造业、专用设备制造业、交通运输设备制造业、电气机械及器材制造业、通信设备计算机及其他电子制造业、仪器仪表文化办公用机械制造业

本节对新疆工业行业进行细分和分组之后，对新疆产业内部的技术升级进行计算，计算结果表 5 - 6 所示。

表 5 - 6 　　　　　　1990 ~ 2015 年新疆产业内部技术升级水平　　　　　单位：%

年份	lab 产值占比	cap 产值占比	tec 产值占比	res 产值占比	High 占比
1990	48.87	27.02	0.85	23.26	27.87
1991	49.74	25.81	0.77	23.68	26.58
1992	47.23	27.58	0.78	24.42	28.36
1993	49.08	23.28	1.96	25.69	25.24
1994	43.94	23.56	4.24	28.26	27.80
1995	34.94	26.20	3.81	35.05	30.02
1996	32.81	24.80	4.88	37.51	29.68
1997	38.03	18.69	5.02	38.26	23.71
1998	37.44	20.45	5.57	36.54	26.02
1999	38.08	19.33	5.35	37.24	24.68

续表

年份	lab 产值占比	cap 产值占比	tec 产值占比	res 产值占比	High 占比
2000	25.33	32.75	3.93	37.99	36.68
2001	25.23	40.86	4.32	29.59	45.18
2002	25.45	41.75	4.53	28.27	46.28
2003	21.89	40.68	3.43	34.00	44.11
2004	18.41	42.94	3.14	35.51	46.08
2005	14.50	42.90	2.33	40.28	45.22
2006	13.62	42.30	2.44	41.64	44.74
2007	15.01	43.32	3.34	38.34	46.65
2008	12.76	47.01	3.77	36.46	50.78
2009	15.22	52.89	4.90	26.99	57.78
2010	15.32	52.70	4.97	27.01	57.67
2011	14.24	52.12	5.22	28.42	57.34
2012	14.78	55.78	5.43	24.01	61.21
2013	15.65	57.59	5.38	21.38	62.97
2014	16.51	55.41	5.50	22.58	60.90
2015	19.26	54.50	7.70	18.54	62.20

资料来源：历年《新疆统计年鉴》。

新疆产业结构升级不仅依赖于生产要素在产业间的合理流动，也依赖于产业内部的科技进步，资本密集型产业和高新技术产业的发展对新疆工业转型升级具有重要的推动作用。如表 5-6 和图 5-8 所示，新疆工业内部行业发展产生了巨大变化。作为以往新疆工业经济支柱的劳动密集型产业骤降，2015 年产值仅占 19.26%，同样占有重要地位的资源密集型产业出现曲折波动，1990~2006 年资源密集型产业不断上升，但 2006~2015 年其又出现了回落，2015 年其产值占比仅有 18.54%。代表着新疆工业发展质量的资本密集型产业和技术密集型产业取得了飞速发展，资本密集型产业由 1990 年的 27.02% 增长到 2015 年的 54.50%，增长了一倍，而技术密集型产业则由 1990 年的 0.85% 增长到 2015 年的 7.7%，增长了近 10

倍，虽然从总量上看，技术密集型产业发展依然薄弱，但其发展速度已经超出其他行业，这对新疆工业技术的转型升级与新疆整体产业结构升级具有重要的推动作用。

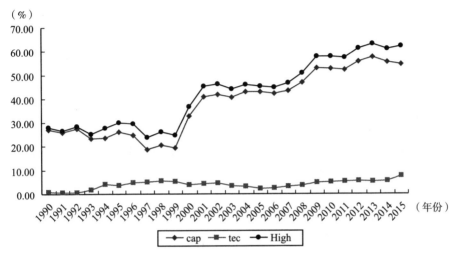

图 5 - 8　1990~2015 年新疆产业内部技术升级发展水平

5.1.2.3　新疆产业结构发展存在的问题

1. 产业间协调发展程度较低

新疆产业结构合理化水平较低，产业结构偏离度始终在 0.1 以上，产业间协调发展能力较为薄弱。产业协调发展程度和产业结构转换能力是促进产业结构升级的重要原因，新疆较低的产业合理化水平成为新疆整体产业结构升级的重要障碍，因此如何加快要素在产业间的合理流动，加强产业间协调发展能力，成为新疆产业结构升级的努力方向。

2. 第一产业发展迅速，但技术水平较低

新疆第一产业发展迅速，产值从 1990 年的 42.89 亿元增长到 2015 年的 1559.09 亿元，年均增长率达到 12.72%。虽然产业规模不断上涨，但是当前产业结构依然存在着许多问题。首先，新疆农产品品种依然比较单一，并且农产品优质率不断下降。为追求农产品产量，棉花生产规模不断扩大，随着棉花的生产过剩，棉花利润不断下降，另外棉花的纤维长度不断下降，棉花严重滞销；其次，新疆农业产业化仍然较低，虽然相比内陆地区人均耕地较为充足，但是除兵团外，新疆农民组织化程度依然较低，难以做到规模化经营和产业化经营；再次，农业科技含量不高，附加值较低，商品率较低，相对国际市场，有竞争优势的农产品并不多，随着农业市场的逐渐开放，棉花、畜牧业等新疆原有优势产业面临巨大的行业危机；最后，新疆农业依然缺乏产业结构调整的总体规划，由于市场反应存在严重滞后性以及农民相对的信息匮乏，往往"一窝蜂"的进行农业种植，如棉花、大枣等，往往造成同质化竞争严重，生产过剩，竞争力较为薄弱。

3. 第二产业"大"而不"强"，技术水平仍然薄弱

新疆第二产业发展较为迅速，对新疆经济的发展起主要的带动作用。然而，其产业内部结构失衡较为严重。首先，从产业发展选择来看，新疆工业主要依靠重工业和资源型产业的发展，其逐渐引发的生态环境问题与资源枯竭问题正不断阻碍着新疆经济的进一步发展；其次，从市场经济发展来看，新疆工业主要依赖于国有企业的发展，具有较高经济活力的非公有制企业发展较为缓慢，不利于新疆的市场化经济改革与经济的可持续发展；再其次，新疆大型企业占据着统治地位，中小微企业发展较为困难，加之其大型企业多为就业吸纳能力较低的重工业与资源型产业，造成了新疆产业结构与就业结构的严重失衡，第二产业就业吸纳过少，不利于其经济与社会的平稳运行。另外，工业内部技术密集产业发展仍然较为薄弱，2015 年技术密集型产业产值仅占工业总产值的 7.7%，整体工业的技术水平仍然较低，这对新疆工业和整体产业结构的转型升级必然造成一定的阻碍。

4. 产业服务化发展缓慢

新疆服务业发展缓慢，并且内部结构不尽合理，其中对接重工业与资源型产业发展而来的流通类服务业，占据着新疆第三产业的半壁江山，其他新兴产业发展明显滞后，旅游、信息、金融等新兴产业所占比例太小。而且，新疆第三产业科技含量较低，大多集中于传统服务业，附加值较低，难以发挥对经济发展应有的拉动作用，并且其发展与第一、二产业升级的要求难以匹配，一定程度上阻碍着其他产业的发展。

5.2 双向 FDI 驱动新疆产业结构升级的实证分析

前文在梳理双向 FDI 驱动产业结构升级的相关理论与作用机制后，对新疆双向 FDI 和产业结构升级现状进行了分析，本节在其基础之上，应用新疆现实数据和时间序列模型定量分析与检验双向 FDI 驱动新疆产业结构升级的影响。为全面刻画 OFDI、IFDI 与产业结构升级的逻辑关系，本节首先研究对境外直接投资、境外来疆直接投资对产业结构升级的影响，然后在此基础之上研究双向 FD 对新疆产业结构升级的影响。

5.2.1 OFDI、IFDI 驱动新疆产业结构升级

5.2.1.1 模型设定与变量选取

1. 模型设定

对 OFDI、IFDI 驱动新疆产业结构升级的分析只靠单纯的理论分析和定性描述是远远不足的，仍需要采用新疆现实数据佐以实证方法进行分析，以求科学准确地了解两者驱动新疆产业结构升级的效果。本节以 Chenery "标准结构"的产业变动模型为基础，深入探讨新疆双向 FDI 的产业结构升级效果，设定基础模型设定如下：

$$\text{upgrade}_t = \alpha_0 + \alpha_1 \text{ofdi}_t + \alpha_2 \text{ifdi}_t + \alpha_x X_t + \varepsilon_t \qquad (5-3)$$

其中，t 表示新疆第 t 年的数据。模型中，被解释变量 upgrade 表示地区产业结构发展水平，解释变量 ofdi、ifdi 分别表示对外直接投资和外商直接投资，X 为控制变量，主要包括金融发展水平、对外开放水平、真实经济发展水平和政府财政等因素，α_x 为各变量的系数，ε_t 为随机干扰项。

2. 变量选取与数据来源

被解释变量：产业结构升级（upgrade）。产业结构升级指的是整体产业质量和效率的提升，不仅包括产业间的合理化，也包括三次产业在国民经济中的合理分配，还包括产业内部的技术高级化与服务化，如高新技术与工业

服务化的发展。为了全面反映新疆产业结构升级的水平，本节从产业结构升级的合理化、高级化、服务化三个维度出发，建立三个指标进行综合衡量，分别为：产业结构合理化（tl）、产业结构服务化（service）与产业结构高级化（high）。

根据式（5-3）构建基础回归模型如下：

$$tl_t = \alpha_0 + \alpha_1 ofdi_t + \alpha_2 fdi_t + \alpha_x X_t + \varepsilon_t \qquad (5-4)$$

$$service_t = \beta_0 + \beta_1 ofdi_t + \beta_2 fdi_t + \beta_x X_t + \sigma_t \qquad (5-5)$$

$$high_t = \chi_0 + \chi_1 ofdi_t + \chi_2 fdi_t + \chi_x X_t + \lambda_t \qquad (5-6)$$

产业结构合理化（tl）。现有研究中对产业结构合理程度多以产业结构偏离度表示，然而对于中国等发展中国家来讲，经济非均衡成为一种常态，产业结构偏离度系数忽视了各产业在整体中相对的重要程度。如前文所述，本节参考干春晖（2008）的做法，不仅考虑各产业在经济体中相对的重要程度，还简化了计算的前提下并没有丢失产业结构偏离系数的经济含义。当TL=0时产业间处于合理均衡状态，不为0时，表示产业结构偏离的均衡状态，tl值越大，产业结构合理化程度越低。

产业结构服务化（service）。以往的研究多以非农业产值来衡量，然而随着"经济服务化"的快速发展，经济结构服务化成为我国经济发展的重要特征，如前文所述，本节选择第三产业产值与第二产业产值之比来衡量我国产业结构高级化，能够很明确地反映出地区产业结构转向服务化的趋势。

产业结构高级化（high）。产业内部的技术升级作为产业结构升级的重要组成部分，如前文所述本节参考汪伟等人的做法，采用制造业中资本和技术密集型行业的产值占比来表示产业内部的技术升级情况。

解释变量：外商直接投资（ifdi）。外商直接投资是影响地区产业结构升级的重要因素，通过技术溢出、竞争效应以及产业关联效应，能够有效地推动当地产业的发展与竞争力的提升，促进产业结构升级，本节选取新疆历年外商直接投资的实际使用额进行衡量。

对外直接投资（ofdi）。对外直接投资能够通过转移落后产业、调整产业结构、技术获取等方式，优化母国产业结构，促进产业结构升级，本节选取新疆历年对外直接投资的协议投资额来衡量。

控制变量：经济发展水平（gdp）。经济发展水平是影响产业结构的重要因素，参考配第—克拉克定律，随着人均收入的提高，劳动力具有在三次产业之间顺次转移的规律性，随着经济水平的提升，产业结构也在不断地发生变化，本节采用新疆实际地区生产总值衡量经济的发展水平。

金融发展水平（fin）。金融发展水平作为缩小城乡收入差距重要的基础，预期系数为负，本节选取戈式指标（FIR），因为其更能有效地衡量各区域的金融发展水平和金融深化程度上的准确性（王毅，2002），采用金融机构各项贷款余额（L）与各项存款余额（S）之和与 GDP 之比来衡量；

对外开放水平（open）。经济开放政策对我国经济发展造成了深远的影响，通过影响贸易结果进而影响地区的产业结构，本节采用地区进出口总额与 GDP 的比值进行衡量。

产业结构升级各指标中所用数据来源于历年《新疆统计年鉴》与《新疆30 年统计资料汇编》。考虑到新疆对外直接投资数据统计较晚，从 1993 年才开始进行统计，因此本节模型数据选取的年限为 1993～2015 年，各项指标的原始数据均来源于 1994～2016 年《新疆统计年鉴》和历年的《新疆就业统计年鉴》，文章将含有价格因素的变量进行基期平减处理，以 1980 年价格水平为基期，以消除价格因素，各指标数据的统计性描述详见表 5－7。

表 5－7　　　　　　　　　　　主要变量的描述性统计

variable	min	p25	p50	p75	max	Sd
upgrade	2.058	2.117	2.176	2.204	2.284	0.062
tl	0.164	0.244	0.313	0.342	0.417	0.069
service	0.682	0.796	0.959	1.062	1.178	0.160
high	0.237	0.297	0.452	0.577	0.630	0.136
ofdi	0.032	0.400	1.443	19.530	56.568	15.485
ifdi	1.271	1.990	5.520	16.104	29.859	9.783
gdp	218.831	332.154	564.406	1034.560	1724.031	459.308
fin	1.747	2.119	2.396	2.524	3.235	0.338
open	0.098	0.130	0.183	0.221	0.373	0.068

5.2.1.2 时间序列变量的平稳性检验

由于经济现象的复杂性，其时间序列数据往往均为非平稳序列数据，为满足协整处理的要求和避免模型回归的是"伪回归"现象，我们需要对变量的时间序列数据进行平稳性检验，解决其平稳性问题。平稳性的基本思想是：决定过程特性的统计规律不随时间变化而变化，主要分为严平稳与宽平稳。然而是现实检验过程中，考虑到严平稳的条件苛刻，难以验证，我们通常对数据进行宽平稳检验。

本节采用单位根（ADF）检验方法，对各变量数据进行平稳性检验，并采用 ACI 和 SC 准则对各变量进行滞后阶数的判断。如果原始时间序列数据平稳，我们记为 d(0)，称为零阶单整，数据经过 n 阶差分后变为平稳后，记为 d(n)，称为 n 阶单整。为保证协整关系存在与回归的准确性，我们需要将数据进行"同阶单整"的确认与处理。表 5-8 至表 5-10 分别列出了各变量的单位根检验结果。

表 5-8　被解释变量 upgrade，tl，service，high 的单位根检验结果

变量	检验形式 （c，t，k）	ADF 检验值	1% 临界值	5% 临界值	10% 临界值	结论
upgrade	（c，0，0）	-0.980	-3.769	-3.004	-2.642	非平稳
dupgrade	（c，0，1）	-4.647	-3.788	-3.012	-2.646	平稳
tl	（c，0，1）	-1.189	-4.441	-3.633	-3.255	非平稳
dtl	（c，0，0）	-5.551	-3.788	-3.012	-2.646	平稳
service	（c，0，1）	-1.256	-3.769	-3.005	-2.642	非平稳
dservice	（c，0，2）	-3.892	-3.768	-3.202	-2.447	平稳
high	（c，0，1）	-3.456	-4.467	-3.644	-3.261	非平稳
dhigh	（c，0，1）	-3.674	-3.788	-3.012	-2.646	平稳

表 5 – 9　　　　　　　　解释变量 ofdi，ifdi 单位根检验结果

变量	检验形式 (c，t，k)	ADF 检验值	1% 临界值	5% 临界值	10% 临界值	结论
ofdi	(c，0，1)	0.529	– 3.769	– 3.005	– 2.642	非平稳
dofdi	(c，0，0)	– 4.614	– 3.788	– 3.012	– 2.646	平稳
service	(c，t，1)	– 1.271	– 4.441	– 3.632	– 3.255	非平稳
dservice	(c，0，1)	– 3.793	– 4.678	– 3.644	– 3.261	平稳

表 5 – 10　　　　　　　控制变量 gdp，fin，open 单位根检验结果

变量	检验形式 (c，t，k)	ADF 检验值	1% 临界值	5% 临界值	10% 临界值	结论
gdp	(c，t，1)	0.326	– 4.467	– 3.645	– 3.261	非平稳
dgdp	(c，0，1)	– 2.953	– 2.685	– 1.959	– 1.607	平稳
fin	(c，t，1)	– 1.115	– 4.441	– 3.632	– 3.254	非平稳
dfin	(c，0，2)	– 3.602	– 3.788	– 3.012	– 2.646	平稳
open	(c，0，2)	– 1.766	– 3.769	– 3.004	– 2.642	非平稳
dopen	(c，0，1)	– 4.697	– 3.788	– 3.012	– 2.646	平稳

注：c 表示带有截距项，t 表示带有趋势项，c 与 t 的选择标准为变量间的时序图，即 X 和 Y 的时序图，如果序列包含有趋势，ADF 检验中应既有常数又有趋势；如果序列无明显趋势，但有非零均值，检验模型中仅包括常数项；如果序列在零均值波动，检验模型中应既不含常数又不含趋势。K 表示滞后期，选择标准为 AIC 与 sc 值最小准则。

正如以上各表所示，各变量单位根结果均显示原始数据均具有单位根，为非平稳时间序列数据。但是一阶差分后各变量的 ADF 检验值均满足平稳的要求，各变量存在一阶单整，满足协整检验和回归的基本条件。

5.2.1.3　协整性分析

非平稳时间序列可能存在"伪回归"的现象，协整性检验与分析的目的就是判定模型回归本身的逻辑关系是否存在"伪回归"，确定各序列变量间的长期稳定关系，简而言之，就是非平稳时间序列各变量之间的因果关系检验。

目前对时间序列变量的协整检验方法主要为 E - G 两步法与 Johansen 协整检验方法。而传统的 E - G 检验法通常用于两个变量之间的协整关系检验，通过回归残差方法进行多变量协整检验复杂、难以操作。因此本文选择更适于多变量协整检验的 Johansen 检验法（JJ 协整检验）。

首先，根据 AIC 与 SC 最小原则确定各协整检验的最优滞后期数；其次，利用 C - O 残差修正法对各变量之间的残差之间的自相关进行正态化处理；最后，对产业合理化（tl）、产业服务化（servic）和产业技术高级化（high）与各解释变量分组分别进行 JJ 协整检，检验结果详见表 5 - 11 ~ 表 5 - 14。

表 5 - 11　　　　　产业结构升级相关序列变量 JJ 协整检验结果

特征根	迹统计量	5% 临界值	P 值	最大特征根统计量	5% 临界值	P 值	原假设	协整关系个数
0.997	251.685	125.615	0.000	135.900	46.231	0.000	None **	
0.886	115.785	95.753	0.001	47.961	40.077	0.005	Atmost 1 **	
0.669	67.823	69.818	0.071	24.388	33.876	0.427	Atmost 2	
0.582	43.435	47.856	0.122	19.213	27.584	0.398	Atmost 3	3 个
0.4160	24.221	29.797	0.191	11.836	21.131	0.563	Atmost 4	
0.283	12.385	15.494	0.139	7.337	14.264	0.450	Atmost 5	
0.205	5.048	3.841	0.024	5.048	3.841	0.024	Atmost 6 *	

注：AIC 与 SC 最小原则滞后期为 1；协整检验有截距项，无趋势项；* 和 ** 表示在 1% 和 5% 的显著水平上拒绝原假设。

表 5 - 12　　　　　产业结构合理化效应相关序列变量 JJ 协整检验结果

特征根	迹统计量	5% 临界值	P 值	最大特征根统计量	5% 临界值	P 值	原假设	协整关系个数
0.9951	235.40	125.61	0.0000	117.128	46.231	0.0000	None *	
0.8988	118.27	95.75	0.0006	50.397	40.077	0.0024	Atmost 1 **	
0.6796	67.87	69.81	0.0706	25.045	33.876	0.3819	Atmost 2	
0.5781	42.83	47.85	0.1366	18.990	27.584	0.4152	Atmost 3	2 个
0.3948	23.84	29.79	0.2071	11.051	21.131	0.6421	Atmost 4	
0.3785	12.79	15.49	0.1226	10.465	14.264	0.1831	Atmost 5	
0.1003	2.32	3.84	0.1272	2.325	3.841	0.1272	Atmost 6	

注：AIC 与 SC 最小原则滞后期为 1；协整检验有截距项，无趋势项；* 和 ** 表示在 1% 和 5% 的显著水平上拒绝原假设。

表 5 - 13　　　　产业结构服务化效应相关序列变量 JJ 协整检验结果

特征根	迹统计量	5%临界值	P 值	最大特征根统计量	5%临界值	P 值	原假设	协整关系个数
0.996	257.124	125.615	0.000	122.929	46.231	0.000	None *	
0.923	134.196	95.754	0.000	56.483	40.078	0.000	Atmost 1 *	
0.760	77.713	69.819	0.010	31.398	33.877	0.096	Atmost 2 **	3 个
0.611	46.315	47.856	0.069	20.754	27.584	0.291	Atmost 3	
0.561	25.561	29.797	0.142	18.092	21.132	0.126	Atmost 4	
0.273	7.469	15.495	0.524	7.028	14.265	0.486	Atmost 5	
0.020	0.440	3.841	0.507	0.440	3.841	0.507	Atmost 6	

注：AIC 与 SC 最小原则滞后期为 1；协整检验有截距项，无趋势项；* 和 ** 表示在 1% 和 5% 的显著水平上拒绝原假设。

表 5 - 14　　　　产业技术高级化效应相关序列变量 JJ 协整检验结果

特征根	迹统计量	5%临界值	P 值	最大特征根统计量	5%临界值	P 值	原假设	协整关系个数
1.00	227.08	125.62	0.00	118.71	46.23	0.00	None *	
0.90	108.38	95.75	0.01	50.46	40.08	0.00	Atmost 1 **	
0.66	57.92	69.82	0.30	23.48	33.88	0.49	Atmost 2	2 个
0.52	34.44	47.86	0.48	16.32	27.58	0.64	Atmost 3	
0.39	18.12	29.80	0.56	10.75	21.13	0.67	Atmost 4	
0.28	7.37	15.49	0.54	7.23	14.26	0.46	Atmost 5	
0.01	0.14	3.84	0.71	0.14	3.84	0.71	Atmost 6	

注：AIC 与 SC 最小原则滞后期为 1；协整检验有截距项，无趋势项；* 和 ** 表示在 1% 和 5% 的显著水平上拒绝原假设。

从表 5 - 11 的 JJ 协整检验结果可知，迹检验与最大特征根检验显示各时间序列变量均在 5% 显著水平以内存在两个协整关系，说明新疆产业结构合理化与各解释变量之间存在长期稳定的协整关系，模型 2 并不存在"伪回归"问题。同理，从表 5 - 12 至表 5 - 14 的协整性检验结果可知，产业结构合理化、服务化与产业技术高级化与各解释变量在 5% 的显著水平以内存在长期稳定的协整关系，模型 3 ~ 5 估计中并不存在"伪回归"问题。

本节对模型 2~5 运用最小二乘法进行回归，为减少异方差对模型估计的影响，对各变量取对数处理，模型回归结果详见表 5-15。

表 5-15　　　　　　　　　　　双向 FDI 的产业结构升级效应

变量 模型	被解释变量 = upgrade		被解释变量 = tl		被解释变量 = service		被解释变量 = high	
	模型 1	模型 2	模型 3	模型 4	模型 5	模型 6	模型 7	模型 8
c	0.776 *** (43.16)	0.598 *** (3.98)	-1.157 *** (-7.09)	-6.247 ** (-6.89)	0.976 *** (7.64)	0.391 * (2.01)	0.331 *** (13.11)	0.053 (0.29)
ofdi	0.007 * (1.92)	0.004 * (1.79)	-0.069 (-1.33)	-0.070 (-1.08)	-0.023 (-0.96)	-0.016 (-1.06)	0.001 (1.79)	0.001 ** (2.32)
ifdi	0.009 ** (2.18)	0.015 ** (2.77)	-0.082 ** (-2.19)	-0.086 ** (-2.11)	0.027 * (1.99)	0.018 *** (2.56)	0.009 ** (2.60)	0.004 ** (2.07)
gdp		0.041 * (1.87)		-0.082 (-0.17)		0.001 ** (2.03)		0.001 (0.72)
fin		0.004 (0.10)		-0.079 * (-2.08)		0.335 *** (3.71)		0.025 * (1.87)
open		-0.016 (-1.12)		-0.094 (-0.66)		-0.037 * (-2.03)		0.360 *** (2.67)
F 值	9.34 ***	20.83 ***	12.26 ***	16.93 ***	9.42 ***	10.65	21.13 ***	22.71 ***
R^2	0.786	0.886	0.823	0.864	0.743	0.799	0.787	0.894
Adj－R^2	0.764	0.844	0.797	0.813	0.709	0.724	0.746	0.855

注：***、**、*分别表示在 1%、5%、10% 的水平下显著；括号内为 t 值。

从表 5-15 中的模型 1~2 回归结果来看，从整体来看，双向 FDI 的产业结构效应系数均在 10% 的显著水平下显著为正，双向 FDI 对新疆产业结构升级具有显著的促进作用。外商直接投资系数显著大于对外直接投资系数，对比绝对量，对外直接投资远远超过外商直接投资的系数，这表明相比快速增长的对外直接投资，外商直接投资对新疆产业结构升级的边际作用更大，其可能是因为新疆经济发展仍然处于资本匮乏的阶段，大量资金走出去，阻碍疆内新兴产业和服务业的发展；另外新疆对外直接投资结构不尽合理，较多的资本集中于中亚地区和自身具有优势的资源型产业，难以获得先进的管理经验与工业技术，对国内的反馈效应不足。但是从产业结构升级的各个层面而言，双向 FDI 的升级效应存在显著差异。

首先，双向 FDI 的产业结构合理化效应存在较大差异。对外直接投资的产业合理化效应系数虽然为负，但是并不显著，这表明对外直接投资对产业结构合理化存在正的影响，但是并不显著；而外商直接投资系数则在 5% 的显著水平下为负，外商直接投资对新疆产业结构合理化存在显著的促进作用。其原因可能在于双向 FDI 所处的阶段，无论是外商直接投资还是对外直接投资均处于初级阶段。对外直接投资不合理，走出去的企业多集中于资源型产业和资本密集型产业，投资主体多为国有大中型企业，投资目的地集中于中亚国家，虽然这些投资通过利润回流一定程度上提升了该产业和大中型企业的效益，却已成为第二产业与第一、三产业之间，大型企业与中小企业之间均衡发展的"阻力"，其对新疆产业结构合理化的推动作用并不显著；而外商直接投资仍然是新疆发展的重要资本，虽然其投资结构仍然不尽合理，但是其资本的涌入，对疆内金融、信托等现代服务业的发展具有积极的推动作用，这对新疆合理化的发展提供了动力。

其次，双向 FDI 的产业结构服务化效应较弱，对外直接投资系数为负，不利于新疆产业结构服务化发展趋势。其原因仍然归结于对外直接投资的投资结构问题，难以吸收国外先进的管理经验与高新技术，虽然促进了本地第二产业的发展，但是其技术溢出现象并不显著，对服务业的发展推动作用较小，服务化水平出现下滑。

最后，双向 FDI 的产业技术高级化效应显著。由于技术高级化指标选取的为新疆工业中资本和技术密集型产业产值占比，双向 FDI 也较多地集中于工业，无论是对外投资的技术逆流还是外商直接投资的技术溢出，对新疆工业技术的提升均有显著的促进作用。

5.2.1.4　向量误差修正模型

向量误差修正模型（VEC）允许短期波动，但约束其内生变量满足其长期变动的协整关系，能够将短期偏离与长期均衡结合起来。因为新疆产业结构升级与双向 FDI 及各控制变量存在协整关系，因此本节构建双向 FDI 驱动新疆产业结构升级的 VEC 模型，描述分析其长期均衡的结果，模型估计详见

表 5 – 16 和表 5 – 17。

表 5 – 16   **VEC 模型估计结果 (一)**

变量	Mod 1	Mod 2	Mod 3	Mod 4
	dupgrade	dtl	dservive	dhigh
c	0.006 (0.44)	0.031 (1.41)	− 0.021 (0.482)	0.008 (0.468)
dy_{t-1}	0.606 (1.53)	− 0.047 (− 1.11)	0.675 (1.66)	0.556 * (2.15)
$dofdi_{t-1}$	− 0.007 (− 0.591)	0.003 * (1.85)	− 0.008 ** (2.38)	− 0.002 * (− 1.97)
$difdi_{t-1}$	− 0.001 (− 0.295)	0.003 (0.648)	0.024 * (2.11)	0.001 (0.31)
$dgdp_{t-1}$	0.001 * (0.79)	− 0.001 * (− 2.07)	0.001 ** (2.42)	0.005 (0.25)
$dfin_{t-1}$	− 0.079 (− 1.32)	− 0.046 (− 0.38)	− 0.369 (− 1.38)	− 0.051 (− 0.71)
$dopen_{t-1}$	0.082 (0.36)	0.040 (0.116)	− 0.252 (− 0.32)	0.068 (0.25)
ecm_{t-1}^{y}	− 0.671 * (− 2.01)	− 0.328 * (− 1.92)	− 0.395 ** (− 2.36)	− 0.639 ** (− 2.64)
F 值	1.28	13.91	1.75	13.62
R^2	0.461	0.781	0.538	0.775
$Adj - R^2$	0.101	0.742	0.231	0.657

注：*** 、** 、* 分别表示在 1% 、5% 、10% 的水平下显著；括号内为 t 值。

表 5 – 17   **VEC 模型估计结果 (二)**

变量	Mod 5	Mod 6	Mod 7	Mod 8
	$ecm^{upgrade}$	ecm^{tl}	$ecm^{service}$	ecm^{hlgh}
c	− 0.188 (− 0.37)	− 0.244 (− 1.57)	0.584 ** (2.57)	− 0.070 (− 1.47)

续表

变量	Mod 5	Mod 6	Mod 7	Mod 8
	$ecm^{upgrade}$	ecm^{tl}	$ecm^{service}$	ecm^{hIgh}
y_{t-1}	0.144 (0.56)	0.205 (0.88)	0.531 ** (2.57)	0.309 (1.34)
$ofdi_{t-1}$	0.011 * (-1.80)	0.007 * (1.95)	-0.013 ** (-2.34)	0.005 (0.45)
$ifdi_{t-1}$	0.001 (0.474)	0.004 (0.409)	0.028 ** (2.55)	0.002 (0.49)
gdp_{t-1}	-0.001 (-1.14)	-0.002 (-1.24)	0.008 *** (-3.36)	-0.002 (-1.17)
fin_{t-1}	-0.046 (-1.08)	0.095 (1.45)	-0.509 *** (-3.86)	-0.007 (-1.10)
$open_{t-1}$	-0.167 (-1.05)	0.256 (1.02)	-0.864 ** (-2.18)	-0.032 (-0.113)
F 值	10.17	17.56	2.83	12.82
R^2	0.182	0.274	0.586	0.692
$Adj - R^2$	-0.223	-0.088	0.379	0.547

注：*** 、** 、* 分别表示在 1%、5%、10% 的水平下显著；括号内为 t 值。

从表 5-16 VEC 模型估计结果可知，模型 1~4 的误差修正项系数分别为 -0.671、-0.328、-0.395 和 -0.639，并在 10% 的显著水平下显著，说明新疆产业结构升级及其三个方面均受到长期均衡关系的显著影响，这表明新疆产业结构升级出现短期波动，偏离长期均衡时，产业结构升级及其合理化、服务化与高级化自身都会在波动出现的下一期自动做出调整，从而使其同双向 FDI 等恢复到长期均衡的关系。从误差修正系数的绝对数值来看，产业结构升级与产业技术高级化的误差修正系数达到 0.6 以上，说明产业结构升级与产业内部技术高级化的短期调整幅度较大，而产业结构合理化与产业结构服务化从短期非均衡向长期均衡的调整速度较慢，误差修正系数只有 0.3 左右，波动幅度较小。另外模型 1~4 中各控制变量的差分系数反映了对短期波动的影响，除个别变量外，其系数大部分在 10% 的显著水平下显著，整体的估计结果较为稳健。

从短期来看，OFDI 滞后项对产业结构升级及其合理化、服务化和高级化具有积极的初级效应，相应的短期系数分别为 −0.007、0.003、−0.008 和 −0.002，并且小于其长期均衡弹性系数 0.11、0.007、−0.013 和 0.005，这表明新疆对外直接投资在推动新疆产业结构升级及其合理化、服务化与技术高级化的作用存在时间上的上升趋势，且对其长期推动作用较大。这可能是由于新疆对外直接投资往往集中于第二产业中的资源型产业，有利于提升新疆第二产业发展的效益和技术的升级，但是也造成了新疆三次产业的两极分化效应，对新疆产业合理化与服务化的推动作用较小，甚至在短期内会存在阻碍作用。而且，新疆对外直接投资集中于资源型产业，并主要集中在中亚地区，无法在短期获得先进的技术与管理经验，对新疆产业结构升级的推动作用较小，但是随着新疆对外直接投资行业结构与地区结构的完善与优化，对外直接投资的外溢效应对产业结构升级的促进作用必然会出现上升趋势。

IFDI 的滞后项除对产业结构服务化显著外，对产业结构升级及其合理化技术高级化的促进效应并不显著，并且其系数同样小于 IFDI 的产业结构升级弹性系数，外商直接投资对产业结构升级的促进效应同样存在上升趋势。这是由于在引进外资的初期，外商直接投资往往集中于资源型产业和低附加值产业，对产业结构服务化与技术高级化的推动作用并不显著，但是随着新疆对外商投资的利用水平不断提升，外商直接投资的质量不断提升，其投资的行业结构不断优化，外商直接投资在长期对产业结构升级存在上升趋势。

5.2.2 双向 FDI 驱动新疆产业结构升级

5.2.2.1 新疆双向 FDI 协调发展对产业结构升级的影响

随着丝绸之路经济带战略的不断推进，新疆核心区建设不断发展，新疆作为我国向西开放的"桥头堡"的作用地位不断突出，"引进来"与"走出去"必然成为新疆未来发展的重要方式，成为新疆产业结构升级的重要原动力。然而如何将"引进来"与"走出去"结合起来，促进两者协调发展，成为新疆经济发展和产业结构升级的关键。

理论分析可知双向 FDI 的协调发展对我国产业结构升级的作用主要表现在双向 FDI 数量上的均衡和双向 FDI 关系上的相互促进，通过双向 FDI 的均衡与互动发展，可以进一步推动产业结构升级。

从双向 FDI 的数量均衡分析，一方面，随着对外直接投资的快速发展，如果没有足够的外商直接投资弥补新兴产业发展和升级所需的资金缺口，反而会进一步增加国内"产业空心化"的可能。另一方面，由于外商直接投资是中国巨额外汇储备重要来源，通过对外直接投资的"走出去"能有效释放国家巨额外汇储备对经济发展带来的压力，为国内产业升级，开辟全球市场，创造良好宏观环境。

从双向 FDI 的互促关系进来看，双向 FDI 能够呈现相互促进，相辅相成的动态演进的发展方式。一方面，外商直接投资的发展为对外直接投资奠定了基础，通过发挥外商直接投资的国际化效应和竞争效应，可以提升企业的先进技术、管理经验、熟悉国际市场运作等对外直接投资能力，与此同时，要素成本的提升，也一定程度上推动了本地企业的对外投资。另一方面，OFDI 的兴起又会通过提升国际信誉，改善本地市场环境，加强政治联系，提高投资经验等途径，改善外商投资环境，提升外商投资数量，优化外商直接投资结构从而带动本地外商直接投资的引进，进而促进产业结构升级。

5.2.2.2 格兰杰因果关系检验

从理论可知，新疆外商直接投资与对外直接投资存在双向互动关系，本节通过对新疆双向 FDI 进行格兰杰因果关系检验，对新疆双向 FDI 关系进行实证检验，检验结果如表 5 – 18 所示。

表 5 –18　　　　　　　双向 FDI 的格兰杰因果关系检验结果

Null Hypothesis	F – Statistic	Prob.	Conclusion
新疆 IFDI 不是 OFDI 的格兰杰原因	5. 4851	0. 0153	拒绝
新疆 OFDI 不是 IFDI 的格兰杰原因	3. 1923	0. 1337	接受

表 5 - 18 的结果表明,新疆外商直接投资是对外直接投资的格兰杰因果原因,而对外直接投资不是外商直接投资的格兰杰因果原因。这可能是新疆投资结构造成的,新疆外商直接投资与对外直接投资的行业投资结构较为单一,多集中于工业,外商直接投资有利于新疆工业技术水平和竞争力的提升,有利于新疆工业的对外直接投资,但是对外直接投资带来的回流效应也会推动新疆工业的效益提升,反而会对投向新疆工业的外商直接投资有一定的挤出效应。

5.2.2.3　模型设定

基于前文的理论分析,新疆外商直接投资不仅能够通过技术溢出、竞争效应促进新疆产业结构升级,还能通过集聚规模效应等促进新疆对外直接投资的发展,间接地促进新疆产业结构升级。为了全面分析双向 FDI 与新疆产业结构升级之间的逻辑关系,本节构建如下中介效应模型:

$$upgrade_t = a_0 + a_1 ifdi_t + a_y x_t + \varepsilon_{1t} \tag{5-7}$$

$$ofdi_t = b_0 + b_1 ifdi_t + b_y x_t + \varepsilon_{2t} \tag{5-8}$$

$$upgrade_t = c_0 + c_1 ifdi_t + c_2 ofdi_t + c_y x_t + \varepsilon_{3t} \tag{5-9}$$

式（5-7）中 a_1 衡量了外商直接投资对新疆产业结构升级的总效应;式（5-8）中 b_1 衡量了外商直接投资对对外直接投资额的影响;式（5-9）中 c_1 则衡量了外商直接投资对产业结构升级的直接效应,为分析外商直接投资通过对外直接投资对产业结构升级的间接影响,将式（5-8）代入式（5-9）,整理如下:

$$upgrade_t = (c_0 + c_2 b_1) + (c_1 + c_2 b_1) ifdi_t + c_y x_t + \varepsilon_{4t} \tag{5-10}$$

其中,系数 $c_2 b_1$ 衡量的就是外商直接投资通过中介变量对外直接投资对新疆产业结构升级的间接影响。

5.2.2.4　实证结果分析

1. 结果分析

本节采用 Stata 13 软件进行模型的实证分析。为减少样本异方差对回归结果的估计,进行对数化处理,估计结果如表 5 - 19 所示。

表 5－19 产业结构升级的中介效应模型回归结果

变量		Upgrade			ofdi	Upgrade
		Mod 1	Mod 2	Mod 3	Mod 4	Mod 5
控制变量	gdp	0.052 *** (4.81)	－0.001 *** (－3.34)	0.041 * (1.87)	0.041 * (1.87)	0.001 ** (2.49)
	fin	0.487 (0.23)	0.875 *** (17.55)	0.004 (0.10)	0.004 (0.10)	0.049 (1.17)
	open	－27.24 (－1.47)	2.335 *** (5.34)	－0.016 (－1.12)	－0.016 (－1.12)	－0.021 (－1.10)
自变量	ifdi	0.093 ** (2.215)	0.112 * (1.99)	0.097 *** (3.82)	0.097 *** (3.82)	0.009 *** (4.07)
中介变量	ofdi			0.015 ** (2.77)	—	0.002 (1.63)
交乘项	Ifdi × ofdi	—	—	—	—	0.008 * (1.97)
回归指标	R^2	0.893	0.781	0.886	0.886	0.869
	$Adj － R^2$	0.869	0.742	0.844	0.844	0.807

注：*** 、** 、* 分别表示在 1%、5%、10% 的水平下显著；括号内为 t 值。

表 5－19 模型 2 与模型 4 的回归结果表明，外商直接投资对新疆产业结构升级的回归系数 a_1 和 c_1 分别是 0.112 和 0.097，并且均通过了 10% 的显著水平检验。其中，a_1 为外商直接投资对新疆产业结构升级的总体效应，而 c_1 则代表了外商直接投资通过技术溢出、竞争效应等对新疆产业结构升级的直接影响效应。a_1 和 c_1 的估计结果表明，无论是总体效应还是直接效应，新疆外商直接投资的发展对其产业结构升级确实存在积极的推动作用。另外，b_1 的回归系数为 0.093，中介变量系数 c_2 为 0.015，且两者都通过了 10% 的显著水平检验。由计算可得，中介效应系数为 0.0139，这表明随着新疆不断引入外商直接投资，通过提升新疆本地产业的竞争力，促进了新疆本地优势产业的对外直接投资，从而间接促进了新疆产业结构升级，这也为外商直接投资对新疆产业结构升级的总体效应（0.112）大于直接效应（0.097），提供了合理的解释。

模型 5 引入对外直接投资与外商直接投资的交乘项，对中介效应模型做稳健性检验，交乘项系数显著为正（0.008），这表明双向 FDI 的交互影响为正，且对新疆产业结构升级产生了显著的促进作用。但是其系数值仍然较低，表明双向 FDI 的协调较弱，协调发展的促进作用较小。

从其他控制变量来看，大部分变量系数与预期一致，表明实证结果较为稳健。值得令人注意的是，在模型 3 中，对外开放水平对新疆对外直接投资的回归系数为负，并达到 27.24，虽然估计结果含有其他因素的影响，但是仍然可以看出新疆进出口与对外直接投资呈现反向关系，作为"走出去"的两种方式，具有此消彼长的关系固然正常，但是新疆处于改革开放的初级阶段，如何协调两者的关系，共同促进新疆经济发展和产业结构升级，也是新疆发展中值得关注的问题。

2. 中介效应检验

上一节计算得出对外直接投资的中介效应系数为 0.0139，但其显著性值得继续探究，在得出外商直接投资通过促进新疆对外直接投资的发展而间接促进了我国新疆产业结构升级这一结论前，需要对对外直接投资的中介效应进行显著性检验。本文选取检验方式较为简单，并常用的方法进行检验，检验 $H_0: b_1 = 0$ 和 $H_0: c_2 = 0$。如果两者均不成立，则说明中介效应显著。观察模型 2 - 4 中介变量与自变量的回归系数可知环境监管强度中介效应显著。

5.2.2.5 稳健性检验

本节采用产业结构合理化、产业结构服务化与产业内部技术高级化三个指标对外商直接投资的产业结构升级的中介效应进行稳健性检验。三个维度的中介效应回归结果如表 5 - 20 ~ 表 5 - 22 所示。

表 5 - 20 产业结构合理化中介效应回归结果

变量		tl			ofdi
		Mod 1	Mod 2	Mod 4	Mod 3
自变量	ifdi		−0.087 (−2.47)	−0.086 ** (−2.11)	0.093 ** (2.21)

续表

变量		tl			ofdi
		Mod 1	Mod 2	Mod 4	Mod 3
中介变量	ofdi	− 0.089 * (− 2.32)		− 0.070 (− 1.08)	
回归指标	R^2	0.305	0.685	0.764	0.893
	$Adj - R^2$	0.276	0.538	0.613	0.869

注：** 、* 分别表示在5% 、10%的水平下显著；括号内为 t 值。

表 5 – 21　　　　　　　产业结构服务化中介效应回归结果

变量		service			ofdi
		Mod 1	Mod 2	Mod 4	Mod 3
自变量	ifdi		0.019 (2.47)	0.018 *** (2.56)	0.093 ** (2.215)
中介变量	ofdi	− 0.001 (− 0.38)		− 0.016 (− 1.06)	
回归指标	R^2	0.748	0.746	0.799	0.893
	$Adj - R^2$	0.692	0.689	0.724	0.869

注：*** 、** 分别表示在1% 、5%的水平下显著；括号内为 t 值。

表 5 – 22　　　　　　　产业技术高级化中介效应回归结果

变量		high			ofdi
		Mod 1	Mod 2	Mod 4	Mod 3
自变量	ifdi		0.005 * (1.96)	0.004 * (2.07)	0.093 ** (2.22)
中介变量	ofdi	0.001 * (2.03)		0.001 ** (2.32)	
回归指标	R^2	0.748	0.894	0.894	0.893
	$Adj - R^2$	0.692	0.863	0.855	0.869

注：** 、* 分别表示在5% 、10%的水平下显著；括号内为 t 值；相关控制变量结果省略。

如各表所示，外商直接投资对产业结构升级的三个维度均有显著的促进作用，对外直接投资除了对产业结构服务化以外也均有较为显著的推动作用。从中介效应来看，ofdi 在产业结构合理化与服务化的中介效应尚不明显，没有通过中介效应检验方法 1 的检验，只有在产业内部技术高级化的中介效应较为显著。这可能是因为，无论是外商直接投资还是对外直接投资的技术溢出效应均较为显著，有效地提升了新疆产业内部的技术水平。

5.2.3 双向 FDI 驱动新疆产业结构升级存在的问题

5.2.3.1 OFDI、IFDI 驱动新疆产业结构升级存在的问题

1. OFDI 驱动新疆产业结构升级存在的问题

OFDI 对新疆产业结构升级具有显著的促进作用，但其边际效用仍然较小。处于资金匮乏的境地，新疆大量资金的走出去，一定程度上阻碍了疆内新兴企业和服务业的发展，并且对外直接投资结构的失衡，获得国外先进技术与管理经验较少，国内反馈效应不足。

OFDI 对产业结构合理化存在影响较弱，对外投资多集中于资源型产业和资本密集型产业，投资主体大多为国有大中型企业，其回馈效应促进了本地企业的发展，但也在一定程度上成为第二产业与第一和第三产业之间，大型与小型企业之间均衡发展的"阻力"。OFDI 对产业结构服务化产生负的影响，其原因仍然归结为对外直接投资的投资结构问题，难以吸收国外先进的管理经验与高新技术，虽然促进了本地第二产业的发展，但是其技术溢出现象并不显著，对服务业的发展推动作用较小，服务化水平出现下滑。

OFDI 对新疆产业结构升级以及合理化、服务化和高级化的影响具有时间上的滞后效应，在短期内由于资金的外流，地区和行业投资结构的不完善，从而导致 OFDI 在短期内难以发挥有效的促进作用。

2. IFDI 驱动新疆产业结构升级存在的问题

外商直接投资的涌入，虽然在一定程度上对疆内金融、信托等现代服务业的发展具有积极的推动作用，为新疆产业合理化提供动力，但从其投资结构来看仍然不尽合理，过多的资本仍然投资于资本密集与资源密集型产业，

对疆内的产业协调发展和环境经济的可持续有一定的消极影响。

IFDI 的滞后项除对产业结构服务化显著外，对产业结构升级及其合理化技术高级化的促进效应并不显著，并且其系数同样小于 IFDI 的产业结构升级弹性系数，外商直接投资对产业结构升级的促进效应同样存在上升趋势。这是由于在引进外资的初期，外商直接投资往往集中于资源型产业和低附加值产业，对产业结构服务化与技术高级化的推动作用并不显著，但是随着新疆对外商投资的利用水平不断提升，外商直接投资的质量不断提高，其投资的行业结构不断优化，外商直接投资在长期对产业结构升级存在上升趋势。

5.2.3.2 双向 FDI 协调发展驱动新疆产业结构升级存在的问题

从新疆双向 FDI 的数量均衡来看，虽然两者在数量上的均衡对新疆产业结构具有显著的促进作用，但其边际效用较低，其均衡关系仍然有待提高。从新疆双向 FDI 的相互促进的关系来看，新疆双向 FDI 并不存在理论上的相互促进关系，IFDI 对 OFDI 存在显著的积极影响，而 OFDI 对 IFDI 并不存在显著的积极影响，这可能是新疆投资结构造成的，新疆外商直接投资与对外直接投资的行业投资结构较为单一，多集中于工业，外商直接投资有利于新疆工业技术水平和竞争力的提升，有利于新疆工业的对外直接投资，但是对外直接投资带来的回流效应也会推动新疆工业的效益提升，反而会对投向新疆工业的外商直接投资有一定的挤出效应。而且，OFDI 的规模较小，难以有效地发挥其溢出效应，对外商投资环境的改善、政治关系的提升、投资经验的提高作用较小，难以显著促进外商直接投资的发展。

5.3 双向 FDI 驱动新疆产业结构升级的制约因素分析

5.3.1 制约因素的选取与影响机制

5.3.1.1 制约因素的选取

在现实的市场经济运行中，双向 FDI 驱动本地产业结构升级受到了众多外部因素的制约，例如，金融发展水平（Alfaretal，2010；丁俊峰，2003；张林，2016）、外贸发展水平（Markuson，1996；Sevensson，1998；李春顶，2007）、市场经济发展水平（王艳，2017）等，本研究参考以往的研究成果，选取其中重要的因素：金融发展水平、贸易开放水平、政府宏观调控与市场化程度，具体分析其在双向 FDI 驱动产业结构升级中的制约因素。

5.3.1.2 制约因素的影响机制

1. 金融发展水平的制约机制

金融发展水平是影响双向 FDI 产业结构升级效应的重要影响因素。双向 FDI 是资本流动的过程，由于流动成本的存在，无论是对外直接投资还是外商直接投资均需要大量的外部融资，单纯地依靠自身实力进行投资风险系数会大大增加，本地金融发展水平则成为制约双向 FDI 产业结构升级效应的重要制约因素，金融发展的服务水平与服务效率直接影响了双向 FDI 的数量与质量。发展水平较高的金融服务可以为企业吸引外商直接投资与进行对外直接投资时提供更多的金融配套服务，增强投资的运行效率，不仅能够提升本地企业吸收外资的能力，更能打破企业对外直接投资的"资金窘迫"，增加资本供给；而高效率的金融服务可以提升整个投资的运转效率，能够更加优化投资的配置效率，提升双向投资的关联效应和技术溢出效率，促进本地新兴产业的快速发展，加快双向 FDI 驱动产业结构升级的效率与质量（Alfaretal，2010）。

目前，关于金融发展影响双向 FDI 的产业结构升级效应的研究还较为缺乏。严武和丁俊峰（2003）运用广东省的实际数据检验了金融发展、外商直接投资与产业结构升级之间的关系，发现金融发展与外商直接投资均有利于产业结构升级，并且两者交乘项系数也显著为正，交互作用能够有效地促进广东省产业结构升级。张林（2016）选取中国省级面板数据，通过构建动态面板模型实证检验了双向 FDI 的产业结构升级效应，并将金融发展纳入统一的框架，研究发现，金融发展对双向 FDI 的产业结构升级效应具有显著的强化作用。本节在前文的研究基础之上，对金融发展对双向 FDI 产业结构升级效应的强化机制进行分析，结论如下：

如图 5 - 9 所示，金融发展水平能够通过影响资本市场，从而间接的影响对外直接投资的本地产业结构升级效应。一方面，金融发展的高水平运行能够快速高效地缓解对外直接投资"走出去"的"资本窘迫"，可以加快对外直接投资"走出去"的步伐，并提升其发展质量，从而促进对外直接投资的产业结构升级效应的发挥。另一方面，金融业的快速发展也能够有效消除大量资本外流后本地产业发展资本缺乏的现象，减弱资本外流的消极效果，能够为本地高新技术产业、现代服务业等新兴产业提供发展资本，使其在拥有充足的"市场空间"之后，弥补其资本短板的问题，从而促进高新技术产业、现代服务业的快速发展，促进本地产业结构升级的步伐。

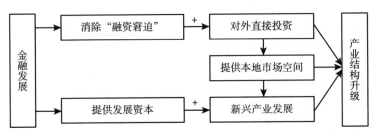

图 5 - 9　金融发展促进对外直接投资的产业结构升级效应

如图 5 - 10 所示，金融发展水平主要通过影响本地经济运行效率调节外商直接投资的产业结构升级效应。首先，高水平与高效率的金融发展水平本身就是国外资本考察投资地区的重要考虑因素，高效率的金融发展水平能够有效地吸引大量外商直接投资的涌入，增强外商直接投资对产业结构升级的促进作用；其次，高效的金融发展水平能够有效地提升整个经济的运行效率，能够有效地加快外商直接投资的产业关联效应与技术溢出，能够有效地促进其他产业的发展与技术提升；最后，高效率的金融服务能够加快外商直接投资的资本周转，在提高外商直接投资的盈利的同时，能够缓解外商直接投资的行业投资结构不合理的缺陷，加快外商资本在整个社会的流转，为高新技术产业和现代服务业等新兴产业提供发展资金，促进产业结构向着合理化、服务化与技术高级化发展。

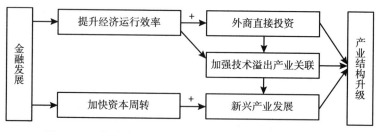

图 5 – 10　金融发展促进外商直接投资产业结构升级效应

2. 贸易开放水平的制约机制

如图 5 – 11 所示，对外贸易和外商直接投资之间相互影响。第一，两者之间有互补关系，表现在外资企业对东道国进行投资后，首先直接对经济总量产生影响，然后通常会引起东道国相关联产业的发展，这是由于外资公司对一些中间产品的生产要素或者劳务产生需求，从而带动这些产业的发展。东道国的相关联产业发展程度越高，越会产生"过剩"产品，就有可能出口到母国，这就增加了两国的贸易量。在这方面的经典理论研究诸如小岛清的边际扩张论，马库松和塞文森（Markuson & Sevensson）的贸易与投资互补关系论等。第二，两者之间有互动关系，两者之间不仅有互补关系，还有更深层面上的互动关系，随着全球贸易投资一体化，要素禀赋的比较优势，已经不再是各国制定贸易策略的主要基础，因为比较优势的前提是要素在国际间是不能流动的，在现代化社会，交通便利，要素在不同国家的转移也很便利。目前跨国公司的竞争优势已经由要素禀赋优势转化为贸易投资一体化的策略优势，这些企业以全球为整体，制定全球化战略安排，在生产要素有比较优势的国家进行生产，在劳动力资源比较丰富的国家进行加工，最终出口到世界各地，在国家化竞争中，跨国公司的全球化战略越来越重要。集贸易和投资一体化的跨国公司体现了对外投资和对外贸易的互动关系。第三，对外贸易和外商直接投资之间的替代关系，主要是指一个国家对另外一个国家的贸易和投资量一定的情况下，一个产品进入另外一个国家，选择贸易的渠道则会替代资本投资，选择资本投资的方式则会取代贸易。尤其是当两个国家的生产力水平和要素禀赋程度相似时，替代效应尤其明显。贸易与投资的替代效应的研究主要代表是蒙代尔的贸易投资替代论。

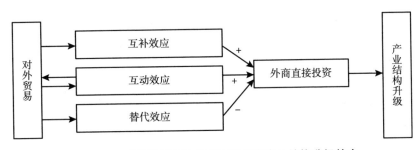

图 5 – 11   对外贸易制约外商直接投资产业结构升级效应

对外贸易主要是通过三种效应来影响对外直接投资，包括产业比较优势升级效应、贸易壁垒的倒逼效应和外汇储备的积累效应（俞鑫，2014），其影响机制如图 5 – 12 所示，其净效应取决于三种效应的整体。其一，产业比较优势效应：企业通过对外贸易能够积累资金、扩展全球销售市场、熟悉国外经济政治环境，能够有效地引进国外最新的生产技术，适应消化并进行改进与创新，从而实现对外贸易的进一步扩张，将传统比较优势升级为 OFDI 的竞争优势。其二，贸易壁垒效应：李春顶（2007）认为贸易摩擦是对外直接投资的重要原因。中国企业往往面临国际市场的贸易壁垒，压缩了其市场空间和利润，因此越过国际贸易壁垒，选择对外直接投资成为有效的途径。其三，外汇储备效应：贸易顺差的不断加大，外汇储备不断增加带来的人民币升值，成为出口贸易利润下降的主要原因，进一步刺激了对外直接投资的进一步发展。

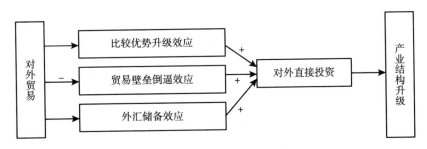

图 5 – 12   对外贸易制约对外直接投资产业结构升级效应

3. 市场经济发展水平的制约机制

市场竞争是资源配置最有效率的方式，因此应该发挥市场在资源配置中的决定性作用。双向 FDI 驱动本地产业结构升级的过程本身就在市场中进行，市场经济水平以及资源配置效率成为双向 FDI 发挥其产业结构升级作用的重要制约因素（王艳，2017）。

双向 FDI 驱动新疆产业结构升级的过程中，主要通过技术溢出效应、产业关联效应以及竞争优化效应等发挥效应，而这些效应的发挥受制于市场经济活动的效率，即市场经济水平越高，资源配置效率越高，市场经济活动周转越快，技术溢出、产业关联升级、竞争优化等作用发挥得就越高，反之，如若市场经济水平较低，资源难以有效配置、市场经济活动周转缓慢，不仅不利于双向 FDI 的各种产业结构升级效应的发挥，并且也会反过来恶化外商直接投资环境、降低本地融资效率、降低本地企业竞争力，阻碍本地企业走出去的步伐。因此，市场化程度越高，其"催化剂"效应越明显；市场化程度越低，其不仅会降低双向 FDI 的驱动效果，也会反过来减少 FDI 本身数量，具体的影响机制如图 5 – 13 所示。

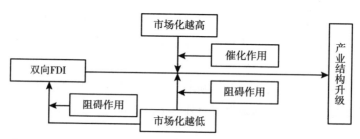

图 5 – 13　市场经济发展水平制约对双向 FDI 产业结构升级的效应

4. 政府宏观调控水平的制约机制

无论是对外直接投资还是外商直接投资，其本质均为以利润最大化为目标的资本全球化配置的过程，其主体仍然为企业。因此，如何协调企业投资与地方产业结构升级、平衡企业的短期利益与长期利益，是影响双向 FDI 驱动新疆产业结构升级的重要因素。由于市场经济中，企业短期利益与本地长期利益可能会存在短期冲突，单靠市场本身并不能完全解决，因此，需要政府从中进行调控，对双向 FDI 进行顶层的宏观调控，从而更好地发挥双向 FDI 驱动本地产业结构升级的作用。

政府作为市场经济中的缺陷弥补者，需要从实践中来，在深层次把握企业投资利润与地方产业结构升级与可持续发展的关系上，进行顶层设计，将企业投资短期利益与地方发展的长期利益相结合，从而保障企业的外国投资能更好地促进本地产业结构升级。从具体的影响机制来看，政府的作用体现在政策的推进、结构的优化和释放过剩产能，其影响机制如图 5 – 14 所示。

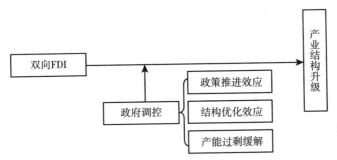

图 5 – 14　政府调控制约对双向 FDI 产业结构升级效应机制

首先，政府从顶层设计，设立"走出去"与"引进来"的发展战略，并推动经济向新的开放迈进，从政策上提供投资便利，积极吸引外商直接投资的涌入，推动本地企业的对外直接投资，促进双向 FDI 量的发展。

其次，政府根据本地发展实际，针对性地指导双向 FDI 的投资行业以及投资地区，根据比较优势，尽可能地鼓励高新技术产业、绿色无污染、环保技术清洁等优质外资的引入，充分吸收其外商投资的技术溢出，提升本地技术水平和清洁治理污染能力，另外，鼓励外商直接投资于教育、基础设施等基础行业，促进本地产业结构的转型升级。并且，政府在外商直接投资的地区引导方面也能对地区间的均衡发展做出巨大的贡献。政府将集中的外商直接投资，通过政策性引导，使其均衡地投资于本地的各个地区，实现本地区各区域的均衡发展。

最后，政府应积极引导双向 FDI 缓解本国产业过剩的尴尬局面，一方面，积极推动过剩产业的走出去，暂时性的缓解产能过剩带来的经济压力，为其他新兴产业的发展提供市场空间和资源，促进产业结构的调整；另一方面，政府会鼓励过剩产业引进先进技术，从而进行产能过剩产业的供给侧改革，提升产业的科技水平与管理经验，提高产品质量，延长产品的价值链，从而从根本上解决产能过剩的局面。

5.3.2 模型设定与数据说明

5.3.2.1 模型设定

为了研究双向 FDI 的产业结构升级效应的制约效果，本节对钱纳里经典模型，即式（5-1）进行修正，加入本节研究的特定变量：一是在基本模型中加入各制约变量和外商直接投资的交叉项与制约变量和对外直接投资的交乘项；二是在基本模型中加入对外直接投资与外商直接投资的交乘项，以检验双向 FDI 的互动影响；三是在基本模型中加入产业结构升级的滞后项，以克服模型内生性和遗漏变量对实证结果的影响，具体的模型设定如下：

$$y_t = \alpha_0 + \alpha_1 y_{t-1} + \alpha_1 \text{ofdi}_t + \alpha_2 \text{ifdi}_t + \alpha_3 \text{ofdi}_t + \alpha_4 \text{ofdi}_t \times \text{fin}_t + \alpha_5 \text{ifdi}_t \times \text{fin}_t$$
$$+ \alpha_6 \text{ofdi}_t \times \text{open}_t + \alpha_7 \text{ifdi}_t \times \text{open}_t + \alpha_8 \text{ofdi}_t \times \text{gdp}_t + \alpha_9 \text{ifdi}_t \times \text{gdp}_t$$
$$+ \alpha_{10} \text{ofdi}_t \times \text{mar}_t + \alpha_{11} \text{ifdi}_t \times \text{mar}_t + \alpha_{12} \text{ifdi}_t \times \text{ofdi}_t + \alpha_x X_t + \varepsilon_t \quad (5-11)$$

其中，y_t 表示产业结构升级及其三个维度，具体包括产业结构升级（upgrade）、产业结构合理化（tl）、产业结构服务化（service）和产业内部技术高级化（high），本节将对金融发展的产业结构升级效应进行细分，并进行具体分析。其余变量与上文介绍一致，不再重复叙述。至此，具体的估计模型如下：

$$\text{upgrade}_{x,t} = \alpha_0 + \alpha_1 y_{t-1} + \alpha_1 \text{ofdi}_t + \alpha_2 \text{ifdi}_t + \alpha_3 \text{ofdi}_t + \alpha_4 \text{ofdi}_t \times \text{fin}_t + \alpha_5 \text{ifdi}_t$$
$$\times \text{fin}_t + \alpha_6 \text{ofdi}_t \times \text{open}_t + \alpha_7 \text{ifdi}_t \times \text{open}_t + \alpha_8 \text{ofdi}_t \times \text{gov}_t + \alpha_9 \text{ifdi}_t$$
$$\times \text{gov}_t + \alpha_{10} \text{ofdi}_t \times \text{mar}_t + \alpha_{11} \text{ifdi}_t \times \text{mar}_t + \alpha_{12} \text{ifdi}_t \times \text{ofdi}_t + \alpha_x X_t + \varepsilon_t$$
$$(5-12)$$

$$\text{tl}_t = \alpha_0 + \alpha_1 y_{t-1} + \alpha_1 \text{ofdi}_t + \alpha_2 \text{ifdi}_t + \alpha_3 \text{ofdi}_t + \alpha_4 \text{ofdi}_t \times \text{fin}_t + \alpha_5 \text{ifdi}_t \times \text{fin}_t$$
$$+ \alpha_6 \text{ofdi}_t \times \text{open}_t + \alpha_7 \text{ifdi}_t \times \text{open}_t + \alpha_8 \text{ofdi}_t \times \text{gov}_t + \alpha_9 \text{ifdi}_t \times \text{gov}_t$$
$$+ \alpha_{10} \text{ofdi}_t \times \text{mar}_t + \alpha_{11} \text{ifdi}_t \times \text{mar}_t + \alpha_{12} \text{ifdi}_t \times \text{ofdi}_t + \alpha_x X_t + \varepsilon_t \quad (5-13)$$

$$\text{high}_t = \alpha_0 + \alpha_1 y_{t-1} + \alpha_1 \text{ofdi}_t + \alpha_2 \text{ifdi}_t + \alpha_3 \text{ofdi}_t + \alpha_4 \text{ofdi}_t \times \text{fin}_t + \alpha_5 \text{ifdi}_t$$
$$\times \text{fin}_t + \alpha_6 \text{ofdi}_t \times \text{open}_t + \alpha_7 \text{ifdi}_t \times \text{open}_t + \alpha_8 \text{ofdi}_t \times \text{gov}_t + \alpha_9 \text{ifdi}_t$$
$$\times \text{gov}_t + \alpha_{10} \text{ofdi}_t \times \text{mar}_t + \alpha_{11} \text{ifdi}_t \times \text{mar}_t + \alpha_{12} \text{ifdi}_t \times \text{ofdi}_t + \alpha_x X_t + \varepsilon_t$$
$$(5-14)$$

$$\begin{aligned}
service_t = &\alpha_0 + \alpha_1 y_{t-1} + \alpha_1 ofdi_t + \alpha_2 ifdi_t + \alpha_3 ofdi_t + \alpha_4 ofdi_t \times fin_t + \alpha_5 ifdi_t \\
&\times fin_t + \alpha_6 ofdi_t \times open_t + \alpha_7 ifdi_t \times open_t + \alpha_8 ofdi_t \times gov_t + \alpha_9 ifdi_t \\
&\times gov_t + \alpha_{10} ofdi_t \times mar_t + \alpha_{11} ifdi_t \times mar_t + \alpha_{12} ifdi_t \times ofdi_t + \alpha_x X_t + \varepsilon_t
\end{aligned}$$

$$(5-15)$$

其中，X_t 为控制变量，包括经济发展水平（gdp）、贸易开放水平（open）、金融发展水平（fin）、政府宏观调控（gov）以及市场化经济水平（mar）。

5.3.2.2 指标选取与数据来源

1. 金融发展水平

金融发展水平不仅体现在金融发展的规模，更体现在金融服务业的运转效率。因此本节选取金融发展效率，探讨金融发展对双向 FDI 产业结构升级效应的影响。拉文（Laeven，2005）指出，金融机构的贷款资金往往集中于国有政府部门与私人部门，其中私人部门的贷款越多，其金融发展效率越高，因此本节计划采用私人部门的金融贷款占 GDP 的比重（fin）来表示地区的金融发展效率。考虑到统计数据的缺陷，新疆并无按社会性质统计的金融贷款数据，因此本节借鉴李梅（2004）的方法，假定地区金融机构国有部门贷款与自身固定资产投资成正比，即私人贷款可以表示为全部贷款与非国有固定资产投资占比之积。具体的计算公式如下所示：

$$fin = \left(finall \times \frac{inv_s}{inv} \right) \Big/ GDP \qquad (5-16)$$

其中，fin 表示地区的金融发展效率，finall 表示金融机构总体贷款，inv_s 表示非国有固定资产投资，inv 表示社会固定投资总额，GDP 表示地区的国内生产总值。金融机构贷款余额数据来源于历年的《中国金融年鉴》，固定资产投资数据来源于历年《新疆统计年鉴》。

2. 贸易开放水平

贸易开放水平作为影响双向 FDI 驱动产业结构升级的制约因素，参考龚新蜀等人的观点，采用进出口贸易总额与国内生产总值的占比来表示，具体的计算公式如下所示：

$$open = (import \times outport)/GDP \qquad (5-17)$$

其中，open 表示新疆贸易开放水平，import 为新疆进口总额，outport 为新疆出口总额，GDP 为新疆历年地区生产总值。各指标数据均来源于历年《新疆统计年鉴》，将进出口总额按照当前平均利率进行换算处理，以 1990 年为基期，消除价格因素。

3. 政府宏观调控

政府财政影响（gov）。政府在经济活动中具有重要的角色，政府的发展战略是经济发展的重要方向，对双向 FDI 的宏观指导成为制约双向 FDI 的驱动效果的重要因素，本节选取政府财政支出占地区生产总值的比重进行衡量，指标数据来源于历年《新疆统计年鉴》。

4. 市场化程度

市场作为资源配置的决定性力量，在经济活动中扮演着支配性的地位。而市场经济发展水平，成为经济活动效率的重要因素，对双向 FDI 驱动效果存在重要影响，因此本节选取市场化程度（mar）来衡量新疆市场经济发展水平，其数据来源于王小鲁、樊纲的《中国分省份市场化指数报告（2016）》。

5.3.3 制约效果的实证分析

5.3.3.1 实证结果分析

本节采用 Stata 13 软件进行回归运算，为减少异方差可能对模型估计带来的影响，本节在回归中将非比值变量进行对数处理，计算结果如表 5 - 23 所示。

表 5 - 23　　　　　　　　　　制约效果的实证结果

变量	upgrade	tl	service	high
	Mod 1	Mod 2	Mod 3	Mod 4
y_{t-1}	0.598 ** (2.27)	- 0.067 (- 0.35)	0.631 ** (2.77)	0.805 *** (3.21)
ofdi	0.016 * (1.79)	- 0.372 *** (- 3.54)	0.114 * (1.80)	0.021 * (2.14)

续表

变量	upgrade	tl	service	high
	Mod 1	Mod 2	Mod 3	Mod 4
ifdi	0.023 (0.77)	-0.179 (-1.52)	0.018 * (1.83)	0.209 * (2.02)
ofdi × fin	0.106 (0.917)	-0.156 (-0.96)	0.048 ** (2.20)	0.051 ** (2.67)
ifdi × fin	0.011 * (1.87)	-0.040 (-0.51)	0.036 * (1.83)	0.132 * (1.91)
ofdi × open	-0.008 (0.90)	0.074 (0.56)	-0.048 (-1.00)	0.032 * (1.87)
ifdi × open	0.034 * (1.92)	-0.039 (-1.44)	0.018 (0.36)	0.042 * (1.89)
ofdi × gov	0.046 * (1.926)	-0.156 ** (-2.26)	0.048 (1.37)	0.049 ** (2.82)
ifdi × gov	-0.009 * (1.94)	0.052 (0.17)	-0.012 * (-1.94)	0.051 (1.85)
ofdi × mar	0.046 * (1.87)	-0.105 (-0.45)	0.048 * (1.79)	0.051 ** (1.98)
ifdi × mar	0.049 *** (2.87)	-0.152 (-0.97)	0.036 * (1.86)	0.072 * (2.01)
gdp	0.002 (0.10)	1.270 *** (5.36)	-0.461 ** (-2.62)	0.430 * (1.75)
fin	-0.022 (-0.81)	-0.923 * (-1.78)	0.083 (0.18)	-0.117 (-0.209)
open	-0.024 (-1.63)	-0.262 (-1.63)	-0.188 (-1.31)	-0.054 (-0.286)
mar	0.021 (1.04)	-0.035 (-1.51)	0.036 (0.97)	0.032 * (1.79)
gov	0.053 ** (2.33)	-0.171 ** (-2.96)	0.552 *** (3.07)	0.132 (0.566)
F	15.12 ***	21.18 ***	12.36 ***	21.74 ***
R²	0.918	0.940	0.902	0.942
Adj - R²	0.858	0.896	0.829	0.898

注：***、**、*分别表示在1%、5%、10%的水平下显著；括号内为 t 值。

观察表 5-23 双向 FDI 驱动产业结构升级的制约因素的回归结果，对外直接投资系数分别为 0.016、-0.372、0.114、0.021，并且均在 10% 内的显著水平下显著，对外直接投资与金融发展效率系数分别为 0.106、-0.156、0.048、0.051，除产业结构升级系数除外，其他三个维度系数均在 10% 的显著水平下显著，这表明对外直接投资对产业结构升级及其合理化、服务化、技术高级化方面均有显著的促进作用，而金融发展效率能够强化这种促进作用；外商直接投资系数分别为 0.023、-0.179、0.018、0.209，其中产业结构升级系数未通过 10% 的显著水平的显著检验，而外商直接投资与金融发展效率的交乘项系数分别为 0.011、-0.040、0.036、0.132，除模型 1 外，回归系数均通过了 10% 的显著水平的显著检验，这表明外商直接投资对新疆产业结构升级具有推动作用，尤其是在产业结构升级及其服务化与技术高级化方面具有显著的促进作用，而金融发展效率对这种促进作用，具有明显的推动作用。

贸易开放显著促进了新疆产业结构升级和技术高级化，并且对产业结构合理化产生了显著的负向阻碍作用，这与新疆的对外贸易的结构失衡具有紧密的联系，新疆对外出口仍是以资源密集型、劳动密集型以及低附加值产品为主，促进了本地这些落后产业的发展，对新疆产业合理化与服务化带来了一定程度上的阻碍作用。对外贸易水平与对外直接投资系数分别为 -0.008、0.074、-0.048、0.032，除了显著增强了对外直接投资对产业结构技术高级化的促进作用外，对外贸易水平阻碍了对外直接投资对产业结构升级及合理化与服务化的推动效用，其原因可能为新疆走出去仍然以对外贸易为主，与对外直接投资整体上仍然属于替代因素。对外贸易水平与外商直接投资的系数分别为 0.034、-0.039、0.018、0.042，表明对外贸易水平显著增强了外商直接投资的产业结构升级效应，外商直接投资加强了本地企业的发展，推动企业对外贸易的开展，进而增加了企业利润，从而吸引更多的外商直接投资的涌入，增强了其产业结构升级效应的发挥。

政府的宏观调控除对产业结构合理化产生了一定的阻碍作用之外，对产业结构升级的其他维度均有促进作用，这可能是政府长期的鼓励新疆资源型产业发展，依赖其资源矿产的粗放型经济增长方式，一定程度上阻碍了新疆产业合理化的进程。政府宏观调控与对外直接投资系数分别为 0.046、

-0.156、0.048、0.049，除了产业结构合理化结构中系数不显著除外，其他结果均在10%的显著水平下显著为正，这表明政府坚持"走出去"战略，大力鼓励企业进行对外直接投资，不仅推动了企业对外直接投资量的增长，也在不断引导企业优化对外直接投资结构，从而增强了双向 FDI 的产业结构升级效应。政府宏观调控与外商直接投资的系数分别为-0.009、0.052、-0.012、0.051，政府宏观调控除增强外商直接投资的产业结构高级化效应外，均起到了显著的削弱作用，其原因可能在于，新疆仍然处于对外开放的初级阶段，坚持"引进来"，大力吸收外商直接投资时，政府并未进行甄别，外商直接投资质量良莠不齐，产业和地区结构不合理，反而削弱了外商直接投资的产业结构升级效应，政府大量的引进外资对自身产业技术仍然有较为显著的促进作用。

市场化水平对产业结构升级均有积极的促进作用，但并未通过显著性检验，这表明市场化水平的促进作用仍然较低，其原因在于新疆市场经济水平较低，难以发挥足够的促进作用。市场化程度与对外直接投资的系数分别为0.046、-0.105、0.048、0.051，除产业结构合理化中系数并不显著外，市场化水平对对外直接投资的产业结构升级效应具有显著的催化效应，这表明新疆市场经济开始不断升高，开始发挥其经济效率"催化剂"的作用；市场化程度与外商直接投资系数分别为0.049、-0.152、0.036、0.072，其系数显著性大部分通过了10%的显著水平，这说明市场化程度升高同样对外商直接投资的产业结构升级效应具有显著的促进作用。

从其他控制变量来看，产业结构升级及其三个维度的滞后项对自身具有正向的促进作用，但是只有产业结构升级和产业结构技术高级化通过了显著水平检验，这表明新疆产业结构升级和技术高级化趋势较强，具有一定的升级惯性，然而产业结构合理化与服务化升级趋势容易发生短期偏离，对下一期的自身升级的影响具有并不显著的推动作用。经济发展水平对产业结构升级和技术高级化具有显著的促进作用，然而对合理化与服务化的影响尚不明显，这在一定程度上说明了经济发展质量依然不足。政府的财政影响除对产业结构合理化产生了一定的阻碍作用之外，对产业结构升级的其他维度均有促进作用，原因是政府长期的鼓励新疆资源型产业发展，依赖其资源矿产的粗放型经济增长方式，一定程度上阻碍了新疆产业合理化的进程。

5.3.3.2 稳健性检验

为了保证回归结果的稳健性和可信性，本节进行稳健性检验如下。

1. 替换变量指标

本书在衡量金融发展规模时采用地区金融机构存贷款余额与 GDP 之比为代表，考虑到中国以及新疆地区证券市场的不断发展，除银行融资外，向股票市场、证券市场的直接融资不断发展起来，融资市场呈现直接融资与间接融资并存的特点，因此本书对现有指标进行修正，采用地区存贷款余额与股市价值之和同地区生产总值之比作为衡量地区金融发展规模的指标；至于金融发展效率，本节借鉴张林（2016）的做法，采用金融机构贷款余额与存款余额之比作为衡量指标。

2. 滞后效应

考虑到时间序列变量可能存在的滞后效应，本节对金融发展和双向 FDI 进行滞后一期进行处理，分别回归，尽量包含可能存在的滞后效应，并克服一定的内生性。稳健性实证结果表明，无论是变量的指标变换，还是模型的重新设计，虽然结果略有差异，但是其系数方向与显著性水平等关键指标并没有发生本质变化，这表明前文的模型设计与实证结果具有较强的稳健性。

5.4　双向 FDI 驱动新疆产业结构升级的对策与保障体系

5.4.1　双向 FDI 驱动新疆产业结构升级的对策

新常态下，产业转型成为地区经济转型的必然趋势，新疆的可持续发展及产业结构升级也将成为重要途径。产业结构升级除自身的产业结构优化之外，还应注重其他因素影响，本节所论证的双向 FDI 是产业结构升级重要的影响因素，在"引进来"与"走出去"全面开放态势的背景下，应该充分发挥 OFDI 与 IFDI 的促进作用，本节接下来根据研究结果提出相应的政策建议。

5.4.1.1 坚持"引进来"，积极运用国际直接投资

1. 改善投资环境，增强吸收能力

外商直接投资是资本在利润导向下的全球配置行为，东道国的投资环境是能否吸引优质外商直接投资的前提条件。因此，着力改善新疆投资环境成为进一步引进外商直接投资的关键所在，其主要包括投资的硬环境和软环境。

（1）政府应坚持对基础产业和设施的投入与建设，为外商直接投资提供投资基础，降低其投资成本。另外，积极引导外商直接投资流入基础建设和设施产业之中，扩大开放领域，从而达到外商直接投资与投资环境相辅相成，相互促进。

（2）市场经济与"优惠政策"相结合。虽然纵观新疆外商直接投资发展水平，其依然处于对外开放的初中级阶段，投资环境与投资利润仍然难以有效吸引外商直接投资的引入，更何谈优质外资的利用。虽然国家已经宣布取消外商直接投资的"最惠"待遇，实现市场经济下公平竞争，但新疆由于其特殊区位与发展阶段仍然需要政策性的"优惠"来达到吸引外资的目的，因此应该将"政策优惠"与"市场经济"相结合。

（3）严格治理"三乱"，提升政府的工作效率。在全面规范现有收费的基础上，尽可能减少收费项目，并坚决抵制对外资的"乱检查""乱收费""乱摊派"的现象，降低外资的运营成本。并且增强政府工作的公正与公开，改进外资审批方法，在科学有效的前提下，简化审批流程，提高政府工作效率。

（4）完善外商直接投资相关法律法规。应在社会主义市场经济的特殊体制下，参照国际通行的规则与协定，抓紧修订基本的法律，将利用外资纳入到法制化和规范化的轨道中来。

2. 实行境外来疆直接投资的多元化与多样化战略

（1）吸收渠道的"多元化"。在继续引进我国香港、台湾以及现有国家的投资之外，尤其应加强同美国、俄罗斯、英国等科技发达的国家在科学产业领域的投资合作。发达国家，尤其是其中的跨国公司是世界外商直接投资主体，其技术含量也更高，因此新疆要提高境外来疆直接投资的数量和质量，就必须去引进更多更好的发达国家投资。

（2）吸收投资方式的"多样化"。在进行境外来疆投资的选择时，应该力求做到方式的多样化，这对于提升新疆吸收外资的数量、质量均具有一定的促进作用。在实际引进外资中，除了要继续做好合资、独资等方式的引进工作，更要依据国际惯例，在已有基础之上探索和创新引进方式。目前，新疆应该积极重点把握外商直接投资股份有限公司、外资特许经营项目以及利用收益权吸引外资的试点工作，并制定和完善相应的法律法规，将创新的外资活动纳入合法经营的轨道。同时，应该鼓励国有大中型企业对外资的多样化利用，通过外商直接投资从而吸收先进的管理经验，扩宽国外市场，进而改善国有大中型企业的经营管理体制和运行机制，促进新疆国有大型企业效率的提升。

3. 引导外商直接投资投向，优化投资结构

（1）优化外商直接投资的产业结构。"十三五"作为新疆发展的又一个重要时期，理应抓住丝绸之路经济带战略与深化改革开放的发展机遇，实现新疆经济的跨越式发展，而其中产业结构升级则是重要途径。现阶段外商直接投资大部分集中于制造业以及资源性产业，基础产业、现代服务业以及高新技术产业数量仍然较小。为此，新疆应根据当前国家产业政策和新疆本地结构调整的需求，在做好常规的外商投资引进工作的同时，应该根据新疆资源型产业发达，现代服务业基础薄弱等特点，在产业规划的基础之上，制定外商直接投资产业投资目录，明确鼓励、限制和禁止投资的行业，并利用政策性优惠将外商直接投资不断引入到基础产业、基础设施的发展，高新技术产业的支持与培育，现代服务业的推进，以及资源型产业的技术提升等方面，从而不断通过外商直接投资，优化新疆产业结构升级。

（2）完善外商直接投资的地区结构。党的十九大报告指出，中国特色社会主义进入新时代，我国社会主要矛盾已经转化为人民日益增长的美好生活需求和不平衡不充分的发展之间的矛盾。因此，实现地区经济的平衡协调发展成为新时期新疆经济发展的重要目标。从现阶段来看，新疆北疆、南疆、东疆发展差异巨大，地区间的不平衡发展矛盾突出，因此，应该合理引导外商直接投资的布局，改变现阶段外资过分集中于"乌鲁木齐—昌吉—石河子"等北疆经济圈中，通过税收减免、建房设厂等优惠，引导外商直接投资进行合理的空间布局，鼓励外资投资投向乌鲁木齐之外的其他地区，尤其是

南疆地区，通过发展南疆地区的基础设施、服务医疗、现代教育、产业发展等行业，缩小地区间的发展差距，从而促进新疆各地区经济的平衡发展。

总之，新疆应该不断完善招商引资政策，制定外商直接投资的投资目录与相关规定，着力引进外商直接投资的同时，优化外商直接投资的结构，通过政策鼓励，积极引导外商直接投资投向现代服务业、基础设施产业等，并优化投资布局，合理布局外商直接投资在南疆的分布，从而更好地促进新疆的产业结构升级和区域协调发展。

5.4.1.2 坚持"走出去"，提升并优化对外直接投资

1. 政府加强引导，完善投资信息等服务体系

随着供给侧改革的呼声不断加大，产能过剩业已成为亟待解决的问题。对外直接投资也开始承担转移相对过剩的生产能力以及引进先进经验技术、开发国际市场的双重任务，进而推动我国的产业结构升级。因此，企业对外直接投资已经远非企业单独的资本转移行为，政府应该根据自身实际情况，结合他国成功指导经验，对企业的对外直接投资进行战略上的宏观调控，从而将企业利益与国家利益相结合，在让企业获利，增强国际竞争力的同时，保障国家利益，推动本地的产业结构升级。

具体而言，政府应该充分发挥自身优势，进行对外直接投资的总体规划、做好对外直接投资中的组织、协调、监督以及保障工作，建立健全对外直接投资的相关法律规定，完善相应的扶持力度，从而真正从国家战略层面营造良好的对外直接投资的环境，促进本地企业踊跃地"走出去"。

2. 企业合理规划，提升对外投资数量和质量

良好的投资环境与坚实的社会保障固然是对外直接投资的重要动力，但企业作为对外直接投资的主体，其自身的发展成为对外直接投资的关键。企业在对外直接投资的过程中，只有具备良好的自身实力、先进的管理水平以及良好的外部保障，投资在合适的战略项目之上，才能保障企业对外直接投资的成功。

（1）提升本地企业创新能力和国际竞争力

加快本地企业技术升级与创新，加强企业对外直接投资的核心竞争力。企业在进行走出去的过程中，应该始终以技术升级创新为竞争手段。应该加

快科研技术的研发投入，重视自身技术创新与成果转化，并且应该积极地同高校科研院所进行研究，不断提高自身技术竞争优势；另外要将管理创新提升到重要地位，提高企业的生产能力与经营效率，全面提升企业的产品质量，为企业走出去提供良好的产品基础。

（2）鼓励中小企业"走出去"，扩大对外直接投资数量

目前，新疆对外直接投资中大中型企业仍为主体，民营及中小型企业的投资比重仍然较低。但是，中小型企业作为经济发展的重要力量，吸引就业的"主力军"，其自身的发展和走出去，对新疆经济的协调发展有重要的推动作用。因此，应该积极鼓励中小型企业走出去，充分发挥其船小好调头，效率较高，市场信息敏锐等优势，乘着深化对外开放战略的东风，积极开展对外直接投资，从而提升自身综合素质，提升经济效益，进一步促进疆内经济发展和居民就业，从而间接促进新疆产业结构升级。

3. 注重风险控制和区位选择

新疆企业在进行对外直接投资中应该重视对境外投资的环境风险调查，做好投资项目的可行性分析。在了解自身资金能力、产品定位等自身状况的基础上，对投资国家的文化、政治、经济环境做详细调查。在投资过程中，应该实时进行信息的完善，加强对投资项目的风险控制；在投资完成之后，"稳扎稳打"，以本地化战略做好企业投资的跨国管理以及风险防范。

新疆企业对外直接投资应该选择适合自身发展的投资区位。根据投资动机选择合适的投资地区，降低投资风险。对于技术与战略资源为目的的对外直接投资，将投资地区选择在欧盟、北美、日本等地区较为合适，这些地区技术先进，科研研发团队充足，品牌效应强，能够更好地获得技术和品牌等战略资源；对于资源需求类对外投资，应该多布局在资源丰富的澳洲、非洲以及南美洲等地，通过对外直接投资缓解本国的资源紧张与贸易限制；对于市场获取型的对外投资，选择非洲、东南亚等新兴市场较为合适，能够有效地拓宽企业的国际市场。

4. 明确对外直接投资动机，优化投资结构

首先，积极推动效率寻求型对外直接投资的发展，通过引导夕阳产业的转移解决产能过剩；其次，鼓励国内企业加大研发投入，提升技术吸收和自主研发能力，充分、有效发挥市场寻求型、战略资产寻求型对外直接投资的

母国产业结构升级效应；最后，深化国有企业改革，构建合理的资源配置机制，引导资源寻求型投资对我国产业结构升级产生正向影响。

5.4.1.3 坚持"引进来"与"走出去"协调发展

1. 促进对外直接投资发展，以境外来疆直接投资为助力

当前新疆处于境外来疆直接投资与对外直接投资尚未形成良性互动的状态，外商直接投资能够促进对外直接投资发展，而对外直接投资尚不能促进外商直接投资的发展。因此，新疆应该抓紧引进优质的外商直接投资，发挥其溢出效应，将外商直接投资作为促进对外直接投资的强大动力。

2. 坚持境外来疆直接投资与对外直接投资的数量均衡

注重双向 FDI 在全局上的有机融合，坚持"引进来"与"走出去"协调发展，充分发挥两者在资源配置和产业结构升级上的推动作用。充分发挥地方政府的引导作用，及时调整相关政策措施，因势利导处理好各产业内和产业间 IFDI 与 OFDI 的协调关系，努力实现双向 FDI 交互作用对产业结构升级"1 + 1 > 2"的强化作用。

3. 做到"引进来"与"走出去"的相互促进

当前，新疆双向 FDI 并不存在理论上的相互促进关系。因此，如何发挥其良性互动关系成为新疆进一步对外开放战略实施的重点。首先，要优化境外来疆直接投资结构，改变其行业投资结构单一问题，进一步促进新疆技术水平和竞争力的提升，从而促进新疆整体对外直接投资的发展；其次，要大力促进新疆对外直接投资的发展，充分发挥对外直接投资对境外来疆直接投资的溢出效应，通过对境外来疆投资环境的改善、政治关系的提升、投资经验的提升等途径，吸引更多优质的外商直接投资；最后，应大力提升国内的经济政治环境，提供完善的法律保障，以及政府的外部保障，从而加快双向FDI 的良性循环，在推动产业结构升级的同时，减少"产业空心化"的可能。

5.4.2 双向 FDI 驱动新疆产业结构升级的保障体系

5.4.2.1 加深对外开放，优化外贸结构

新疆对外贸易水平与双向 FDI 关系密不可分。当前，新疆进出口商品均

以劳动密集型和资源密集型为主，与新疆双向 FDI 的结构较为类似。如何实现对外贸易与新疆外商直接投资和对外直接投资的协调发展，成为实现双向 FDI 驱动新疆产业结构升级的重要保障。

1. 扩大对外贸易水平

对外贸易作为对外开放的重要途径，不仅能通过外贸商品的技术溢出，提升本地技术升级，释放本地产能过剩，也能通过加深与世界市场的经济联系，熟悉国际市场的运行规则与投资环境，从而不仅能为企业对外直接投资提供基础条件，促进出口企业对外直接投资，也能让本地企业加深国际市场资本运行规则，能够更好地识别与对待境外来疆直接投资，取其精华去其糟粕，更好地促进双向 FDI 的产业结构升级效应的发挥。

2. 优化新疆进出口商品结构

新疆出口商品结构与双向 FDI 联系密切。出口结构的优化能够反过来促进产业结构升级的速度。通过我国出口商品结构的优化，从而促进本地技术与资本密集型产业的发展，增强企业对外直接投资的能力，倒逼企业扩大技术与市场寻求性的对外直接投资，促进新疆对外直接投资结构的优化。另外，鼓励出口商品结构升级能够倒逼境外来疆投资更多地投向资本与技术密集型产业，优化境外来疆直接投资的行业结构。最终，促进双向 FDI 驱动产业结构升级效应的发挥。

新疆进口商品结构与双向 FDI 联系同样密切。通过加快资本技术密集型产品的进口，其技术溢出效应不仅能与双向 FDI 技术溢出相辅相成，相互促进，也能通过与国际先进技术的紧密联系，为吸引境外来疆直接投资和对外直接投资提供基础条件。

5.4.2.2 完善市场体系，推进市场化进程

市场在资源配置中起决定性地位。因此，健全社会主义市场经济体制、保障双向 FDI 驱动新疆产业结构升级也必须遵循这条规律，重点解决市场本身体系不健全，以及政府在市场中的过度干预与监管不足的问题，从而保障双向 FDI 在市场经济中充分发挥自身产业结构升级的推动作用。

1. 建立健全市场体系

从"统一、开放"的要求来看，新疆尚没有形成统一和开放的市场。首

先，政府行政切割市场的问题仍然突出，阻碍了市场内在机制的发育和市场整体功能的生成；其次，新疆城乡二元市场问题突出；再其次，新疆处在对外开放的风口浪尖，其市场的双向开放面临重大挑战；最后，从"竞争、有序"的要求来看，新疆市场不充分竞争、过度竞争和不当竞争问题比较突出，其中不规范交易行为屡禁不止，信用体系建设滞后，并且市场化组织程度偏低。因此，应该做出如下努力：

第一，继续深化国有企业改革，明晰改革重点，加快国有企业产权明晰、自主经营的过程，从而真正提升国有企业市场主体的国际竞争力，为双向 FDI 提供主体引导。

第二，改革价格体系，完善价格形成机制。加强市场在资源配置中起决定性作用的地位，遵守市场经济中的供求规律和价值规律，减少行政干预引起的要素价格的背离，从而保障新疆市场经济的正常发育。

第三，加强市场的法制化建设，使政府调节与干预都有法可依，尽量减少政府的不公正干预，推动市场经济的健康运转，为双向 FDI 推动新疆产业结构升级提供良好的经济环境。

2. 减少政府干预，加快政府职能转变

强化市场职能。政府在调节市场时首先要做到有法可依，重点应该解决目前法律上和市场上的制度规范问题。另外，应该针对市场中的违法乱纪行为，加强监管力度，维护市场正常的运转秩序；转变政府管理方式。突出政府在宏观调节的导向作用，变直接干预市场为间接引导市场，充分发挥市场在资源配置中的决定性作用。加强公共服务，完善国内经济发展的硬环境，优化软环境，从而为企业良好运转提供外部保障。

5.4.2.3 加强顶层设计，打造有为政府

市场作用和政府作用的职能是不同的，推进市场化进程与加强政府宏观调控也并不冲突。在保障双向 FDI 驱动新疆产业结构升级时，应加强调政府的顶层设计，打造有为政府，充分发挥社会主义市场经济的体制优势。

1. 顶层设计

新疆成为丝绸之路经济带的核心区，是向西开放的"桥头堡"。深处深层次对外开放的"风口浪尖"，新疆自身的对外开放水平却仍然处于较为初

级的阶段，如何确保新疆科学平稳的实现对外开放，成为自治区政府对外开放的难题。新疆政府应该在深入实际的情况下，根据自身对外开放的现实、条件与弱势，进行顶层设计。目前新疆境外来疆直接投资快速涌入，对外直接投资虽然快速增长，但仍然处于初级阶段，因此新疆应该明确自身阶段，针对现状，加强对外商直接投资的甄别与引入，提出自身对外开放的发展战略：以"引进来"为主体，促进"走出去"，从而实现"引进来"与"走出去"的协调发展。

2. 优化投资结构

企业对外直接投资的短期利益与地区产业结构升级的长期利益，往往会出现暂时的矛盾，因此，政府应该积极进行协调。对境外来疆直接投资与对外直接投资的地区与投资行业进行指导，积极引导对外直接投资投向发达国家以吸收先进的技术与管理经验。投向新兴市场国家，实现自身产能过剩的转移和全球市场的竞争，积极引导外商直接投资投向新疆基础设施、教育产业等基础行业和资源能源性产业，改变新疆整体的投资环境，提升新疆资源型产业的技术水平，积极引导外资投向南疆等地区，促进地区间的协调发展。而且，针对新疆脆弱的自热环境，应该对境外来疆直接投资进行科学的甄别，在实现自身经济发展和产业结构升级的同时，保护好自然环境。

5.4.2.4 促进金融发展，提升金融服务效率

1. 完善金融体系，积极扩大金融发展规模

金融发展涉及多个方面，银行、保险、证券等行业均为金融改革与发展的途径，新疆处于丝绸之路经济战略的核心区，更应该抓住发展的机遇，利用供给侧改革的风向标，全方面、大力度推进新疆金融核心改革，优化新疆金融服务体系，协调好金融各个行业之间的协调发展，从而为其他行业的稳健发展提供充足的资金支持，更好地服务于新疆实体经济的发展，为新疆的产业结构升级和可持续发展提供坚实的保障。完善金融体系，扩大金融发展规模，只有促进各自独立的发展，统筹兼顾，才能实现金融三大产业全方位的有序发展。

2. 构建多元化信贷市场，提升金融发展效率

金融发展效率是评价金融业发展质量，尤其是银行运行效率的重要指标。

在合理的借贷风险下，金融发展效率越高，资金流动速度越快，资金在社会经济发展中的功能才能发挥得越充分。因此，构建多元化信贷市场，提升金融发展效率成为双向 FDI 驱动新疆产业结构升级的重要保障。

（1）提高信贷资产质量。信贷资产质量是银行业提升自身经营效率的关键，在盘活银行内部资金的前提下，确保高质量的资产是银行得以发展，对外授信的前提，只有银行自身具有充足高质量的流动资金，才能保障资金能在社会中有效顺畅的流转，发挥资金的经济效益。只有银行自身效率的提升，才能以最低的成本为双向 FDI 驱动新疆产业结构升级提供源源不断的高质量资金支持。

（2）调整信贷资本结构。资金是有限的，合理的资金分配是金融机构提升自身运营效率的重要途径。金融机构也应该紧跟对外开放与产业结构升级的步伐，支持国家重点培育的经济活动和产业，时刻关注双向 FDI 的资金需求和产业融资需求。贯彻行业的信贷政策，将有限的资金合理配置，将更多的信贷资金更多地分配在高新技术产业和服务行业，重点支持对外开放活动。

（3）创新信贷工具。金融机构应该立足当前对外开放的整体形势，尽量满足外商直接投资与对外直接投资经济活动的融资需求，创造有特色的信贷工具，在控制坏账率、呆账率等经营风险的前提下，为信用好、发展潜力大的中小微企业稍微放低融资门槛，解决其对外直接投资的"资金短缺"问题，推动企业走出去，从而保证双向 FDI 驱动新疆产业结构升级效应的充分发挥。

3. 健全多层次资本市场，完善金融发展结构

多层次资本市场主要体现在资本市场中主板、中小板、创业板、场外交易等多种市场并存的资本市场结构。随着我国多层次资本市场建设不断推进，资本市场的多样化需求不断被满足，针对大、中、小型企业提供针对性的融资平台和金融服务，金字塔形资本市场结构正逐渐形成。因此，新疆应努力增强产业发展，大力培育疆内的直接融资体系，从而增强疆内金融服务效率，从而保障双向 FDI 驱动新疆产业结构的顺利进行。首先，加快企业重组，培育优势主导企业在主板市场上市，根据当前新疆产业发展政策和对外开放的经济战略，确定重点融资产业和相关企业，积极培育有潜力的企业上市。其

次，大力发展产业投资，鼓励高新技术产业在二板市场上市。新疆产业结构升级，高新技术产业的发展仍然是其主要发展方向，随着产业间联系不断增强，高新技术产业对传统产业的溢出作用不断显现，并且不断推动第三产业中诸如信息服务产业、电子商务产业的发展。因此，新疆应大力推动高新技术产业企业的上市融资，通过支持此类企业的发展，减少其在经济活动中的资金制约，有利于其对外经济活动的顺利开展，从而保障新疆产业结构升级。

4. 加强政策性金融支持，提升对新疆对外开放的扶持力度

政策性金融是弥补市场经济非均衡发展的重要举措。新疆作为丝绸之路经济带的核心区，作为国家向西开放的"桥头堡"，具有重要的战略地位，但是其经济发展仍然较为落后，无法满足国家整体战略的需求，应该向国家争取政策性的经济支持和特殊的金融支持，为新疆对外开放和产业结构升级提供充足的发展资金。一方面，应该争取国家财政部门对新疆对外开放和产业发展更多的专项金融支持；另一方面，新疆也应该积极开发新疆政策性的筹资渠道，积极运用社保基金以及相关的民间金融资本进行政策性的转型扶植，从而真正保障新疆对外开放战略和产业结构升级的顺利进行。

第六章

新疆产业结构转型的环境效应及调控研究

6.1 新疆产业结构转型及生态环境状况

6.1.1 新疆产业结构转型状况

6.1.1.1 新疆整体产业结构现状分析

由于新疆经济发展迅速,新疆产业结构也发生了较大的变化。1980～2013 年,我们可以看到新疆第二产业、第三产业发展较快,二产比重在波动中上升,三产比重处于缓慢上升状态,第一产业产值比重不断下降,2013 年产值比重为 17.6%:45%:37.4%。

从图 6-1 中可以看出:1980～2013 年间,新疆产业结构经历了多次转型,从 1980 年的"一、二、三"结构类型逐渐转变为近年的"二、三、一"结构。新疆产业结构向合理化和高级化进行转变,经济导向由农业向工业进行转变,第二产业和第三产业逐步在经济发展中占据主导地位,农业地位逐渐下降。三产比重变动幅度较大,其中第一产业变动最大,从 1980 年的 40.43% 下降到 2013 年的 17.6%;第三产业紧随其后,从 1980 年的 19.31% 增加到 2013 年的 37.4%;第二产业最小,从 1980 年的 40.26% 增加到 2013 年的 45%;新疆经济增长主要依靠第二产业的带动,全区产业结构优化的重点在于不断深化第二产业,精化第一产业,加快第三产业的发展,注重三大产业的协调发展,向代表更高经济发展水平的"二、三、一"的产业结构不断转变。

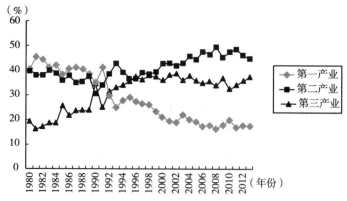

图 6-1 1980~2013 年新疆三次产业结构变动轨迹

资料来源：历年《新疆统计年鉴》。

6.1.1.2 新疆产业内部结构动态分析

1. 第一产业

如图 6-2 所示，根据 1980~2013 年新疆第一产业内部结构变化来看，第一产业内部结构稳定，其中农业和牧业产值比重之和一直在 70% 以上，在第一产业中始终占据重要位置，林业基本维持在 2% 左右，渔业比重微小，农牧业在新疆第一产业中占有重要地位。

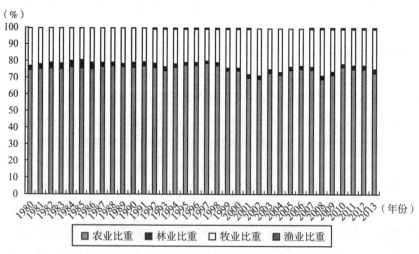

图 6-2 1980~2013 年新疆第一产业内部结构比重变化

资料来源：根据历年《新疆统计年鉴》数据计算而得。

2. 第二产业

根据新疆第二产业内部结构比重变化图（图6－3）来看，1980～2013 年新疆第二产业内部结构变化明显，从第二产业来看，重工业不断增加，占据主导地位，轻工业不断减少，建筑业发展平稳基本维持在20% 左右；从工业角度来看，新疆轻重工业在1980～2013 年间比重变化明显，其中重工业比例处于缓慢上升趋势，而轻工业比例处于缓慢下降趋势，反映出当前新疆轻重工业比例发展严重失衡。

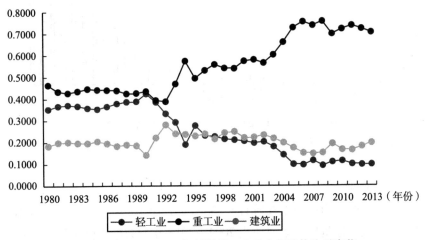

图6－3 1980～2013 年新疆第二产业内部结构比重变化

资料来源：根据历年《新疆统计年鉴》和《新疆五十年》数据计算而得。

新疆工业发展大致可以分为：1980～1990 年改革开放初期，改革初显成效，工业经济处于调整准备时期；1991～2000 年蓄势待发时期，此阶段改革开放成效开始显现，工业生产经营形势良好，新疆工业经济发展稳定，工业总产值由1991 年的280. 6 亿元增长到2000 年的852. 01 亿元；2001～2013 年快速发展时期，随着中央新疆工作座谈会的召开，专门针对新疆经济建设做出了重要讨论，为新疆的经济发展带来了前所未有的机遇。这一阶段新疆工业快速发展，工业总产值由2001 年的1084. 22 亿元增长到9121. 22 亿元，年均增速19. 42%，工业化进程不断推进（见图6－4）。

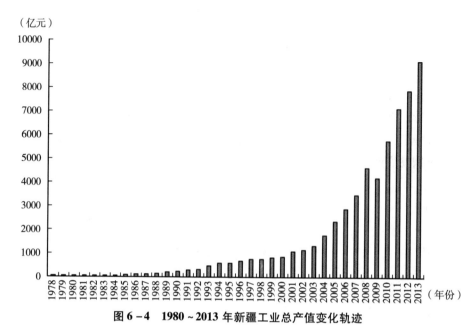

图 6 - 4　1980 ~ 2013 年新疆工业总产值变化轨迹

资料来源：历年《新疆统计年鉴》。

3. 第三产业

由于第三产业内部数据在统计年鉴中部分年限统计口径不一，考虑统计数据的统一性和连贯性，本节使用 2004 ~ 2013 年的数据来分析第三产业内部细分产业的变动情况。

从图 6 -5 中我们可以看出新疆第三产业主要是以交通运输业、批发零售业、金融业等传统产业为主，而信息传输、计算机服务和软件业、住宿和餐饮业所占比重较小，且近年来都出现了一定程度的下滑。金融业、公共管理和社会组织业近年来产值比重上升趋势明显，分别由 2004 年的 8.44% 和 14.35% 增长到 2013 年的 13.49% 和 19.85%。说明现阶段新疆基础设施薄弱，仍需继续加强投资建设力度，特别应该注重计算机服务等新兴技术产业的投入，大力发展现代服务业。

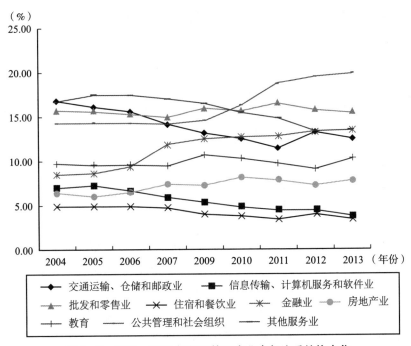

图 6 - 5　2004 ~ 2013 年新疆第三产业内部比重结构变化

注：因历年《新疆统计年鉴》无 2008 年数据，故本图亦做缺失处理。
资料来源：根据历年《新疆统计年鉴》数据计算而得。

6.1.1.3　新疆产业结构转型特征分析

1980 年新疆的产业结构类型表现为"一、二、三"，1995 年转变成"二、三、一"的格局，随着我国深化改革力度的不断加大，新疆第二产业得以快速发展，工业化程度实现逐步提升，产业结构不断趋向合理。从表 6 - 1 我们可以看到，虽然新疆产业结构已从改革开放初期的"一、二、三"转变为现阶段的"二、三、一"，但三次产业波动比较大，整体产业结构转型进程慢于全国，为了详细说明新疆三次产业结构转型的特征，我们对 1980 ~ 2013 年间的新疆产业转型系数 θ 进行了计算。

$$\theta = \arccos\left[\sum_{i=1}^{n} s_i(t_1) \cdot s_i(t_2) \Big/ \sqrt{\sum_{i=1}^{n} s_i(t_1)^2 \cdot \sum_{i=1}^{n} s_i(t_2)^2} \right] \quad (6-1)$$

其中 θ 是某地区 t_1 到 t_2 时段内产业转型的系数，$S_i(t_1)$ 是 t_1 时期 i 产业的产值比重，$S_i(t_2)$ 是 t_2 时期 i 产业的产值比重，$S_i(t)$ 取百分值乘以 100。

$\theta \in [0,90]$，θ 取值越靠近 90 度，表明该地区在 t_1 到 t_2 这段时间产业结构变化的幅度越大。

表 6 - 1   1980 ~ 2013 年新疆 GDP 构成比例   单位：%

年份	1980	1985	1990	1995	2000	2005	2010	2013
第一产业	40.4	38.2	34.7	29.2	21.1	19.6	19.9	17.6
第二产业	40.3	36.1	30.7	36.7	43.0	44.7	47.7	45.0
第三产业	19.3	25.7	34.7	35.6	35.9	35.7	32.5	37.4

资料来源：历年《新疆统计年鉴》。

根据表 6 - 2 的计算结果，我们可以看到新疆产业转型大体上在波动中呈现出加速的态势，大致可分为三个阶段：第一阶段（1980 ~ 2000 年）是产业转型前的剧烈变动期，一产产值比例不断下降，二产和三产不断增加，此阶段受改革开放政策和西部大开发战略的影响，三次产业转型系数不断增加，表明新疆产业发展处于剧烈变动时期；第二阶段（2000 ~ 2005 年）为产业转型后的过渡适应期，三次产业发展平稳，波动不大；第三阶段（2005 年以后）为产业转型后的快速发展时期，前期实行的各种产业政策在此阶段显示出了一定的效果，新疆产业转型幅度增大，转型速度进一步提升，2013 年产业结构产值比例为"17.6% : 45.0% : 37.4%"。

表 6 - 2   1980 ~ 2013 年新疆三次产业转型系数   单位：度

研究期（年）	1980 ~ 1985	1985 ~ 1990	1990 ~ 1995	1995 ~ 2000	2000 ~ 2005	2005 ~ 2010	2010 ~ 2013
θ	7.5	10.89	7.99	9.86	2.1	4.11	5.68

资料来源：根据历年《新疆统计年鉴》计算而得。

6.1.2 新疆生态环境状况

随着经济的不断发展，产业结构也在不断进行改变。产业结构与生态环境变化联系紧密，产业结构的转变会对生态环境造成显著影响，生态环境的变化同样也会作用于产业结构的调整变动。本节从水环境、大气环境、固体环境三个角度出发评价环境质量，但是受数据统计的约束，本节仅选取对生态环境破坏性强的污染物，主要分析工业对生态环境造成的污染破坏。

6.1.2.1 水环境状况

如图 6 - 6 所示，自 1985 年以来，新疆工业废水排放量基本都在 15000 万吨上下波动。工业废水排放量变化情况大致经历两个时期，1985 ~ 2000 年处于缓慢加速时期，废水排放量从 13060 万吨增加到 15365 万吨，增速较为缓慢。此后 2001 ~ 2013 年增速明显提升，由 2001 年的 16797 万吨增加到 2013 年的 34700 万吨，平均年排放量 22667 万吨，年增速 6.23%，主要原因是近年来新疆工业发展迅速，但工业发展方式粗放，污染治理水平有限。

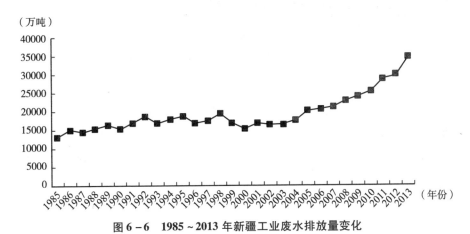

图 6 - 6 1985 ~ 2013 年新疆工业废水排放量变化

资料来源：历年《新疆统计年鉴》。

6.1.2.2 大气环境状况

如图 6 - 7 所示，自 1985 年以来，新疆工业废气排放总量不断增加，从 1985 年的 744 万标立方米增加到 2013 年的 19971 万标立方米，年增速达 12.47%。如图 6 - 8 所示，新疆工业粉尘排放量呈现波动性变化特征，1985 ~ 1991 年处于下降趋势，由 180000 吨降为 80000 吨，每年平均减少 16667 吨；1992 年到 2003 年变化比较反复，2003 年以后就一直呈现增加的趋势，其中

2003～2010 年上升缓慢，由 158028 吨增长到 185000 吨，2010 年以后增长幅度加大，2013 年激增到 663300 吨。

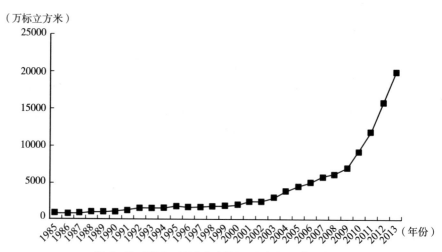

图 6 - 7　1985～2013 年新疆工业废气排放量变化

资料来源：历年《新疆统计年鉴》。

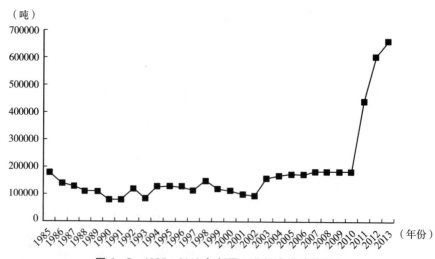

图 6 - 8　1985～2013 年新疆工业粉尘排放量变化

资料来源：历年《新疆统计年鉴》。

6.1.2.3 固体环境状况

如图 6-9 所示，新疆工业固体废弃物产生量总体上呈上升趋势变化。工业固体废弃物的产生量大致可以分为两个阶段，从 1985~2002 年工业固体废弃物的产生量呈平稳上升的趋势，2003~2013 年工业固体废弃物产生量增长幅度变大，由 1129 万吨增长到 9283 万吨，年均增速 26.37%。

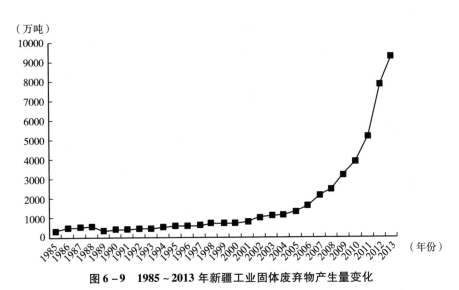

图 6-9　1985~2013 年新疆工业固体废弃物产生量变化

资料来源：历年《新疆统计年鉴》。

6.1.3　新疆产业发展的生态环境影响状况

6.1.3.1　第一产业对生态环境的影响状况

第一产业对环境的影响有利有弊。一方面第一产业中林业、种植业多是以绿色植物为主，可以增加绿化面积，提供生态保障。新疆拥有良好的农业生产条件，近年来随着经济的不断发展以及产业结构的不断转型升级，新疆农业稳定发展，初步形成了特色的农业产业集群，农业生产规模不断扩大，农业结构得到了优化。建设了一些节水生态农业示范基地，如在克拉玛依和石河子地区实验了多种节水材料以及灌溉方式，不但改善了当地农业生产条件，还节约了大量的水资源。2000年开始实施退耕还林工作，鼓励种树，到2013年新疆森林面积达到698.25万公顷，森林覆盖率也由1.92%增加到4.24%；水土流失也得到了初步的治理，2013年总计治理水土流失面积992.85千公顷，取得了一定的环境效益。另一方面第一产业由于自身产业发展特点对水、土地等自然资源需求较大，由于不合理的生产方式会造成土壤板结、农业化学污染、草场退化等问题，给生态环境也造成一定的负面影响。如表6-3所示，新疆在发展种植业的过程中，为了增加农作物产量、防止虫害，大量开垦土地，使用农药、化肥以及地膜。2013年单位面积耕地化肥使用量高达393.82公斤、单位面积耕地农药使用量达4.12公斤、单位面积地膜使用量达34.07公斤，分别比1990年增加2.11、5.24、2.27倍。1990~2013年新疆单位面积化肥使用量、农药使用量年平均增长率可达5.05%、8.29%，而正常条件下，农业化肥综合利用率大概在30%左右，其余未被利用的部分以及农药残余会随着雨水和灌溉溶解到土地里，严重污染土壤和地下水。2013年新疆农用塑料地膜使用量可达到每公顷34.07公斤，年均增长率5.28%，但新疆废旧地膜回收严重滞后，仍有大量地膜残留在农田里，长期不能降解，造成农田"白色污染"，严重影响土壤质量。

表6-3　　　　　　1990~2013年新疆化肥、农药以及地膜使用情况　　单位：公斤/公顷

年份	单位面积耕地化肥使用量	单位面积耕地农药使用量	单位面积耕地地膜使用量
1990	126.77	0.66	10.43
1991	155.78	2.05	10.37
1992	167.29	1.43	13.10
1993	162.32	2.14	12.46
1994	183.17	0.25	18.25
1995	213.49	2.87	16.23
1996	243.37	3.55	20.14
1997	259.54	3.98	22.67
1998	273.63	3.97	27.72

续表

年份	单位面积耕地化肥使用量	单位面积耕地农药使用量	单位面积耕地地膜使用量
1999	231.48	3.79	24.33
2000	231.81	3.98	24.00
2001	242.20	3.66	28.14
2002	250.55	3.42	26.47
2003	273.81	3.72	26.90
2004	248.89	3.09	23.85
2005	270.47	3.65	25.64
2006	328.53	4.28	31.17
2007	319.70	4.03	30.32
2008	361.00	4.45	36.15
2009	378.95	4.40	32.59
2010	406.34	4.41	34.78
2011	445.33	4.69	37.84
2012	374.31	3.86	30.96
2013	393.82	4.12	34.07

资料来源：数据根据历年《新疆统计年鉴》计算而得。

6.1.3.2 第二产业对生态环境的影响状况

第二产业可以有效地促进经济发展，但其自身生产特点决定了其能源消耗水平以及污染物的排放要远大于第一产业和第三产业，新疆工业主要以重工业为主，是以消耗大量能源、矿产等不可再生资源为代价，产生大量的工业污染物，西部大开发战略实施以来，新疆重工业发展趋势明显，这种工业结构严重影响生态环境。

资源使用的类型、加工的方式、密集程度等多种因素的不同，造成第二产业内各行业对生态环境的影响也各不相同。如表6-4、表6-5和表6-6所示，从新疆工业重点企业排放污染物来看，煤炭开采和洗选业、黑色金属矿采选业等排放大量的固体废弃物，电力、热力的生产和供应业、黑色金属冶炼及压延加工业等排放大量的工业废气，化学纤维制造业、化学原料及化学制品制造业等排放大量的工业废水，多数污染集中在资源密集型行业，当前新疆工业仍以石油化工、金属矿产开采、电力等作为支柱产业，重工业比重高达70%，而农副产品加工、纺织业等资源消耗以及污染较小的行业发展较为缓慢，这种高耗能、高污染的工业结构给新疆生态环境造成了极大的威胁。

表6-4　　　　　　　　2013年新疆重点工业企业固体废弃物排放量

行业类别	一般工业固体废弃物排放量/t×(万元)⁻¹
合计	1. 1083
煤炭开采和洗选业	0. 2907
黑色金属矿采选业	0. 2850
有色金属矿采选业	0. 1207
农副产品加工业	0. 0064
食品制造业	0. 0031
纺织业	0. 0004
化学原料及化学制品制造业	0. 0821
非金属矿物制品业	0. 0337
黑色金属冶炼及压延加工业	0. 0972
电力、热力的生产和供应业	0. 1168
其他行业	0. 0723

资料来源：《新疆统计年鉴2013》。

表6-5　　　　　　　　2013年新疆重点工业企业工业废气排放量

行业类别	工业废气排放量/米³×(万元)⁻¹
合计	23887. 9147
黑色金属矿采选业	60. 6322
有色金属矿采选业	45. 2260
农副产品加工业	141. 5749
造纸及纸制品业	35. 5492

行业类别	工业废气排放量/米^3×(万元)$^{-1}$
石油加工、炼焦及核燃料加工业	1686.2195
化学原料及化学制品制造业	1929.8848
非金属矿物制品业	4169.1148
水泥行业	3086.0597
黑色金属冶炼及压延加工业	4370.7118
钢铁冶炼行业	4301.3239
有色金属冶炼及压延加工业	1596.9159
电力、热力的生产和供应业	7757.1098
其他行业	2094.9757

资料来源:《新疆统计年鉴2013》。

表6-6   **2013年新疆重点工业企业工业废水排放量**

行业类别	工业废水排放量/吨×(万元)$^{-1}$
合计	4.0597
农副食品加工业	0.2040
食品制造业	0.3012
酒、饮料和精制茶制造业	0.0829
纺织业	0.0655
造纸及纸制品业	0.2261
石油加工、炼焦及核燃料加工业	0.2062
化学原料及化学制品制造业	0.5468
化学纤维制造业	0.8337
黑色金属冶炼及压延加工业	0.2434
电力、热力的生产和供应业	0.4277
其他行业	0.9222

资料来源:《新疆统计年鉴2013》。

6.1.3.3 第三产业对生态环境的影响状况

第三产业是以服务业为主，包括金融业、保险业、旅游业、交通运输业、文教卫生行业等，主要为生产、社会发展、人民日常生活提供服务。综合三大产业来看，第三产业对环境的影响较低，其自身发展对环境的需求较小，但是第三产业中交通运输业、餐饮业、旅游业等行业的发展对生态环境有着直接的影响，会产生大量的生活污水、油烟污染、白色污染、环境噪音等问题。

新疆第三产业的比重不断增加，资源消耗较少，2013 年第三产业万元 GDP 能源消耗量仅为 1.276 吨标准煤，整体对环境影响较小。目前新疆第三产业对环境影响最大的是交通运输业，随着机动车辆数量的直线上升，2013 年新疆全区汽车数量达到 2369643 辆，比 1990 年增加 17.21 倍，年均增长 13.45%。交通运输行业中，道路本身就包含很多化学有害物质，它们会随着道路自身的排水系统流入到地表、河流，进而污染地下水，而且汽车尾气排放的氮氧化物、一氧化碳等也会造成大气污染，全区监测的 19 个城市中，只有阿勒泰、塔城、博乐、克拉玛依、伊宁等 9 个城市空气质量年均值达到国家二级标准。新疆旅游业发展地位不断上升，2013 年旅行社有 321 个，接待游客 1567283 人，其中入境旅游人数占 94.39%。但在对旅游资源的开发和保护方面，缺乏整体统一规划，存在各地区恶性竞争、盲目开发旅游景点等问题。旅游景点属于人员密集区域，特别是在旅游黄金季节，大量游客涌入，产生大量的废水、垃圾等污染物，而景点内部缺少配套的环保设施不能对其进行及时有效的处理，影响当地旅游区域环境的平衡，对生态环境造成了破坏。

6.2 新疆产业结构转型的环境效应测评

6.2.1 新疆产业结构转型的环境影响

6.2.1.1 三次产业对环境影响的典型相关分析

环境经济学认为，产业结构是影响生态环境质量的重要因素，且产业结构对生态环境造成的影响是随着产业结构的变化而不断变动的。本节结合产业结构与环境质量的相关统计数据，利用典型相关分析的方法，对新疆产业结构与生态环境之间的影响关系进行分析，从产业结构整体层面来分析新疆产业结构转型的环境效应。

典型相关分析是将各组变量作为整体来对待，研究各组综合变量之间的相互关系，反映各组指标之间的整体相关性的多元统计方法。其基本原理是将原来较多的变量转化提取为少数几个典型变量，再利用它们之间的典型相关系数来反映两组指标之间的整体相互关系。在本研究中设立两组变量，一组是产业结构要素变量组，为控制变量组：三次产业结构 = （第一产业比重 x1，第二产业比重 x2，第三产业比重 x3）；另一组为环境质量要素变量组，为效标变量组：环境质量 = （工业废水排放量 y1，工业废气排放量 y2，工业粉尘排放量 y3，工业固体废物产生量 y4）。本节产业结构和生态环境相关数据来源于《新疆统计年鉴》《新疆五十年》《中国环境统计年鉴》，时间段为1985～2013 年，使用统计软件 SPSS19.0 对典型相关分析进行求解。

在 SPSS 软件的支持下，新疆三次产业结构与环境质量的相关性主要结果见表 6-7：第一个典型变量将工业废水排放量、工业废气排放量、工业固体废物产生量、工业粉尘排放量提取出来，其对应的典型载荷分别为 0.798、0.790、0716、0.581，控制变量组中对应的解释变量是第二产业、第一产业和第三产业，其典型载荷值分别是 0.972、－0.925、0.570，表明新疆第二产业对生态环境整体影响最大，其中包括水环境、大气环境、固体环境，第一产业影响居中，第三产业的影响相对较小；第二个典型变量将固体废弃物产生量提取出来，它的典型载荷是 0.424，控制变量组中对应的变量是第三产业，它的典型载荷是 －0.379，表明新疆第三产业对固体环境质量的影响较为明显。

表 6-7　　　　新疆三次产业与环境质量的典型相关分析结果

控制变量	相关系数		效标变量	相关系数	
	1	2		1	2
x1	－0.925	0.207	y1	0.798	0.185
x2	0.972	－0.147	y2	0.790	0.344

续表

控制变量	相关系数		效标变量	相关系数	
	1	2		1	2
x3	0.570	−0.379	y3	0.581	0.332
			y4	0.716	0.424
抽出变异数百分比	51.03	7.31		36.83	5.27

注：检验结果由 SPSS19.0 得出。

从第一对典型变量组合可以看出，工业废水、废气、粉尘、固体废物的排放量与第一产业变动呈反方向关系，与第二产业和第三产业呈正方向变动关系，表明现阶段随着第一产业的转型升级，在一定程度上可以减少工业废水、废气、粉尘、固体废物的排放量，而第二产业和第三产业产值的增加会使工业污染物的排放增加；从第二对典型变量组合可以反映出，第三产业是引起工业固体废物减少的一个影响因素；简单来看新疆产业结构对生态环境的影响，第二产业对生态环境的影响显著，第一产业次之，第三产业相对较弱。

6.2.1.2 三次产业对环境影响的时间序列分析

前文已经通过典型相关分析，得出新疆三次产业结构中，第二产业对生态环境的影响最大，第一产业居中，第三产业影响相对较弱。为了检验这种关系是否长期稳定，我们采用时间序列分析方法，对新疆产业结构和生态环境的长期均衡关系进行分析。

对变量之间的相互关系进行实证分析是我们常用的回归分析方法，但这种方法如果针对非平稳的序列则会出现"伪回归"的情况，分析结果就会出现偏差。因此我们应首先对变量进行平稳性检验，若是变量有单位根，则它是非平稳变量，采用协整检验来进行分析，然后再进行因果关系检验；若是变量不存在单位根，是平稳变量，则直接进行格兰杰因果检验。

本节选取 1985~2013 年新疆工业废水排放量、工业废气排放量以及工业固定废弃物产生量分别代表水环境、大气环境、固体环境的污染情况，分别记为 w、g、s。以第一产业、第二产业、第三产业的总产值反映新疆产业结构情况，分别记为 fir、sec、thi。本节对所有变量进行对数化处理，表示为

lnw、lng、lns、lnfir、lnsec、lnthi，这样可以在不改变变量特征值的情况下，更加容易地获得平稳变量。本节使用 ADF 单位根检验方法进行平稳性检验，结果详见表 6-8。

表 6-8　　　　　　　产业结构和环境方面各变量的平稳性检验

变量	水平				结论
	ADF	1% 临界值	5% 临界值	10% 临界值	
lnfir	-2.111197	-4.323979	-3.580623	-3.225334	不平稳
lnsec	-1.85189	-4.323979	-3.580623	-3.225334	不平稳
lnthi	-1.730162	-4.323979	-3.580623	-3.225334	不平稳
lnw	-0.693204	-4.323979	-3.580623	-3.225334	不平稳
lng	0.13218	-4.323979	-3.580623	-3.225334	不平稳
lns	1.111375	-4.323979	-3.580623	-3.225334	不平稳
Δlnfir	-4.97837	-4.33933	-3.587527	-3.22923	平稳
Δlnsec	-4.932654	-4.33933	-3.587527	-3.22923	平稳
Δlnthi	-4.895779	-4.33933	-3.587527	-3.22923	平稳
Δlnw	-6.078641	-4.33933	-3.587527	-3.22923	平稳
Δlng	-6.206316	-4.33933	-3.587527	-3.22923	平稳
Δlns	-4.099075	-4.33933	-3.587527	-3.22923	平稳

注：Δ 表示变量的一阶差分。

由表 6-8 可以看出，lnw、lng、lns、lnfir、lnsec、lnthi 的 ADF 值均大于临界值，说明这六个变量都存在单位根，他们的原始序列都不是平稳变量。而他们的一阶差分变量在 5% 的显著性水平下都是平稳变量。因此可以进一步进行 Johansen 协整检验，检验结果详见表 6-9。

表 6-9　　　　　　　水环境与产业结构的协整检验

Hypothesized No. of CE(s)	Eigenvalue	Trace Statistic	0.05 Critical Value	Prob.**
None*	0.629585	48.78419	47.85613	0.0408
At most 1	0.406167	21.96966	29.79707	0.3002

续表

Hypothesized No. of CE(s)	Eigenvalue	Trace Statistic	0.05 Critical Value	Prob. **
At most 2	0.25262	7.898422	15.49471	0.4763
At most 3	0.001352	0.036537	3.841466	0.8484

注：＊代表 1% 显著性水平，＊＊代表 5% 显著性水平，检验结果由 Eviews 6.0 得出。

由表 6 - 9 的检验结果可知，各变量在 1985 ~ 2013 年间存在协整关系，各个变量的系数估计为：

$$\beta = (\text{lnw, lnfir, lnsec, lnthi})$$
$$\beta = (1.00000, -0.964853, 0.243907, 0.289583)$$

协整关系式如下，其中括号内为渐进标准误差：

$$\text{lnw} = -0.964853\text{lnfir} + 0.243907\text{lnsec} + 0.289583\text{lnthi}$$
$$(0.17113) \qquad (0.14244) \qquad (0.13851) \qquad\qquad (6-2)$$

从协整关系可以看出，lnw、lnfir、lnsec、lnthi 变量显著，且它们之间存在着稳定的协整关系，这说明新疆产业结构的转变会对水环境造成一定的影响，三次产业影响的大小程度依次为第一产业、第三产业、第二产业，其中 lnfir 与 lnw 存在负向的协整关系，lnsec、lnthi 与 lnw 存在正的协整关系，即第二产业和第三产业的发展会对水环境造成较大程度的破坏，而第一产业的发展会对水环境在一定程度上起到改善作用，且第一产业发展对水环境质量的改善作用明显。

由表 6 - 10 的检验结果可知，各变量在 1985 ~ 2013 年间存在协整关系，各个变量的系数估计为：

$$\beta = (\text{lng, lnfir, lnsec, lnthi})$$
$$\beta = (1.00000, -10.27353, 13.69831, 3.867718)$$

协整关系如下，其中括号内为渐进标准误差：

$$\text{lng} = -10.27353\text{lnfir} + 13.69831\text{lnsec} + 3.867718\text{lnthi}$$
$$(4.97730) \qquad (4.22124) \qquad (3.83814) \qquad\qquad (6-3)$$

从上面的协整关系可以看出，各个变量显著，lng、lnfir、lnsec、lnthi 之间存在着稳定的协整关系，说明新疆产业结构的转变对大气环境造成了不同程度的影响，但三次产业影响的大小程度依次为第二产业、第一产业、第三产业，其中 lnsec、lnthi 与 lng 存在正向的协整关系，lnfir 与 lng 存在负向的协整关系，即第一产业的发展对大气环境起改善作用，而第二产业和第三产业的发展对大气环境产生破坏作用，且影响较大。

表 6 - 10   大气环境与产业结构的协整检验

Hypothesized No. of CE（s）	Eigenvalue	Trace Statistic	5.00% Critical Value	Prob. **
None*	0.5633	48.6120	47.8561	0.0424
At most 1	0.4808	26.2440	29.7971	0.1215
At most 2	0.2713	8.5467	15.4947	0.4089
At most 3	0.0000	0.0001	3.8415	0.9964

注：*代表1%显著性水平，**代表5%显著性水平，检验结果由 Eviews 6.0 得出。

由表 6 - 11 的检验结果可知，各变量在 1985～2013 年间存在协整关系，各个变量的系数估计为：

$$\beta = (lns,\ lnfir,\ lnsec,\ lnthi)$$
$$\beta = (1.00000,\ -2.062618,\ 2.822880,\ 0.330359)$$

表 6 - 11   固体环境与产业结构的协整检验

Hypothesized No. of CE（s）	Eigenvalue	max - Eigen Statistic	0.05 Critical Value	Prob. **
None*	0.741532	36.53055	30.81507	0.009
At most 1	0.490099	18.18556	24.25202	0.2584
At most 2	0.186867	5.585235	17.14769	0.855
At most 3	0.079958	2.250085	3.841466	0.1336

注：*代表1%显著性水平，**代表5%显著性水平，检验结果由 Eviews 6.0 得出。

协整关系如下，其中括号内为渐进标准误差：

$$lns = -2.062618lnfir + 2.822880lnsec + 0.330359lnthi \qquad (6-4)$$
$$(0.38838) \qquad (0.54880) \qquad (0.30459)$$

从上面的协整关系可以看出，各个变量显著，lns、lnfir、lnsec、lnthi 之间存在着稳定的协整关系，说明新疆产业结构的转变对固体环境造成了不同程度的影响，三次产业影响的大小程度依次为第二产业、第一产业、第三产业，其中 lnsec、lnthi 与 lns 存在正向的协整关系，lnfir 与 lns 存在负向的协整关系，即第一产业的发展对固体环境起改善作用，而第二产业和第三产业的发展则会产生大量的固体废弃物，对固体环境产生破坏作用。

从上面的分析结果可以得到，新疆产业对生态环境存在长期稳定的影响，这种影响包括水环境、大气环境和固体环境，呈现出以下几个特点：从水环境角度看，产业结构对水环境的影响程度依次为第一产业、第三产业、第二产业，第一产业的发展可以对水环境起到改善作用，而第二产业与第三产业的发展会带来较多的水体污染。从大气环境的角度看，产业结构对生态环境的影响程度依次是第二产业、第一产业、第三产业，第一产业的发展可以对大气环境起到改善作用，而第二产业与第三产业的发展伴随着大量的废气污染，特别是第二产业的发展严重影响着大气环境。从固体环境的角度看，产业结构对生态环境的影响程度依次是第二产业、第一产业、第三产业，第一产业的发展可以提升固体环境质量，起到一定的改善作用，而第二产业和第三产业的发展则会促进固体废弃物的排放，破坏固体环境。这部分分析结果与典型相关分析结果大体一致，只在产业结构对水环境的影响程度上有出入，运用典型相关分析方法得出产业结构对水环境的影响程度依次为第二产业、第一产业、第三产业，但在协整分析中得出对水环境的影响程度依次为第一产业、第三产业、第二产业，两种检验方法仅在产业结构对水环境的影响程度上存在差异。产生这种差异的主要原因在于是否考虑到环境污染物的滞后性影响，新疆第一产业对环境最主要的影响是使用农药、化肥和地膜，在长期中，这些污染物会通过土地的渗透对水环境造成污染，存在一定的滞后性，因此第一产业通过农用化学用品对水环境有一个滞后性污染。协整分析针对的是产业结构对环境的长期影响，考虑到第一产业的滞后性污染，因此在协整分析中得出第一产业对水环境的污染程度会加重的结果。

在经济学实证分析中，我们常用格兰杰因果检验方法。恩格尔和格兰杰（Engle & Granger）在 1978 年提出格兰杰因果检验，它是通过 VAR 模型中的 F 检验来检测两个变量之间的因果关系。通过 ADF 检验发现变量的原始序列皆是非平稳变量，而经过一阶差分以后变量都不存在单位根，变为平稳变量，符合因果检验的标准，可以对新疆产业结构与生态环境之间的关系进行格兰杰因果关系检验。运用 Eviews 6.0 软件，格兰杰检验结果见表 6 – 12 ~ 表 6 – 14。

表 6 – 12　　　　　　　　新疆水环境与产业结构的 Granger 检验

Null Hypothesis	F – Statistic	Prob.
lnfir does not Granger Cause lnw	3. 23533	0. 0587
lnwdoes not Granger Cause lnfir	1. 41750	0. 2636
lnsecdoes not Granger Cause lnw	2. 11188	0. 1449
lnwdoes not Granger Cause lnsec	0. 54573	0. 5871
lnthidoes not Granger Cause lnw	0. 40856	0. 6695
lnwdoes not Granger Cause lnthi	3. 83683	0. 0372

注：检验结果由 Eviews 6.0 得出。

表 6 – 13　　　　　　　　新疆固体环境与产业结构的 Granger 检验

Null Hypothesis	F – Statistic	Prob.
lnfir does not Granger Cause lns	0. 12200	0. 9725
lns does not Granger Cause lnfir	3. 15871	0. 0430
lnsec does not Granger Cause lns	2. 67637	0. 0698
lns does not Granger Cause lnsec	1. 05595	0. 4099
lnthidoes not Granger Cause lns	1. 16530	0. 3628
lnsdoes not Granger Cause lnthi	1. 46146	0. 2600

注：检验结果由 Eviews 6.0 得出。

表 6 – 14　　　　　　　　新疆大气环境与产业结构的 Granger 检验

Null Hypothesis	F – Statistic	Prob.
lnfir does not Granger Cause lng	1. 70898	0. 1972
lng does not Granger Cause lnfir	0. 57880	0. 6822
lnsec does not Granger Cause lng	7. 38985	0. 0014
lngdoes not Granger Cause lnsec	0. 34001	0. 8470

Null Hypothesis	F – Statistic	Prob.
lnthi does not Granger Cause lng	5. 10898	0. 0076
lng does not Granger Cause lnthi	4. 16950	0. 0168

注：检验结果由 Eviews 6.0 得出。

由格兰杰检验结果可以得出，在 10% 的显著性水平上，第一产业是影响水环境变化的格兰杰原因，水环境质量不是第三产业变动的格兰杰原因；第二产业是影响固体环境变化的格兰杰原因，固体环境不是第一产业变动的格兰杰原因；第二产业和第三产业都是影响大气环境变化的格兰杰原因，大气环境不是第二产业变动的格兰杰原因。

以上进行了新疆三次产业对生态环境的时间序列分析，可以看到新疆三次产业对生态环境质量的影响程度不同。接下来分析新疆产业结构的不同发展阶段对生态环境造成的影响。

在 1985～2013 年研究时间段内，新疆产业结构经历过四次转型。1985～1990 年，新疆产业结构呈现出"一、二、三"的类型，此时新疆经济主要依托第一产业，三大产业发展都较为平缓。1991～1994 年，新疆产业结构转变为"二、三、一"，此时新疆工业已逐渐步入正轨，第二产业和第三产业开始发力，其产业比重超过第一产业。1995～2003 年，新疆产业结构转变为"三、二、一"，随着第三产业的不断发展，此时第三产业的产值比重大于第二产业，尽管在此阶段新疆已初步形成"三、二、一"的产业结构，但由于此时处于西部大开发初期，产业结构发展的基础依旧很薄弱，实际上呈现的是一种"虚高级化"的产业结构。2004～2013 年，产业结构转变为"二、三、一"，此时随着西部大开发政策的不断深入、中央新疆工作座谈会的召开以及"一带一路"倡议的提出，新疆工业化进程不断推进，第二产业比重持续增加，并于 2005 年超过 45%，在新疆经济发展中占据主导地位。同时第三产业也呈现出强劲的发展势头，产值比重逐渐上升超过第一产业。

对每个阶段进行典型相关性分析，可以得到不同阶段的产业结构对生态环境效应的典型分析结果。使用 SPSS19.0 软件，新疆四个阶段的产业结构的生态环境效应分析详见表 6 – 15。

表 6 - 15　　新疆不同发展阶段的产业结构对生态环境效应的典型相关性检验

1985~1990 年 (一、二、三)				1991~1994 年 (二、三、一)				1995~2003 年 (三、二、一)				2004~2013 年 (二、三、一)			
效标变量	相关系数			效标变量	相关系数			效标变量	相关系数			效标变量	相关系数		
	1	2	3		1	2	3		1	2	3		1	2	3
y1	-0.958	-0.060	0.060	y1	0.736	-0.513	-0.442	y1	-0.844	-0.328	0.421	y1	-0.717	0.020	-0.695
y2	-0.786	-0.488	0.129	y2	0.120	-0.979	-0.164	y2	0.761	0.154	0.623	y2	-0.585	0.168	-0.794
y3	0.765	0.539	-0.239	y3	0.406	-0.682	-0.608	y3	-0.519	0.603	0.511	y3	-0.586	0.407	-0.692
y4	-0.194	0.310	0.928	y4	-0.498	-0.858	-0.123	y4	0.750	0.048	0.572	y4	-0.596	0.208	-0.770

注：检验结果由 SPSS19.0 得出。

　　第一阶段，第一典型变量将废水排放量、废气排放量和粉尘排放量提取出来，其典型荷载为 -0.958、-0.786、0.765；第二典型变量提取固体废物产生量，其典型荷载为 0.928。这说明 1985~1990 年的产业结构对生态环境的影响明显。表现为对废水排放量影响显著，其他的影响程度依次是废气排放量、粉尘排放量、固体废物产生量，新疆在此阶段"一、二、三"的产业结构带来较多的废水、废气排放量。

　　第二阶段，在 1991~1994 年间，第一典型变量将废水排放量提取出来，其典型荷载是 0.736；第二典型变量将废气排放量、粉尘排放量、固体废物产生量提取出来，其典型荷载分别为 -0.979、-0.682、-0.858。此阶段"二、三、一"的产业结构对生态环境影响最大的依旧是废水排放量，其他的影响程度依次为废气排放量、固体废物产生量、粉尘排放量。这一阶段产业结构对生态环境的影响特点是增大了对固体废物产生量的影响。

　　第三阶段，第一典型变量将废水排放量、废气排放量、固体废物产生量提取出来，其典型荷载分别为 -0.844、0.761、0.750；第二典型变量将粉尘排放量提取出来，其典型荷载为 0.603。这说明在 1995~2003 年这一时间段内，"三、二、一"的产业结构对生态环境影响最大的还是废水排放量，其他的影响程度依次为废气排放量、固体废物产生量、粉尘排放量。这一阶段产业结构对生态环境的影响特点体现在，依旧是对废水排放量影响最大，对固体废弃物产生量的影响变大。

　　第四阶段，在 2004~2013 年间，第一典型变量将废水排放量提取出来，其典型荷载是 -0.717；第二典型变量将废气排放量、固体废物产生量、粉尘排放量提取出来，其典型荷载分别为 - 0.794、 - 0.770、 - 0.692。这说明 1995~2003 年这一时间段内，"二、三、一"的产业结构对生态环境影响最大的是废水排放量，其他的影响程度依次为废气排放量、固体废物产生量、粉尘排放量。

6.2.2　新疆产业结构转型的环境效应测算

6.2.2.1　产业结构转型的环境效应评价体系的构建

1. 方法选择——IIISNE 评价方法

本节研究的是新疆产业结构转型的环境效应，需要将产业结构转型和生态环境联系起来，从产业结构转型角度来研究新疆经济的可持续发展，本书选用 IINSNE 指数，IIISNE 是产业结构总体生态环境影响指数，定量表示一定类型的产业结构对生态环境的总体影响或者干扰情况。IIISNE 是依据各产业类型对应的生态环境影响系数及各产业产值在地区生产总值中所占比重进行加权求和以后的数值。可以表示为：

$$R_{IIISNE} = \sum_{i=1}^{n} IS_i * E_i \qquad (6-5)$$

公式中 R_{IIISNE} 为区域产业结构的总体生态环境影响指数，IS_i 表示 i 产业产值在 GDP 中所占的比例，E_i 是 i 产业的生态环境影响系数。

2. 产业结构对生态环境影响的权重确定

不同产业的发展提供产品以及服务所需要的资源类型和数量各不相同，所以不同产业的发展对生态环境影响的方式与程度也不同。因此本书考虑新疆各产业的实际发展情况，建立新疆产业结构与生态环境之间的联系，并用此来衡量不同产业类型发展对生态环境的影响程度，一般以各产业产值在地区生产总值中所占比重进行定量评价，在三次产业分类方法的基础之上，本书将产业结构进行更为细致的划分，其中第一产业被划分为种植业、林业、畜牧业、渔业，第二产业被划分为工业、建筑业，第三产业被划分为交通运输、仓储和邮政业，批发和零售业其他产业。本书结合产业生态足迹的计算方法，将新疆生态足迹进行产业分解，获得不同产业的生态效率，并据此来确定不同产业对生态环境影响的权重。生态足迹计算公式：

$$EF = N \times r_j \times \sum (c_i/p_i) \tag{6-6}$$

其中 i 为消费项目的类型，j 为生物生产性土地的类型，EF 为总的生态足迹，N 为人口数，c_i 为 i 种消费项目的年平均消费量，p_i 为 i 种消费项目的全球年平均产量，r_j 为不同类型生物生产性土地的均衡因子。

产业生态足迹是将生态足迹进行产业分解，不同产业对生态足迹的占用方式不同，第一产业对生态足迹的占用表现为耕地、林地、水域、草地、能源地及建筑用地；第二产业和第三产业对生态足迹的占用表现为能源地和建筑用地。主要是对能源用地以及建筑用地进行产业分解，能源足迹依据各产业能源消费量比重进行分解，建筑用地依据交通用地和居民点工矿用地在建设用地中的比重进行分解。

3. 数据的来源与说明

计算生态足迹的均衡因子来自世界自然基金会（WWF）出版的《2006 地球生态报告》（*Living Planet Report* 2006），耕地、建筑用地为 2.8，林地、化石燃料用地为 1.1，草地为 0.5，水域为 0.2。计算 IIISNE 的产业产值比重由各行业产值除以当年 GDP 计算得出。数据主要来自《新疆统计年鉴》以及新疆国土资源厅已公布的数据。

6.2.2.2 产业结构的生态环境效应指数的测算与分析

1. 产业结构变化

从新疆细分产业比重变化情况可以看出：新疆产业结构 1985 年主要以种植业为主，2013 年主要以工业为主，经济由农业导向向工业导向进行转变，其中第一产业比重明显下降，种植业、林业、牧业、渔业的产值比重降低，分别从 1985 年的 29.01%、1.75%、7.34%、0.11% 下降至 2013 年的 12.84%、0.34%、4.3%、0.12%，而第二产业中工业产值比重大幅度上升，从 1985 年的 28.7% 上升到 2013 年的 36.3%，提高了 7.6 个百分点，新疆自身丰富的矿产资源、国家西部大开发和"一带一路"等战略倾向在此发挥了重要作用。研究时段内工业、其他服务业发生了大幅度上升，种植业、批发和零售业出现了一定程度的下降，林业、牧业、渔业、建筑业、交通运输仓储和邮政业变化较小，发展平稳。产业变化情况详见表 6-16。

表 6 - 16　　　　　　　　1985～2013 年新疆细分产业变化情况　　　　单位：%

年份	种植业	林业	牧业	渔业	工业	建筑业	交通运输仓储和邮政业	批发和零售业	其他服务业
1985	29.0	1.7	7.3	0.1	28.7	7.4	4.1	8	13.6
1986	26.8	1.4	7.3	0.2	28.5	6.9	4.6	8.1	16.3
1987	29.0	0.9	7.8	0.2	27.7	6.2	5.2	8.4	14.7
1988	28.8	0.8	7.7	0.2	27.8	6.5	6	8.4	13.8
1989	27.4	0.7	7.6	0.2	27.7	6.3	5.9	8.1	16.1
1990	30.4	1.1	8.1	0.2	27.3	4.5	5.6	7.8	15
1991	25.6	0.9	6.6	0.2	25	7.1	6.7	11	16.9
1992	21.7	0.7	5.9	0.2	26.4	10.3	7	9.9	17.9
1993	19.0	0.6	5.8	0.2	31.5	9.9	6.6	8.8	17.6
1994	21.6	0.6	6.0	0.2	28.7	8.9	6.7	8.7	18.7
1995	22.9	0.4	6.0	0.2	26.9	8	7.3	9.1	19.2
1996	21.5	0.4	5.6	0.2	26.5	8.3	8.2	9.7	19.6
1997	21.1	0.4	5.2	0.2	29.1	8	8.2	9.1	18.7
1998	20.4	0.4	5.3	0.2	27	8.7	9.7	8.9	19.4
1999	17.1	0.4	5.5	0.2	27.1	9	11.1	8.8	20.9
2000	15.6	0.4	5.0	0.2	30.7	8.7	10.9	8.1	20.5
2001	13.6	0.4	5.2	0.2	29.9	8.6	9.9	7.9	24.4
2002	13.1	0.4	5.3	0.1	28.7	8.7	10.5	7.7	25.5
2003	16.0	0.5	5.4	0.1	29.8	8.3	8.5	7.5	24
2004	14.4	0.4	5.3	0.1	33.2	8.2	8.5	7.3	22.6
2005	14.6	0.4	4.5	0.1	36.9	7.8	5.7	5.6	24.4
2006	13.0	0.4	3.9	0.1	40.7	7.2	5.4	5.4	24
2007	13.3	0.4	4.0	0.1	39.9	6.9	5	5.3	25.1
2008	11.4	0.3	4.6	0.1	42	7.5	4.6	5.3	24.1
2009	12.7	0.4	4.5	0.2	36.4	8.7	4.9	5.9	26.3
2010	15.1	0.4	4.1	0.1	39.8	7.9	4.1	5.1	23.3
2011	13.0	0.3	3.7	0.1	40.8	8	3.9	5.6	24.5
2012	13.3	0.3	3.9	0.1	38	8.4	4.8	5.7	25.5
2013	12.8	0.3	4.3	0.1	36.3	8.9	4.7	5.8	26.7

资料来源：数据根据历年《新疆统计年鉴》计算而得。

2. 新疆产业生态足迹和生态效率分析

由图 6 - 10 可见，新疆各产业生态足迹基本呈增加趋势。1985 ~ 2013 年间工业、种植业、牧业对生态资源占用比例高。其中种植业由 1985 年的 7149578.43 公顷增长到 2013 年的 31405206.58 公顷；牧业由 1985 年的 7134651.84 公顷增长到 2013 年的 29001853.44 公顷；工业生态足迹变化最快，由 1985 年的 2978309.93 公顷增长到 2013 年的 48243464.22 公顷。可以看到新疆工业消耗了大量的生态资源，符合新疆现阶段的"二、三、一"产业结构类型。

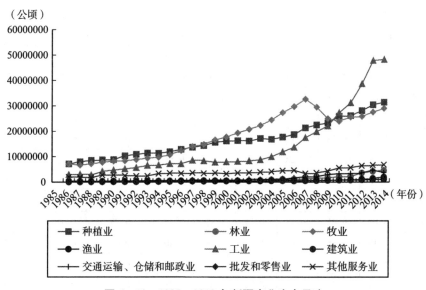

图 6 - 10　1985 ~ 2013 年新疆产业生态足迹

资料来源：根据历年《新疆统计年鉴》、新疆国土资源厅数据计算而得。

由表 6 - 17 可知，近年来新疆三大产业生态效率排序分别是第三产业、第二产业、第一产业，整体产业的资源利用效率得到了改善，这种改善主要来源于第一产业和第三产业生态效率的提升，相反第二产业的生态效率出现了缓慢的下降，主要是由于工业生态效率下降引起的，近年来新疆产业结构不断转型升级，但由于产业结构转型处于起步阶段，依旧存在很多问题，特别是工业表现为产业链条短、能源利用率低，给环境带来了很大的压力。

表 6 – 17　　　　　　　　　　新疆产业的生态效率　　　　　　单位: 公顷/万元

年份	第一产业				第二产业		第三产业		
	种植业	林业	牧业	渔业	工业	建筑业	交通运输、仓储和邮政业	批发和零售业	其他服务业
1985	21.96	22.73	86.65	53.87	9.27	2.53	8.56	0.63	13.20
1986	23.11	13.92	70.96	44.24	8.33	2.23	6.01	0.62	8.88
1987	19.83	29.67	62.00	48.09	6.72	1.79	3.75	0.51	8.21
1988	15.73	28.01	52.03	40.07	7.87	1.88	3.46	0.56	10.25
1989	14.80	29.66	50.31	37.70	7.83	1.88	3.46	0.69	7.87
1990	12.98	16.38	39.40	27.89	7.28	2.16	3.26	0.61	6.41
1991	12.70	15.63	39.73	27.30	6.79	1.45	2.27	0.29	4.18
1992	13.08	16.88	39.51	26.47	6.17	1.12	2.13	0.35	3.37
1993	12.03	16.09	33.74	23.75	4.29	0.60	1.84	0.41	3.84
1994	8.31	14.02	27.04	21.28	3.80	0.54	1.44	0.32	2.86
1995	6.87	16.01	25.36	20.22	3.26	0.59	1.18	0.32	2.16
1996	7.08	14.83	27.55	19.80	3.58	0.52	1.12	0.38	2.05
1997	6.53	16.28	27.18	18.90	2.75	0.40	0.87	0.33	1.76
1998	6.91	13.13	28.28	19.31	2.60	0.51	0.76	0.38	1.68
1999	8.13	13.25	27.98	21.06	2.51	0.43	0.57	0.36	1.35
2000	7.65	11.24	28.54	20.07	1.94	0.42	0.56	0.37	1.29
2001	8.00	9.41	26.78	20.51	1.87	0.38	0.75	0.37	1.02
2002	8.16	10.86	25.95	26.25	1.88	0.40	0.62	0.36	0.95
2003	5.59	10.44	24.19	25.25	1.77	0.42	0.73	0.38	0.91
2004	5.57	13.33	23.53	20.76	1.61	0.28	0.58	0.74	0.89
2005	4.92	11.65	25.35	21.73	1.42	0.21	1.11	0.38	0.72
2006	5.38	12.69	27.77	22.11	1.41	0.23	1.24	0.43	0.46
2007	4.79	12.36	20.80	16.15	1.41	0.23	1.23	0.36	0.41
2008	4.87	11.92	12.90	12.04	1.26	0.21	1.53	0.33	0.43
2009	4.77	12.86	12.42	11.44	1.75	0.21	1.57	0.36	0.49
2010	3.17	10.41	11.39	10.71	1.44	0.22	1.52	0.35	0.45
2011	3.27	15.88	10.42	10.80	1.43	0.23	1.42	0.28	0.40
2012	3.05	16.43	9.54	11.29	1.68	0.24	1.30	0.25	0.35
2013	2.93	16.08	8.09	11.35	1.59	0.27	0.96	0.24	0.30

3. 新疆产业结构转型的生态环境效应

根据各产业平均生态效率和工业平均生态效率的相对关系，可得出各产业的生态环境影响系数，如表6－18所示。

表 6－18　　　　　　　　　不同产业类型的生态环境影响系数

种植业	林业	牧业	渔业	工业	建筑业	交通运输、仓储和邮政业	批发和零售业	其他服务业
2.48	4.28	8.58	6.54	1.00	0.21	0.53	0.11	0.83

根据文中 IIISNE 的测算方法，综合不同产业类型的生态环境影响系数以及各细分产业产值占 GDP 比重，使用上述计算公式，我们可以得到1985～2013 年新疆各产业的生态环境影响指数变化，如图6－11 所示。

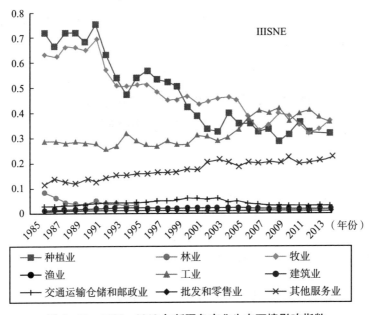

图 6－11　1985～2013 年新疆各产业生态环境影响指数

从图6－11 可以看出：①1985～2013 年间，新疆产业结构生态环境影响指数呈现出先上升后缓慢下降的趋势，说明现阶段产业结构整体对生态环境的影响逐渐在变小，产业结构转型带来了正向的生态环境效应，一定程度上缓解了新疆的生态压力。②各产业生态环境影响指数呈现波动性变化。其中种植业、牧业、林业呈现下降趋势，工业、其他服务业在波动中呈上升趋势，渔业、建筑业等产业的生态环境影响指数变动不大。③将新疆产业结构转型轨迹与其产业结构转型引起的环境变化趋势进行对比观察，结果发现它们之间变化趋势存在一定的相似性。④各产业 R_{IIISNE} 值的排序变化也较为明显，1985 年从大到小依次是种植业、牧业、工业、其他服务业、林业、渔业、交通运输、仓储和邮政业、建筑业、批发零售业，2013 年变为牧业、工业、种植业、其他服务业、交通运输、仓储和邮政业、建筑业、林业、渔业、批发零售业。可以看到工业的生态环境影响指数不断增大，随着新疆工业的不断发展，特别是重工业化趋势明显的情况下，新疆产业结构内部工业对生态环境的压力是不断增大的。⑤现阶段新疆经济发展迅速，产业结构转型对生态环境的正向影响程度有限，环境污染继续增加，即表示现阶段新疆产业结构转型升级所带来的积极影响无法完全弥补由产业规模扩大带来的负向环境效应，新疆产业结构仍需进一步转型和升级。

6.3 新疆产业结构转型存在的
环境问题及原因分析

6.3.1 新疆产业结构转型存在的环境问题

6.3.1.1 新疆产业结构转型中农业污染加重

新疆第一产业呈现出以农业（种植业）和牧业为主，其他产业比例较小的不合理状态。而据前文的实证分析结果可以得出，新疆第一产业的发展在一定程度上可以改善生态环境，虽然种植业、牧业生态环境影响指数不断减小，但其对生态环境的影响依旧显著，可以看到新疆第一产业仍然存在很多问题。

改革开放以来新疆农业发展迅速，农业资源开发利用的广度和深度都在加大，但由于不合理的开垦、种植造成土地流失、沙漠化等现象。当地农民文化水平普遍较低，经济来源主要依靠土地收入，农民想要提高产量而大规模的使用农用地膜、农药以及化肥等农用化学品，严重破坏了土壤结构，造成了地下水及地表水的水体污染。农副产品加工业与新疆丰富的农业资源形成了鲜明对比，其发展相对落后，农产品加工龙头企业较少，生产链条短，加工过程中产生大量环境污染物。新疆草场资源丰富，具备发展畜牧业的先天优势，但新疆畜牧业市场集中度低，畜牧业养殖户多是游牧民族，生产方式传统落后，养殖户对粪便基本没有进行任何的处理而直接排放，动物粪便以及食用的饲料会引起水质下降、含氧量减少，影响水体质量，造成严重的水体污染，动物的呼吸、饲料的粉尘、粪便的分解也会造成空气污染。受过度放牧的影响，草场也出现了土地沙化、草地生产力下降、水资源分布不均衡、生态环境恶化等问题。畜牧资源缺乏共享，没有形成专业化和产业化养殖。

6.3.1.2 新疆产业结构转型中工业三废增加

通过现状分析结果可以看到，随着新疆工业化进程的不断推进，新疆重工业化趋势明显，比例可达70%以上，轻重工业比例严重失衡。实证分析结果得出，新疆第二产业对生态环境影响最大，且工业的生态环境影响指数不断增加，表明新疆产业结构内部工业对生态环境的压力是不断增大的，重点表现在以能源、原材料为主的重工业，产生大量的环境污染物。

电力、天然气及水生产和供应业、石油加工及炼焦业、化学原料及化学制品制造业、采掘业等行业占第二产业比重较大，是新疆经济的重要支撑，而这些产业资源消耗大，正是工业"三废"的主要污染源，近年来工业三废排放量不断增加，对新疆原本脆弱的生态环境构成了严重的威胁。

水体污染。2013年新疆维吾尔自治区环境公报统计显示，在新疆监测的79条河流中，没有达到Ⅰ~Ⅱ类标准的河流有9个，它们都受到不同程度的污染，其中水磨河、克孜河下游断面为中度－重度污染，主要超标污染物为总磷、氨氮、五日生化需氧量、化学需氧量等。监测的19个水库中，有4座水库存在不同程度的污染，其中大泉沟水库水质为轻度污染，主要超标污染物为总磷，八一水库、蘑菇湖水库、猛进水库等 3 座水库水质为重度污染，主要超标污染物为总磷、氨氮、高锰酸盐指数等。这些监测结果显示当前新疆的水污染主要是有机污染，工业废水是造成水体污染的重要污染物。

空气污染。新疆空气污染严重区域主要集中在首府乌鲁木齐市以及周边的城市，空气污染主要来源于工业废气排放以及冬季取暖燃烧排放。2013 年全区检测的 19 个城市中，达到国家二级标准的城市仅有 9 个。以乌鲁木齐和石河子为例，乌鲁木齐市重工业产业众多，主要包括黑色金属冶炼及压延加工业，以乌石化总为代表的石油加工及炼焦业以及电力热力生产等行业，排放大量的废气，是乌鲁木齐空气污染的主要来源。由于经济转型，大量高污染、高能耗企业陆续入住石河子，部分企业将未通过处理的浓烟直接排放到空气中，造成严重的空气污染，曾经最适宜人类居住的城市也频繁出现雾霾天气。

土地污染。矿山采掘业对土地环境影响非常严重。新疆矿产资源开发力度大，矿产开采会直接破坏地表环境，其废渣野外露天存放会产生大量的有害气体，矿石中的有害物质也会随雨水流入地表，直接影响生态环境。

新疆地处欧亚内陆，典型大陆性气候，干燥少雨、植被少、森林覆盖率低，本就处于生态环境脆弱区域，环境承载力有限。长期粗放型的经济增长方式将会加大产业特别是重工业对自然资源的消耗，产生更多的环境污染物，从而加大对新疆生态环境的威胁。因此，虽然工业对新疆经济增长贡献较大，但考虑到新疆经济的可持续发展，工业应当有所限制，全面强化集约发展。

6.3.1.3　新疆产业结构转型中能源消耗加大

1985 ~ 2013 年新疆能源消耗不断增大（见表 6 - 19），其消费总量从1410.89 万吨标准煤增加到 13631.79 万吨标准煤，年平均增长 436.46 万吨标准煤。从消费种类来看，煤炭、石油、天然气消费量分别增加了 9.99 倍、5.98 倍、24.38 倍，能源消费呈现出明显的增长趋势。从行业来看，工业、交通运输、仓储和邮政业能源消费增长较快，分别增加了 14.20 倍、7.87 倍，工业消耗了大量的能源。与全国相比，新疆能源生产率较低（见表 6 - 20），2013 年能源生产率仅是全国能源生产率的 44.85%，第一、第二、第三产业能源生产率分别是全国水平的 32.25%、42.86%、52.74%。从新疆三大产业能源生产率来看，第二产业能源生产率最低，其次是第三产业，最后是第一产业。从能源消耗结构来看，新疆工业在 2013 年消耗可达 10329.22 万吨标准煤，在能源消耗总量中的比重是 75.8%，而其产值比重仅占 36.3%，第二产业消耗了大量的能源。说明现阶段新疆产业结构转型中，能源消耗不断增大，特别是重工业的发展会加大对能源的消耗，而新疆低效的能源生产率会加大能源的开发力度，虽然能源消耗可以带动经济快速增长，但也会使经济发展不断逼近生态环境的约束边界。

表 6-19　　　　　　　　　　　新疆各行业能源消费量　　　　　　　　单位：万吨标准煤

年份	能源消费总量	第一产业	工业	建筑业	交通运输、仓储和邮政业	商业、饮食、物资供销和仓储业	其他行业
1985	1410.89	127.30	679.58	41.16	89.24	12.98	104.98
1990	1924.45	134.91	1095.22	41.16	99.72	26.28	99.12
1995	2773.04	189.13	1571.88	63.01	152.77	51.37	205.04
2000	3328.00	274.97	1860.26	81.73	189.76	93.83	827.45
2005	5507.00	314.25	3440.83	43.22	413.77	138.39	1156.54
2010	8290.20	416.74	5903.00	75.86	635.41	182.27	1076.92
2012	11831.62	529.32	8894.94	112.65	855.39	198.87	1240.45
2013	13631.79	644.85	10329.22	157.76	791.70	249.44	1458.82

资料来源：历年《新疆统计年鉴》。

表 6-20　　　　　　　　　　　　　　　能源生产率　　　　　　　　　单位：亿元/万吨标准煤

指标年份	能源生产率		第一产业能源生产率		第二产业能源生产率		第三产业能源生产率	
	新疆	全国	新疆	全国	新疆	全国	新疆	全国
1985	0.08	0.18	0.34	0.63	0.06	0.07	0.14	0.13
1990	0.14	0.28	0.77	1.04	0.07	0.11	0.33	0.23
1995	0.29	0.63	1.27	2.20	0.17	0.29	0.71	0.71
2000	0.41	0.96	1.05	3.82	0.28	0.43	0.48	1.09
2005	0.47	1.10	1.62	3.69	0.33	0.51	0.54	1.30
2010	0.66	1.74	2.59	6.26	0.43	0.79	0.93	0.56
2012	0.63	2.06	2.49	7.72	0.39	0.91	1.18	2.41
2013	0.61	1.36	2.28	7.07	0.36	0.84	1.25	2.37

资料来源：数据根据历年《新疆统计年鉴》《中国统计年鉴》整理而得，未含港澳台数据。

6.3.2　新疆产业结构转型存在问题的原因分析

6.3.2.1　产业结构转型不合理

近年来新疆产业结构转型虽然取得一定进展，但由于处于起步阶段，产业结构转型存在一定的偏差，仍旧不太合理。从产业结构发展现状来看，2013 年三大产业产值比重为 17.6%：45%：37.4%，虽然第二产业和第三产业比重有所提升，但依旧存在很多问题。第二产业重工业化趋势明显，缺乏高新技术产业，资源消耗性企业数量多，产生大量的工业三废，绿色工业发展道路依旧艰巨。在新疆第三产业中，交通运输业、批发零售等传统服务业占据主要地位，而现代服务业发展相对滞后，特别是像金融业、信息传输业、科研技术服务业等本身产值高、消耗少、污染少的产业发展落后，缺乏支撑现代服务业发展的相关配套体系，发展大规模、专业配套的上下游产业的过程中，将给生态环境带来不小的压力。新疆产业结构还需进一步转型，加大对环保科技的应用创新，发展绿色循环经济，引导资源节约和环境保护，努力建设大美新疆。

6.3.2.2　自主创新能力薄弱

科学技术是促进产业结构转型的重要因素，同时也是提高资源效率的重要手段。虽然近些年来新疆加大了科技创新的投入，在科技创新人才培养等方面取得了一定的成绩，但受新疆自身经济与环境的影响，新疆的科技创新水平在全国依旧相对落后。再加上新疆地处祖国西北边陲，交通网络不便利，基础设施落后，信息交流受限制，这些都给新疆的科技创新发展带来很多的不便。由于新疆技术水平落后，不能够有效控制和处理工业污染物的排放，实现绿色生产，给新疆的生态环境带来了很大的压力。农副产品以及能源等资源的加工也还停留在简单的初级加工阶段，高技术含量、高附加值、低能耗的行业比重较低。

6.3.2.3　环保规制体系不完善

法律法规是监督环境破坏的制度保障，政府起着至关重要的作用。一方面，政府需要统筹全局发展情况，针对当地经济发展情况，制定有特色的产业发展计划；而另一方面，政府也需要从企业的角度出发，综合考量企业的实际发展情况，制定严格的环保制度，加大执法力度，确保企业能够合规生产。当前新疆环保体系不完善，从环境政策的制定以及实施来看，相关法律法规的制定和实施还不够全面。存在排污收费标准较低、污染物排放检测和监测不完全等问题，缺乏清晰明确的法规来界定环境污染，直接指导企业按照资源节约型、环境友好型方向发展。现行的环境规制体系主要是以地方政府及以上环保部门管理为主，容易受经济利益的驱使，因为地方政府更加注重经济的发展，而忽略资源环境的保护。环境保护是一项非常重大的工程，因此需要各个层面积极配合，明确政府、市场以及企业的职能，共同肩负起环保重任。

6.3.2.4 可持续发展的认识不到位

部分地方政府可持续发展观念认识不明确，为了促进当地经济发展，不断引进外资，不加布局的引进生产项目，而这些项目往往都是发达地区淘汰的落后污染企业，为了经济总量的不断提升，忽略这些项目对当地生态系统造成的破坏，没有遵循可持续发展理念，缺少统一规划，造成产业结构趋同、生产力布局重复、生态环境污染等情况。企业作为经济发展的重要参与者，其行为一般合乎理性经纪人的做法，利润最大化是其发展追求的重要目标，而生态环境污染在没有内部化之前是不计入企业生产成本的，假如没有施加外部约束的情形下，企业生产会不计对生态环境的影响而一味地追求利润最大化。对于普通群众来说，生态环境属于公共产品，普遍认为环境保护是政府的管辖范畴，和自身没有什么关系，缺乏责任感。为了使产业结构转型达到更好的生态环境效应，政府、企业和个人三个层面应当加强对生态环境的保护，转变对粗放生产方式的认识，应统一协调经济发展与生态环境，逐步建立生态化的产业结构。然而在现阶段新疆经济发展主要还是走先污染后治理的老路，生产方式粗放，重工业污染严重，首府乌鲁木齐市更是中国十大污染城市之一，其行为与产业结构转型的要求相背离，成为影响新疆产业结构转型不能正常发挥正向环境效应的重要原因。

6.4 新疆产业结构转型的环境
效应调控对策及保障措施

6.4.1 基于环境效应的新疆产业结构转型的目标及基本原则

6.4.1.1 基于环境效应的新疆产业结构转型的目标

西部大开发、"一带一路"建设的实施对新疆经济发展提出了更高的要求。但新疆长期粗放型的发展方式，在创造巨大产值的同时，造成的环境污染越来越严重，导致新疆环境承载力薄弱，经济发展与生态环境之间的矛盾日渐突出，制约着新疆经济的可持续发展。结合当前新疆产业结构现状，其产业结构转型要达到第一产业更优、第二产业更强、第三产业更大的目标，促使产业结构从低附加值向高附加值转变，经营方式由粗放型向集约型进行转变，经济发展也要以质量和效益为主，全面推进新疆经济的内涵式增长；同时还应大力发展以绿色技术创新为基础的环保产业，增加在三大产业中绿色技术的研发以及利用，推动新疆经济的健康持续发展，实现"两型社会"。

产业结构转型的核心内容是转变经济增长的"方式"，其实际是把高投入、高消耗、高污染、低产出、低质量、低效益的生产方式转变为低投入、低消耗、低污染、高产出、高质量、高效益，把粗放型转为集约型，结合新疆产业结构现状，我们提出新疆产业结构转型升级的目标，可以将其归纳为三个层次：（1）促进新疆一、二、三产业健康协调发展，力争做到第一产业更优、第二产业更强、第三产业更大，逐步建立以生态农业为基础，以高新技术产业为先导，兼顾现代服务业发展的产业体系。（2）继续产业内部结构的发展，调整经济发展方式以及企业经营方式，逐渐朝着集约化方向发展，不断提高生产质量和效益，全面推进新疆经济的内涵式增长。（3）坚持大力发展以节约、清洁、安全、科技创新为基础的绿色环保产业，增加在三大产业中绿色技术的研发以及利用，提高资源利用率，推进新疆产业实现生态化，构建"两型社会"。

6.4.1.2 基于环境效应的新疆产业结构转型的基本原则

战略性与实用性相结合原则。产业结构转型应当符合国家经济发展战略以及相关产业政策。新疆作为"一带一路"中的核心区域,其产业结构转型必须与国家经济发展战略相一致,才能保证自身产业结构不断优化,取得良性发展。产业结构转型也应当从自身角度考虑,新疆身处亚欧内陆腹地,周边与多个国家接壤,具有独特的区位优势以及资源优势,现阶段虽然已发展为"二、三、一"的产业结构,但整体产业结构层次依旧较低,距离代表较高经济发展水平的"三、二、一"的结构类型还较远。因此新疆产业结构转型必须发挥本土优势,扬长避短,明确产业发展的重点。

经济与环境协调发展原则。当前新疆经济重工业化明显,快速发展的经济必然会消耗大量的自然资源、排放大量的环境污染物。衡量一个区域是否实现产业结构转型,必须要协调经济发展与生态环境的关系,保证兼顾经济和环境的效益,当产业发展带来的经济效益不足以弥补负向的环境效益时,应对其进行调整,或者限制其发展。

特色性原则。产业结构转型的关键在于如何协调经济、社会、环境的关系,任何国家或者地区都希望自身产业结构转型能够发挥最大成效,确保自身产业发展处于优势地位,本书认为突出地方特色是重要手段,特别是像新疆这样自然资源丰富,具有独特的地域文化和民族文化的地区,产业结构转型更应将这种独有的特色结合起来,发展番茄产业、林果业、中药产业、畜牧肉奶业、棉花产业等特色产业。同时,更应充分发挥新疆在"一带一路"建设中的重要地位,打造具有新疆特色的产品,促进新疆产业结构转型。

可持续性发展原则。其实质是实现共同发展、协调发展、公平发展、高效发展、多维发展。产业结构转型主要表现在环境资源的可持续利用,要合理处理资源使用以及环境保护两方面的关系,因此要考虑新疆产业结构转型能否实现经济、人口和生态环境之间的可持续性,根据资源的可持续利用调整经济发展方式,确保自身的消耗始终都在生态环境承载力的可控范围内。合理开发使用各种自然资源,对再生性资源而言,要始终保持再生资源的再生能力,而对非再生资源而言,要控制资源的使用力度并尽量使用可代替的再生性资源，发挥生态系统的自身调节能力，实现人类、经济与生态环境之间的良性发展。

清洁生产原则。正确认识、积极推进清洁生产和循环经济，将资源环境要素纳入整体的生产系统，考虑生产的全过程，实现生产的循环利用。要从根本上解决新疆的环境污染问题，应从源头上控制环境污染，在环境污染以前就采取对策。企业应当调整生产工艺流程，争取将生产中每一环节的污染降到最少，提高生产的资源利用效率，实现"清洁生产"。

6.4.2　新疆产业结构转型的调控对策

6.4.2.1　优化产业结构，发展高效生态经济

1. 建设高效生态农业，促进第一产业转型升级，推进农业现代化

新疆第一产业对生态环境影响较大，仅次于第二产业，同时实证结果还表明第一产业的发展在一定程度上可以改善生态环境，因此我们应充分利用新疆的农业资源优势，深化第一产业的发展，促进第一产业的转型升级。

新疆第一产业中种植业和畜牧业对环境影响较大，我们应加快调整农产品种植结构，指导农业进行科学种植，从根本上改变他们的农业作业方式，合理使用农用化学品，减少因不合理的种植方式造成的环境污染，发展高效生态农业；畜牧业中应当严格控制养殖规模，对畜禽养殖的污染进行全方位的治理。同时政府还应鼓励和引导养殖向规模化进行转变，针对牲畜的粪便处理制定统一方案，同时配套粪便处理站，防止对水环境的污染。

此外还应合理配置水、土地、劳动力等生产要素，大力发展农业基础设施，优化农业产业布局。各地州应紧密结合当地特色优势，发展多功能的绿色农业，促进农业与其他产业的有机结合，提高农业发展效率，建设高效生态农业，减少第一产业对环境的污染。

2. 实施优势资源转换战略，推动第二产业转型升级，发展资源节约型工业

新疆第二产业对环境影响最大，消耗大量的资源和能源，突出表现在工业废水、工业废气、工业粉尘、工业固体废物的排放，造成了大气环境、水环境、固体环境的污染，因此我们应充分利用新疆的资源优势，对传统工业

进行改造，推动第二产业的转型升级。

首先，应改变工业的能源消耗结构，尽量多使用清洁可再生能源，引导企业树立清洁生产、污染物无害化处理的环保理念，促进新疆工业向现代工业的转变，全面推进新型工业化，减少环境污染以及对资源的消耗。其次，制定严格的环保准入制度，控制高污染、高能耗行业的发展，对生产效率低下、排放标准不达标的企业进行整治或关闭，走低污染、技术水平高的新型工业化道路；对化工制造业、煤电、石油和天然气开采等存在严重污染的行业，政府应采取强制措施，实施清洁生产审核和管理。对于清洁生产、环保措施得力的企业，政府应对其进行优化重组，给予充分的支持鼓励，逐步形成规模效应。最后，要立足新疆现实工业基础，紧抓"一带一路"的战略机遇。加强新疆生态工业园区的建设，将园区内各企业在生产过程中紧密相连，最大限度地合理利用资源，提高生态经济效益，减少污染物的排放。同时，积极引进和培育一批高技术含量的工业企业，提升对环保技术的应用和创新，发展集约式的环境友好型工业，促进新疆工业进入快速、高效、生态的发展模式。

3. 大力发展现代服务业，推动第三产业转型升级，降低经济增长对环境的压力

新疆第三产业对生态环境影响较小。第三产业具有环境污染小、效益高以及有效增加就业等特点，现阶段新疆第三产业在 GDP 中所占比重较大，但是发展力度以及深度都远远不够，因此我们要积极发展第三产业，推动第三产业的转型升级，减少经济增长对环境造成的压力。首先，政府应加大对基础设施和产业的建设，特别是交通运输、信息通信等行业，弥补新疆经济发展的劣势，夯实新疆产业发展的基石，为第三产业的发展营造良好的环境。其次，重点发展现代服务业。支持诸如生物技术、科技服务、信息产业等低能耗、低物耗、高附加值的现代服务业发展，努力开发和资源节约有关联的第三产业，在满足当地经济发展需要的同时，实现绿色生产，缓解对环境的压力。最后，充分利用新疆丰富的自然资源和独特的民族风情，在合理开发和保护旅游资源的基础上，加强旅游基础设施的建设，努力发展生态旅游业，打造具有新疆特色的生态旅游品牌。

6.4.2.2　提升环境技术的创新应用，减少工业三废排放

现阶段新疆产业结构转型升级所带来的积极影响无法完全弥补产业规模扩大带来的负向环境效应，其根本原因是产业结构转型存在偏差。因此新疆应以技术创新为经济发展提供动力，促进产业结构的转型升级，扩大产业结构转型带来的积极影响，减少环境污染物的排放。

一要政府重点扶持和发展高新技术产业，促进新疆产业结构的转型升级。同时需要引进国内外具有先进环保技术的高新技术产业，鼓励当地企业进行学习和创新，对部分具有能力的企业给予科研支持，增强企业对绿色高新技术的吸收和转化，将绿色生产技术实际应用到生产中去。还应制定有关环保技术的产业政策，增加对环保技术研发的投入，特别是金融方面的支持，设立相应的研发风险基金，确保高新技术产业研发可以顺利进行，努力培育出有技术进步支撑、市场竞争力的绿色环保企业。

二要利用先进技术对传统产业进行改造升级。新疆应围绕绿色、环保、安全等要求重点对那些技术含量低，消耗能源高，产生大量污染的行业进行改造。本书的研究成果显示，新疆工业对环境的影响最为严重，我们应增加对传统工业的科技投入，将传统工业的生产方式和工艺流程进行改变，提升整体生产水平，降低新疆工业部门的污染排放量，将三废排放量纳入企业的基本考核指标，促进新疆传统工业的绿色转型。

三要积极发展"高校经济"，充分挖掘新疆各高校和科研机构的人才优势，政府要增加对环保技术研发经费的投入，支持高校和科研单位的环保技术研发工作，并将先进的环保技术实际应用到企业生产中去，为企业引进和推广先进的环保技术，形成"以产养研，以研促产"的长期互惠合作机制。

6.4.2.3　构建循环产业体系，发展循环经济

循环经济是新疆经济未来发展的主流趋势，从目前新疆经济的发展情况来看，产业结构依旧是以重工业为主，新疆经济增长主要也是依靠重工业的带动，要想在不损害环境的前提下提高新疆经济的发展水平，使新疆产业结构不断趋于合理化和高级化，就应该将现在这种过度依赖自然资源的发展方式转变为利用生态资源发展循环经济的模式。构建循环产业体系就是指发展

生态循环型农业、循环型工业、循环型服务业以及各产业之间的有效循环，合理利用生产过程中的各种废弃物，将减量化、再使用、再循环原则应用到生产中去，同时还要加强产业之间以及产业内部的联系，以发展较快的核心产业来带动发展缓慢的弱势产业。

新疆要根据自身的农业优势，考虑农业内部以及与其他产业之间的联系建立农业产业生态链，利用新疆在第一产业中种植业、畜牧业、养殖业方面的优势，考虑地膜、化肥和农药等污染，政府应组织相关人员进行定期回收，鼓励加引导农户进行合理用肥，应尽量使用农家肥等天然肥料，减少化肥的使用，降低对土壤结构的影响。再结合新疆当地地膜、秸秆等资源利用效率低的现状，构建以农副产品加工为核心的循环生产链，发展高效的生态农业，将农林牧渔业都结合起来，如：台田—鱼塘型循环农业模式、林粮间作型循环农业模式、草业—牧业型循环农业模式等。循环型工业系统则要在化工制造业、煤电、石油和天然气开采业等新疆工业主要产生环境污染物较多的产业形成产业循环体系。循环性服务业要依托新疆丰富的旅游资源，将新疆独特的多民族文化与绮丽的自然风光相结合，重点建立具有民族特色的生态旅游业，把生态旅游业、生态农业、生态工业进行有机连接，形成新疆经济的大循环。

6.4.2.4 引导资源节约和环境保护，促进构建"两型社会"

新疆生产消费观念落后，存在一些过度生产消费行为，一次性消费量也非常惊人，这些实际上都是资源浪费，阻碍了新疆产业结构转型，其背后也体现出当前民众环保意识薄弱，所以应广泛地宣传环保思想，引导资源节约和环境保护，促进构建两型社会。

1. 加强两型社会环保文化的建设

政府应深入广泛地开展环保的宣传教育工作，切实加强人民群众的环保意识。政府可以利用广播、电视、网络等多种媒介，把社区、村庄等作为宣传单位，利用视频、标语以及各种途径向人民宣传环保知识，积极开展环保公益性活动，树立环保先进典型。同时政府还应该正确区分各类行为，属于政府行为的，如环保监管等工作应当落实到位；属于企业行为的，应尽量实现市场化，依靠市场的力量规范环保产业的发展。环保文化主要依靠政府部门进行引导，全社会共同参与建设。

2. 完善环境保护相关制度

一方面政府应完善环保信息的管理制度，向大众公开环保举报方式，如电话、邮件等匿名形式，设立相应的奖项，对于被举报实际存在环境违法的企业要及时进行处理以及披露，增加环保信息的透明度，让群众可以看到整个管理流程，从而为社会各界关心新疆的环保工作提供精神动力。另一方面，政府应在评价各地州经济发展时，将环境保护作为重要考核指标，并配套相关税收优惠政策，激励企业进行绿色生产，从根源上减少环境污染，以"资源节约型和环境友好型社会"为目标，鼓励各族人民一起建设大美新疆。

6.4.3 新疆产业结构转型调控的保障措施

6.4.3.1 制定与环境协调发展的产业政策体系，加强产业结构转型的政策支持

1. 确立预防为主、保护优先的环保指导思想

通过研究我们看到，当前新疆经济发展依旧存在很多环境问题，因此我们在生态环境保护与建设规划中应确立预防为主、保护优先的指导思想，在制定产业发展政策时，应科学统筹规划，明确生态环境保护在产业发展中的重要地位，确保环境保护建设能够长期、稳定、高效的工作，从发展战略中体现经济与生态环境协调发展的方针；同时还应充分考虑对生态环境的影响，将生态环境效益与经济效益摆在同等重要的位置，且将环境的影响作为产业政策考核的重要指标。

2. 主导产业要突出生态化原则

新疆生态环境本就极为脆弱，所以我们在挑选新疆的主导产业时，必须要考虑生态文明，且要以生态化为主要原则，在充分考虑新疆自身的发展优势之上，以生态、环保为发展要求，建设低耗能、低污染的产业。石油、金属冶炼、天然气等能源型产业在新疆依然占据主要地位，我们要在原有的产业基础之上延长产业链条，发展高端环保型产品，逐步发展以生态旅游、生物技术等现代服务业为主的主导产业。

3. 制定环保产业政策

首先，政府应积极鼓励和支持发展低能耗、低污染的行业，对于这些行业给予税收优惠以及财政补贴同时限制高耗能、重污染的行业发展，对其实施差别征税。其次，国家应加大对环境保护试点的建设，发展节能、减排等资源综合利用技术，鼓励那些取得实际成绩的试点单位，同时将技术在全国进行推广。最后，政府应将环保技术划为重点投资领域，先重点扶持一些有实力的企业，引导他们进行环境保护建设，发展节能、减排等资源综合利用项目，并将它们的产品优先纳入政府采购名单。

4. 加强疆内协调机制

新疆地大物博，是中国陆地面积最大的省份，在发展生态经济时要在资源配置、生态环境、产业结构的协调方面加强各地州的紧密合作机制，凸显各地州本地优势，减少资源的浪费与破坏，促进整体区域的协调发展，同时还要加强行业之间的交流和协作，完善行业部门之间的合作机制，加强对公共基础设施的建设和完善，为产业的健康发展提供保障。

6.4.3.2 推动环保技术开发研究，夯实产业结构转型的技术基础

1. 建立环保技术研发体系

政府应加大对环保技术研发的支持力度，建立以企业和高校为主体的研发体系，鼓励有实力的企业设立科技研发中心，增加企业的技术开发与创新能力。首先，应制定相关政策，包括设立专项资金、税收优惠、贷款优惠等政策，确保环保技术研发可以顺利进行，鼓励企业、高校进行自主研发高效的环保技术。其次，政府可以引导企业、高校之间进行合作，构建相关环保技术流通的交易市场，取长补短，实现环保技术共享，从政策上进行创新技术改革，保证新疆产业结构转型所需的人才和技术，降低环保技术研发费用。最后，要对提出有效技术的团体以及个人给予奖励，积极将环境保护技术推广到排污治理中，充分发挥科技在环保技术上的作用。

2. 发展新型能源和可再生能源

开发新能源对于环境保护具有重大意义。新疆目前依旧是以煤炭、石油等化石能源为主，而化石能源在使用过程中将排放大量的污染物。新疆土地广阔，具有丰富的太阳能、风能等可再生资源，我们应充分利用这种优势，

开发可再生资源，逐步代替化石能源的使用，改变化石能源使用后高排放、高污染的问题，减少对环境的压力。

6.4.3.3 积极强化当地环境管制力度，强化产业结构转型的制度约束

1. 加强环境保护法律法规建设

法律法规是监管破坏环境行为的重要手段，也是确保经济可持续发展的重要保障，要通过完善环保法规的建设，加大环保部门的监督以及执法力度。一方面我们要严格贯彻实施国家颁布的环保法律，如《中华人民共和国环境保护法》《中华人民共和国水污染防治法》等，另一方面要紧密结合新疆当地生态环境以及经济发展特点，借鉴国家以及发达经济省份经验，研究建立地方性环保法规。在继续贯彻落实《新疆维吾尔自治区环境保护条例》《新疆维吾尔自治区煤炭石油天然气开发环境保护条例》《新疆维吾尔自治区辐射污染防治办法》等相关法律法规的同时，还应根据新疆区情制定更明确以及细化的环保法律法规。

2. 加强环保监督

强化环保部门监督：环保部门应加强对企业环保意识的宣传，加大对污染企业的管制，将处罚切实落到实处。推进环保部门体制改革，强化环保部门监管职能，保证环境保护和管理的效力，积极开展环境保护工作。

加强节能减排的监督：新疆第二产业比重较高，且第二产业是以煤炭、石油化工、造纸等传统产业占主导地位，具有明显的"三高一低"特点，同时也是最具有节能潜力的产业，要按照企业节能减排效果给予政策以及资金的支持。

要采取严格的环境准入与约束机制：制定明确的环境准入制度，且严格实施，从企业创立之初进行严格的环境审核，在以后的生产过程中实施环境质量跟踪，这样可以有效约束企业行为，通过设立严格的准入条件积极发展节能减排的高新产业。

3. 提高环保制度实施的有效性和效率

环保制度的有效实施是推动新疆产业结构转型的重要动力。现存的环境问题不仅与环境监管的强度有关，也与环境监管的效率有关。首先，应确定环保部门在制定相关政策中的重要地位，特别是在制定产业政策时，环保部

分应充分发挥其职能，确保产业结构转型向绿色化方向发展。其次，针对高耗能、高污染产业制定特殊的环境管制政策，确保产生较大污染的产业能够得到有效控制。最后，积极推行自愿型环保政策，提高被监管者的主动性，减少环境监管的成本。

6.4.3.4 建立和完善环保投融资机制，加强产业结构转型的金融支持

加大环保资金投入。政府以及相关环保部门应增加促进资源节约的财政支出，设立绿色环保产业发展资金，对于环保技术有明显突破的领域给予重点支持，重视政府财税相关政策和政策资金的引导作用，同时拓宽筹资渠道，向社会各界筹集资金。

加大财税扶持。对节能、节水以及低耗产品制定低税政策，对浪费资源的企业实施高税政策。针对环保产业研发费用较高、周期较长等特点，政府可以在税收方面采取政策，如降低流转税、营业税等，给环保企业更多的财政投入，切实将各项办法落实到具体的环保产业中。

扩大信贷投放。进一步推动银行业金融机构合理配置信贷资源，将企业、政府、银行进行有效连接，确保环保领域项目的融资能够快速高效地落实，特别是针对重大项目的建设，政府企业银行都应设专人跟踪负责，确保环保资金的合理利用。严格控制对资源利用效率低、环境污染严重的行业投资，优先为具有环保技术的企业提供优惠贷款。

大力推进金融生态环境建设。金融生态环境是指金融运行中的宏观经济环境、法制环境、信用环境以及制度环境等，主要是运用生态学的方法描述金融所处的外部环境。政府应不断改善金融生态环境，为新疆产业结构转型创造良好的金融环境。首先，政府应关心金融生态环境的建设，制定相关政策，协调各部门的工作，引导金融部门支持新疆的生态环境建设。其次，要不断完善征信体系，特别是加强对企业征信系统的建设，将企业的环境保护设为信用指标。最后，要加强服务性政府的建设，协调政府、银行、企业的合作，共同维护新疆金融生态环境，让新疆环保产业持续健康的发展。

参 考 文 献

一、中文部分

[1] 艾尼瓦尔·买买提，迪里拜尔·苏里坦. 新疆经济发展与环境污染关系研究 [J]. 干旱区资源与环境，2008 (9)：108 – 111.

[2] 白钦先，谭庆华. 政策性金融的功能研究——并论中国政策性金融的发展 [M]. 北京：中国金融出版社，2008 (3)：130 – 133.

[3] 白云朴，李辉. 资源型产业结构优化升级影响因素及其实现路径 [J]. 科技管理研究，2015 (12)：116 – 122.

[4] 毕海滨. "一路一带" 背景下新疆基础设施建设研究 [J]. 合作经济与科技，2015 (12)：26 – 28.

[5] 毕世杰. 发展经济学 [M]. 北京：高等教育出版社，1999：32 – 34.

[6] 蔡琴. 产业转型升级的国内研究综述 [J]. 科技经济市场，2014 (3)：20 – 21.

[7] 蔡青青. 新疆地方资本市场建设研究 [D]. 乌鲁木齐：新疆财经大学，2010.

[8] 蔡绍洪，陈胜男. 低碳经济约束与西部地区资源型产业发展 [J]. 商业研究，2012 (5)：140 – 145.

[9] 蔡绍洪，陆阳，钱怡帆. 西部地区资源型产业组织生态化发展的模式及对策 [J]. 商业经济研究，2015 (11)：131 – 132.

[10] 柴颖琦. 吉林省资源型产业转型升级初探 [J]. 通化师范学院学报，2014 (5)：27 – 30.

[11] 陈浩，方杏村. 资源开发、产业结构与经济增长：基于资源枯竭型城市面板数据的实证分析 [J]. 贵州社会科学，2014（12）：114 – 119.

[12] 陈建奇. 对外直接投资推动产业结构升级：赶超经济体的经验[J]. 当代经济科学，2014，36（6）：71 – 77.

[13] 陈鲲玲. 新疆人才发展环境存在问题及对策思考 [J]. 实事求是，2012（1）：58 – 60.

[14] 陈琳，朱明瑞. 对外直接投资对中国产业结构升级的实证研究：基于产业间和产业内升级的检验 [J]. 当代经济科学，2015，37（6）：116 – 121.

[15] 陈玲，程莉. 新疆产业结构优化升级路径研究 [J]. 特区经济，2014（2）：170 – 171.

[16] 陈柳钦. 论产业价值链 [J]. 兰州商学院学报，2007，23（4）：57 – 63.

[17] 陈胜男. 低碳经济背景下的贵州资源型产业发展研究 [D]. 贵阳：贵州财经大学，2013.

[18] 陈颖. 内蒙古资源型产业转型与升级问题研究 [D]. 北京：中央民族大学，2012.

[19] 程广斌. 新疆农产品加工业产业组织研究 [D]. 石河子：石河子大学，2008.

[20] 褚艳宁. 生态经济视角下"资源诅咒"向"资源福祉"的转化[J]. 经济问题，2015（2）：31 – 40.

[21] 崔保山，刘兴土. 黄河三角洲湿地生态特征变化及可持续性管理对策 [J]. 地理科学，2001（3）：250 – 256.

[22] 崔凤军，杨永慎. 产业结构对城市生态环境的影响分析 [J]. 中国环境科学，1998（2）：166 – 169.

[23] 崔日明，张婷玉，张志明. 中国对外直接投资对国内投资影响的实证研究 [J]. 广东社会科学，2011（1）：27 – 34.

[24] 代芳菲. 探究加工制造业企业成本管理中存在的问题及其对策[J]. 经济生活文摘，2012（11）：35 – 38.

[25] 戴跃明. 外商在华直接投资与新疆利用外资战略研究 [D]. 武汉：武汉大学，2012.

［26］邓平. 中国科技创新的金融支持研究［D］. 武汉：武汉理工大学，2009：80 - 99.

［27］丁非白，吕君. 资源型城市产业结构优化研究：以阜新市为例［J］. 财经理论研究，2015（3）：60 - 66.

［28］丁凤贺，陈作如. 新疆制造业发展的产业集群分析［J］. 价格月刊，2012（4）：46 - 49.

［29］杜传忠，冯晶，李雅梦. 我国高技术制造业低端锁定及其突破路径实证分析［J］. 中国地质大学学报（社会科学版），2016（7）：114 - 124.

［30］杜龙政，刘友金. 全球价值链下产业升级与集群式创新发展研究［J］. 国际经贸探索，2007（12）：66 - 70.

［31］段树国，龚新蜀. 地区能源消费与经济增长的协整分析：以新疆为例［J］. 生态经济，2013（4）：58 - 61.

［32］段树国，龚新蜀. 基于偏离 - 份额分析法的新疆资源型产业竞争力评价［J］. 干旱区资源与环境，2013（11）：9 - 14.

［33］段树国，龚新蜀. 基于熵值法的地区循环经济发展综合评价：以新疆为例［J］. 中国科技论坛，2012（11）：98 - 103.

［34］段树国. 新疆资源产业循环经济发展研究［D］. 石河子：石河子大学，2013.

［35］樊杰. 我国煤矿城市产业结构转换问题研究［J］. 地理学报，1993（3）：218 - 226.

［36］范海滢. 山西资源型产业转型研究［D］. 长春：中共吉林省委党校，2011.

［37］傅艳. 产融结合之路通向何方：中国产业与金融结合的有效性研究［M］. 北京：人民出版社，2003.

［38］干春晖，郑若谷，余典范. 中国产业结构变迁对经济增长和波动的影响［J］. 经济研究，2011（5）：4 - 16.

［39］干春晖，郑若谷. 改革开放以来产业结构演进与生产率增长研究——对中国 1978 ~ 2007 年"结构红利假说"的检验［J］. 中国工业经济，2009（2）：55 - 65.

［40］高铂睿，李珊珊. 现代金融体系支持产业转型升级的时间序列分

析——以广州市为例［J］.经济地理，2015（3）：115－119.

［41］高辉.环境污染与经济增长方式转变——来自中国省际面板数据的证据［J］.财经科学，2009（4）：102－109.

［42］高怡冰，林平凡.产业集群创新与升级：以广东产业集群发展为例［M］.广州：华南理工大学出版社，2010.

［43］龚三乐.全球价值链内企业升级绩效、绩效评价与影响因素分析——以东莞IT产业集群为例［J］.改革与战略，2011，27（7）：178－181.

［44］龚新蜀，达月霞.新疆产业结构转型的环境效应分析［J］.改革与战略，2015（6）：129－134.

［45］古丽鲜·艾孜孜，毛克贞.新疆产业结构演变与环境质量的关系研究［J］.经济论坛，2009（3）：86－88.

［46］顾朝林，杨焕彩.黄河三角洲发展规划研究［M］.南京：东南大学出版社，2011.

［47］顾丽华.新疆对外直接投资与经济增长的因果关系检验［J］.淮阴工学院学报，2015（4）：42－47.

［48］管军，严骏，牛晓惠.京津冀一体化河北省钢铁产业转型升级效果评价指标体系构建及应用研究［J］.河北工程大学学报（社会科学版），2015（2）：1－5.

［49］郭婷婷.资源型城市经济转型中的金融支持研究［D］.太原：山西财经大学，2012.

［50］郭晓梦.河南省煤炭产业转型升级研究［D］.郑州：郑州大学，2014.

［51］海日古丽·艾买尔，瓦哈甫·哈力克等.新疆产业结构变化及其生态环境效益分析［J］.新疆农业科学，2010（8）：1687－1692.

［52］韩斌.云南传统资源型产业的生态转型研究［J］.生态经济，2014（2）：93－95.

［53］韩城.实证分析新能源发展的主要影响因素：基于协整分析与格兰杰因果检验［J］.资源与产业，2011（1）：32－36.

［54］韩红丽，刘晓君.产业升级再解构：由三个角度观照［J］.改革，2011（1）：47－51.

［55］韩美. 黄河三角洲湿地生态研究［M］. 济南：山东人民出版社，2008：20－21.

［56］郝凤霞，张璐. 低端锁定对全球价值链中本土产业升级的影响［J］. 科研管理，2016，37（S1）：131－141.

［57］郝建成，王成彪. 循环经济视角的煤炭工业可持续发展研究［J］. 煤炭工程，2012（6）：128－130，133.

［58］何德旭，姚战琪. 中国产业结构调整的效应、优化升级目标和政策措施［J］. 中国工业经济，2008（5）：46－56.

［59］侯安鑫. 论环境保护与产业结构调整［J］. 山西能源与节能，2004（3）：35－36.

［60］胡春发. 金融支持产业转型升级的路径选择——朔州实例［J］. 华北金融，2012（1）：59－60.

［61］胡锦娟. 金融发展、FDI 与产业结构优化的实证研究［J］. 经济论坛，2015（8）：50－55.

［62］胡泽民. 新疆资源型产业结构优化升级影响因素的实证研究［J］. 经济论坛，2015（2）：13－18.

［63］华萍. 加快河南省旅游产业转型升级的金融思考［J］. 金融理论与实践，2013（6）：111－114.

［64］化根根. 资源枯竭型城市产业结构调整研究［D］. 合肥：安徽大学，2014.

［65］贾晶. 新疆主导产业选择及培育研究［D］. 乌鲁木齐：新疆财经大学，2010.

［66］贾妮莎，韩永辉，邹建华. 中国双向 FDI 的产业结构升级效应：理论机制与实证检验［J］. 国际贸易问题，2014（11）：109－120.

［67］贾晓娟. 资源环境约束下的"两型社会"产业结构调整［J］. 理论月刊，2008（3）：86－88.

［68］简晓彬. 制造业价值链攀升机理研究——以江苏省为例［D］. 徐州：中国矿业大学，2014.

［69］江岸. 甘肃省资源型产业可持续发展模式研究［D］. 兰州：兰州大学，2014.

［70］姜甘伟. 中国对外直接投资的产业结构升级效应研究［D］. 广州：暨南大学，2013.

［71］姜鹏，张平，于珊珊. 黑龙江省资源型城市发展服务外包的路径选择及对策：以产业转型为视角［J］. 商业经济，2014（17）：9－10，17.

［72］姜伟尉. 全球价值链背景下我国制造业定位与升级研究［D］. 镇江：江苏大学，2013.

［73］蒋冠宏，张馨月. 金融发展与对外直接投资——来自跨国的证据［J］. 国际贸易问题，2016（1）：166－176.

［74］蒋勇杰. 代工企业转型升级的问题与对策研究［D］. 上海：华东理工大学，2016.

［75］解传勇. 中国对外直接投资对产业结构优化升级的效应研究［D］. 昆明：云南财经大学，2015.

［76］晋腾. 黄河三角洲高效生态经济区的产业结构与生态环境效应评价研究［D］. 济南：山东师范大学，2014.

［77］景光正，李平，许家云. 金融结构、双向FDI与技术进步［J］. 金融研究，2017（7）：62－77.

［78］敬莉，张胜达. 基于资源优势的新疆产业结构优化与路径依赖［J］. 新疆财经，2012（2）：49－55.

［79］蓝春梅. 数据包络分析模型与经济系统效率评价［D］. 重庆：重庆大学，2009.

［80］黎峰. 增加值视角下的中国国家价值链分工——基于改进的区域投入产出模型［J］. 中国工业经济，2016（3）：52－67.

［81］李达，王春晓. 我国经济增长与大气污染物排放的关系——基于分省面板数据的经验研究［J］. 财经科学，2007（2）：43－50.

［82］李东坤，邓敏. 中国省际OFDI、空间溢出与产业结构升级——基于空间面板杜宾模型的实证分析［J］. 国际贸易问题，2016（1）：121－133.

［83］李东卫. 战略性新兴产业发展与金融支持问题研究［J］. 青海金融，2011（3）：50－53.

［84］李芳，龚新蜀，张磊. 生态脆弱区产业结构变迁的生态环境效应研究——以新疆为例［J］. 统计与信息论坛，2011（12）：63－69.

[85] 李杰. 新疆油气资源型城市产业接续与对策研究 [D]. 乌鲁木齐：新疆农业大学, 2011.

[86] 李龙. 新疆资源型产业转型升级的金融支持研究 [D]. 石河子：石河子大学, 2015.

[87] 李梅, 金照林. 国际 R&D、吸收能力与对外直接投资逆向技术溢出——基于我国省际面板数据的实证研究 [J]. 国际贸易问题, 2011 (10)：124 – 136.

[88] 李梅. 金融发展、对外直接投资与母国生产率增长 [J]. 中国软科学, 2014 (11)：170 – 182.

[89] 李敏. 金融集聚对产业转型升级的影响研究——基于浙江的实证分析 [J]. 浙江金融, 2014 (12)：54 – 58.

[90] 李朋. 金融发展影响产业结构转型升级的实证研究 [D]. 广州：广东商学院, 2012.

[91] 李素清, 黄土高原产业结构调整与生态产业建设对策 [J]. 太原师范学院学报, 2004 (1)：66 – 70.

[92] 李曈. 西部地区资源型产业转型的动力机制分析 [J]. 北方经济, 2014 (7)：46 – 47.

[93] 李文君, 杨明川, 史培军. 唐山市资源型产业结构及其环境影响分析 [J]. 地理研究, 2002 (4)：511 – 518.

[94] 李霞, 邵建春. 基于 VAR 模型的我国双向 FDI 产业结构升级效应比较研究 [J]. 科技与经济, 2016, 29 (4)：101 – 105.

[95] 李雪梅, 闫海龙. 矿产资源产业发展及其经济环境效应 [J]. 资源与产业, 2012 (4)：108 – 114.

[96] 李颖. 科技与金融结合的路径和对策 [M]. 北京：经济科学出版社, 2011.

[97] 李月辉. 金融支持郴州资源型产业转型的调查与思考 [J]. 金融经济, 2012 (16)：141 – 142.

[98] 廖文华. 贵州省资源型产业生态化发展路径研究 [D]. 贵阳：贵州财经大学, 2012.

[99] 林翙, 刘倩. 福建省产业结构调整对生态环境影响的实证分析

[J]. 福建师范大学学报（哲学社会科学版），2014（1）：26 – 32.

[100] 林毅夫，李永军. 中小金融机构发展与中小企业融资 [J]. 经济研究，2001（1）：10 – 18，53 – 93.

[101] 林志帆，龙晓旋. 金融结构与发展中国家的技术进步——基于新结构经济学视角的实证研究 [J]. 经济学动态，2015（12）：57 – 68.

[102] 蔺雪芹，方创琳. 城市群工业发展的生态环境效应——以武汉城市群为例 [J]. 地理研究，2010（12）：2233 – 2242.

[103] 刘川. 基于全球价值链的区域制造业升级评价研究：机制、能力与绩效 [J]. 当代财经，2015（5）：97 – 105.

[104] 刘海燕. 湖南承接产业转移的环境效应研究 [D]. 湘潭：湘潭大学，2013.

[105] 刘海云，聂飞. 中国 OFDI 动机及其双向技术溢出——基于二元边际的实证研究 [J]. 世界经济研究，2015（6）：102 – 110.

[106] 刘海云，聂飞. 中国制造业对外直接投资的空心化效应研究 [J]. 中国工业经济，2015（4）：83 – 96.

[107] 刘娟. 循环经济视角下资源型产业集群化发展机理与路径选择研究：以煤炭产业为例 [M]. 北京：经济科学出版社，2013.

[108] 刘俊. 中国制造业竞争力研究 [D]. 福州：福建师范大学，2009.

[109] 刘世锦. 为产业升级和发展创造有利的金融环境 [J]. 上海金融，1996（4）：3 – 4.

[110] 刘书梅. 经济全球化背景下江苏制造业价值链升级的影响因素研究 [D]. 南京：南京工业大学，2011.

[111] 刘曙光，杨华. 关于全球价值链与区域产业升级的研究综述 [J]. 中国海洋大学学报（社会科学版），2004（5）：27 – 30.

[112] 刘伟. 发展方式的转变需要依靠制度创新 [J]. 经济研究，2013（2）：8 – 12.

[113] 刘伟. 经济新常态与经济发展新策略 [J]. 中国特色社会主义研究，2015（2）：5 – 13，2.

[114] 刘文新，张平宇，马延吉. 资源型城市产业结构演变的环境效应研究——以鞍山市为例 [J]. 干旱区域资源与环境，2007（2）：17 – 21.

［115］刘兴宇．资源型城市产业转型与结构优化实证研究［D］．开封：河南大学，2013.

［116］刘宣祥．传统产业集群转型升级过程中的金融支持问题探讨——以云和县木制玩具产业集群为例［J］．浙江金融，2011（8）：35－38.

［117］刘拥军．论比较优势与产业升级［J］．财经科学，2005（5）：159－164.

［118］刘永萍，任青丝．基于偏离—份额法的新疆工业竞争力分析［J］．统计与决策，2008（8）：92－94.

［119］刘媛媛，孙慧．资源型产业集群形成机理分析与实证［J］．中国人口·资源与环境，2014（11）：103－111.

［120］刘志彪．产业升级的发展效应及其动因分析［J］．南京师大学报（社会科学版），2000（2）：3－10.

［121］吕广征．山东半岛产业升级的金融支持研究［D］．大连：东北财经大学，2010.

［122］马丽，金凤君，刘毅．中国经济与环境污染耦合度格局及工业结构解析［J］．地理学报，2012（10）：1299－1307.

［123］马良华，阮鑫光．硅谷银行的成功对我国的启示［J］．浙江金融，2003（1）：5－8.

［124］迈克尔·波特．国家竞争优势［M］．北京：华夏出版社，2002：72－93.

［125］梅丽霞，蔡铂，聂鸣．全球价值链与地方产业集群的升级［J］．科技进步与对策，2005，22（4）：11－13.

［126］倪天麒，王静，杜宏茹．战略性资源地区资源型产业发展刍议——以新疆为例［J］．干旱区资源与环境，2012（1）：6－11.

［127］聂飞，刘海云，毛海欧．中国利用外资促进了对外直接投资吗——基于集聚经济效应的实证研究［J］．国际贸易问题，2016（10）：119－130.

［128］聂小桃．广州产业结构演变与环境质量关系研究［D］．广州：暨南大学，2012.

［129］潘伟，杨德刚，杨莉，等．1952～2008年新疆产业结构演进特征分析［J］．干旱区地理（汉文版），2012，35（1）：177－185.

［130］潘颖. 中国对外直接投资影响国内产业结构升级的实证研究［D］. 长沙：湖南大学，2009.

［131］彭德芬. 中西部地区利用外资与产业结构的重新选择［J］. 数量经济技术经济研究，2000，17（7）：6－8.

［132］彭水军，包群. 中国经济增长与环境污染［J］. 当代经济，2006（7）：5－12.

［133］彭银春. 新疆发展制造业的必要性、可行性及对策研究［J］. 新疆财经大学学报，2011（4）：5－10.

［134］乔瑞中，姜国刚. 黑龙江省资源型产业发展研究［M］. 北京：中国社会科学出版社，2010.

［135］邱建. 产业结构演变的环境效应及其优化研究：以长沙市为例［D］. 长沙：湖南大学，2008.

［136］曲泽静，毛子明. 全球价值链分工下长三角制造业升级路径研究［J］. 探求，2015（1）：99－103.

［137］任丽军，尚金城. 山东省产业结构的生态合理性评价［J］. 地理科学，2005（2）：215－220.

［138］商潇丹. 提升辽宁省装备制造业技术创新能力的研究［D］. 长春：吉林大学，2007.

［139］尚成成. 石油资源枯竭型城市转型发展研究［D］. 开封：河南大学，2014.

［140］沈能. 技术创新的金融安排研究［D］. 大连：大连理工大学，2008.

［141］施振荣. 微笑曲线［M］. 上海：复旦大学出版社，2014.

［142］宋丛一. 我国电子及通信设备制造业价值链升级路径研究［D］. 大连：东北财经大学，2015.

［143］宋辉，李强. 从投入产出模型看科技进步对中国产业结构升级的影响［J］. 数量经济技术经济研究，2003，20（1）：103－107.

［144］苏东水. 产业经济学［M］. 北京：高等教育出版社，2005.

［145］苏姚. 湖南水污染与经济发展关系的实证分析［D］. 长沙：湖南大学，2008.

[146] 孙伍琴，朱顺林．金融发展促进技术创新的效率研究——基于 Malmuquist 指数的分析 [J]．统计研究，2008（3）：46-50.

[147] 汤进华，钟儒刚．武汉市产业结构变动的生态环境效应研究 [J]．水土保持研究，2010（2）：259-263.

[148] 唐强荣，徐学军．生产性服务业与制造业共生与绩效关系的实证研究 [J]．管理评论，2009，21（9）：72-76.

[149] 涂颖清．全球价值链下我国制造业升级研究 [D]．上海：复旦大学，2010.

[150] 万永坤，董锁成．产业结构与环境质量交互耦合机理研究——以甘肃省为例 [J]．地域研究与开发，2012（5）：117-121.

[151] 汪斌．中国产业：国际分工地位和结构的战略性调整：以国际区域为新切入点的理论与实证分析 [M]．北京：光明日报出版社，2006.

[152] 汪戎，郑逢波，张强．转变资源型产业发展方式的路径探索：2012 年中国"资源型产业升级和产业结构调整"学术研讨会观点综述 [J]．管理世界，2012（5）：152-156.

[153] 汪伟，刘玉飞，彭冬冬．人口老龄化的产业结构升级效应研究 [J]．中国工业经济，2015（11）：47-61.

[154] 汪一洋，李延强，许修雷．新常态下产业转型升级的路径研究 [J]．广东经济，2015（6）：6-15.

[155] 王彩丽．FTA 对中国制造业价值链升级的影响研究 [D]．南京：东南大学，2015.

[156] 王长征，刘毅．经济与环境协调研究进展 [J]．地理科学进展，2002（1）：58-654.

[157] 王超．新疆产业结构变迁与生态环境系统协调性研究 [D]．石河子：石河子大学，2010.

[158] 王芳．产业结构与环境质量变化的实证研究 [D]．西安：陕西师范大学，2008.

[159] 王锋正，郭晓川．能源矿产开发、环境规制与西部地区经济增长研究 [J]．资源与产业，2015（3）：107-113.

[160] 王奉贤．我国双向 FDI 对价值链升级的影响机理与实证研究 [D].

杭州：浙江财经大学，2016.

[161] 王海杰，吴颖．全球价值链分工中欠发达地区产业升级策略研究——以河南省为例 [J]．区域经济评论，2015 (5)：9－14.

[162] 王静．FDI 促进中国各地区产业结构优化的门限效应研究 [J]．世界经济研究，2014 (3)：73－79.

[163] 王开盛．我国资源型城市产业转型效果及影响因素研究 [D]．西安：西北大学，2013.

[164] 王磊，陈军，王太祥．资源型产业生态化发展水平及其演进：以新疆为例 [J]．中国科技论坛，2015 (5)：96－101.

[165] 王丽娟，陈兴鹏．产业结构对城市生态环境影响的实证研究 [J]．甘肃省经济管理干部学院学报，2003 (4)：22－24.

[166] 王姗姗，屈小娥．基于环境效应的中国制造业全要素能源效率变动研究 [J]．中国人口·资源与环境，2011，21 (8)：130－137.

[167] 王书成，郭其友．经济增长对环境污染的影响及区域性差异——基于省际动态面板数据模型的研究 [J]．山西财经大学学报，2014，36 (4)：14－26.

[168] 王恕立，向姣姣．创造效应还是替代效应——中国 OFDI 对进出口贸易的影响机制研究 [J]．世界经济研究，2014 (6)：66－72.

[169] 王亚静．京津冀区域农产品加工产业链的构建研究 [D]．石家庄：河北经贸大学，2016.

[170] 王英，刘思峰．OFDI 对我国产业结构的影响：基于灰关联的分析 [J]．世界经济研究，2008 (4)：61－65，89.

[171] 王永钦，杜巨澜，王凯．中国对外直接投资区位选择的决定因素：制度、税负和资源禀赋 [J]．经济研究，2014 (12)：126－142.

[172] 王永中．浅析金融发展、技术进步与内生增长 [J]．中国社会科学院研究生院学报，2007 (2)：17－18.

[173] 魏建，李少星．黄河三角洲高效生态经济区发展报告 (2012) [M]．北京：中国人民大学出版社，2012：12.

[174] 魏燕．新疆产业结构升级的金融支持研究 [D]．石河子：石河子大学，2013.

[175] 邬娜, 傅泽强, 谢园园. 产业结构变动的环境效应及案例分析 [J]. 生态经济, 2013 (4): 29 – 32.

[176] 吴雅云, 高世葵. 内蒙古资源型城市产业转型能力评价 [J]. 资源与产业, 2015 (1): 1 – 5.

[177] 伍海华, 张旭. 经济增长·产业结构·金融发展 [J]. 经济理论与经济管理, 2001 (5): 11 – 16.

[178] 席宝山, 郭丰才. 山西资源环境现状分析及对策研究 [J]. 山西经济管理干部学院学报, 2003 (3): 5 – 6.

[179] 肖春梅. 资源和环境约束下的新疆资源型产业集群的升级与转型 [J]. 生态经济, 2010 (8): 103 – 107.

[180] 肖华. 全球化条件下从 OEM 到自我品牌创新的战略变革——以 "深圳富士康科技集团" 为例 [D]. 上海: 上海大学, 2007.

[181] 谢沛善. 我国金融支持高新技术产业发展模型的构建及实证分析 [J]. 广西财经学院学报, 2013 (6): 105 – 109.

[182] 谢沛善. 中日高新技术产业发展的金融支持研究 [D]. 大连: 东北财经大学, 2010.

[183] 熊建新, 陈端吕, 彭保发等. 洞庭湖区产业结构变化对生态环境的影响评价 [J]. 国土与自然资源研究, 2014 (2): 21 – 24.

[184] 徐成龙. 环境规制下产业结构调整及其生态效应研究 [D]. 济南: 山东师范大学, 2015.

[185] 徐平华. 资源和环境约束下我国产业结构的调整方向 [J]. 桂海论丛, 2007 (1): 40 – 42.

[186] 徐业明. 资源环境视角下淮河流域工业结构优化调整研究 [D]. 蚌埠: 安徽财经大学, 2014.

[187] 徐周舟. 国内外资源型城市产业转型升级的相关研究综述 [J]. 中国市场, 2011 (41): 136 – 137.

[188] 薛军, 汪戎. 中国资源型产业结构调整与升级研究述评 [J]. 学术探索, 2013 (11): 37 – 45.

[189] 闫丽霞. 河南省产业结构升级与环境污染关系研究 [J]. 企业经济, 2013 (8): 26 – 29.

［190］杨波，王静. 江苏省制造业利用外资的产业结构升级效应实证分析［J］. 产业经济研究，2004（6）：34 - 39.

［191］杨建国，赵海东. 资源型城市经济转型模式及优化研究［J］. 财经理论研究，2013（1）：39 - 44.

［192］杨锦平. 新疆对外直接投资贸易效应实证分析［J］. 新疆农垦经济，2012（6）：49 - 52.

［193］杨仁发，刘纯彬. 生产性服务业与制造业融合背景的产业升级［J］. 改革，2011（1）：40 - 46.

［194］杨砚峰，李宇. 技术创新的企业规模效应与规模结构研究——以辽宁装备制造业为例［J］. 中国软科学，2009（2）：164 - 172.

［195］杨阳. 南通民营经济转型升级金融支持研究［J］. 现代商贸工业，2011（11）：77 - 78.

［196］遥远. 2012 年第一季度新疆保险业平稳发展［EB/OL］.（2012 - 05 - 03）.［2014 - 10 - 04］. http：//insurance. hexun. com/2012 - 05 - 03/141025125. html.

［197］叶建平，申俊喜，胡潇. 中国 OFDI 逆向技术溢出的区域异质性与动态门限效应［J］. 世界经济研究，2014（10）：66 - 72.

［198］叶茂盛. 现代物流业与制造业升级互动关系探析［J］. 市场周刊：新物流，2007（10）：62 - 63.

［199］尹冰清，原磊. 山西省资源型产业转型发展的方向与建议［J］. 中国经贸导刊，2015（3）：37 - 40.

［200］于善波，吕雨聪. 资源型产业集群升级与转型的对策研究［J］. 经济研究导刊，2015（15）：35 - 36.

［201］余官胜，都斌. 外商直接投资对企业对外直接投资影响的实证研究［J］. 软科学，2016，30（4）：65 - 68.

［202］余官胜，袁东阳. 金融发展是我国企业对外直接投资的助推器还是绊脚石——基于量和质维度的实证研究［J］. 国际贸易问题，2014（8）：125 - 134.

［203］余晓娟. 浙江省产业结构与环境质量关系实证研究［D］. 杭州：浙江理工大学，2010.

［204］袁杭松．巢湖流域产业结构演化及其生态环境效应［D］．合肥：安徽大学，2010.

［205］袁丽君．外商直接投资对新疆产业结构调整的研究［D］．乌鲁木齐：新疆财经大学，2012.

［206］战伟平．新疆人才发展问题及对策探讨——基于马斯洛需要层次理论［J］．学理论，2014（16）：121－122.

［207］张程．基于可持续发展的资源型城市产业转型研究：以克拉玛依市为例［D］．乌鲁木齐：新疆财经大学，2014.

［208］张春林．丝绸之路经济带框架下促进新疆对外开放与经济发展的建议［J］．中国经贸导刊，2013（33）：16－19.

［209］张国胜，胡建军．产业升级中的本土市场规模效应［J］．财经科学，2012（2）：78－85.

［210］张海宝．OFDI、IFDI对我国产业结构优化影响的实证分析［D］．济南：山东大学，2012.

［211］张海峰，白永平，王保宏，等．青海省产业结构变化及其生态环境效应［J］．经济地理，2008（5）：748－751.

［212］张辉．全球价值链动力机制与产业发展策略［J］．中国工业经济，2006（1）：40－48.

［213］张辉．全球价值链理论与我国产业发展研究［J］．中国工业经济，2004（5）：38－46.

［214］张慧明，蔡银寅．中国制造业如何走出"低端锁定"——基于面板数据的实证研究［J］．国际经贸探索，2015，1（1）：52－65.

［215］张金梅．装备制造业研究文献综述［J］．现代商业，2014（35）：42－43.

［216］张景安．风险投资与中小企业技术创新研究［M］．北京：科学出版社，2008.

［217］张婧茹．新疆加工贸易转型升级研究［D］．石河子：石河子大学，2015.

［218］张侃．基于金融发展的中国制造业全球价值链升级研究［D］．北京：北京交通大学，2016.

[219] 张磊. 外商直接投资（FDI）与新疆产业结构调整研究 [D]. 石河子：石河子大学, 2011.

[220] 张林. 中国双向FDI、金融发展与产业结构优化 [J]. 世界经济研究, 2016 (10): 111 – 124.

[221] 张年宝. 我国对外直接投资对产业结构升级的促进作用分析 [D]. 上海：同济大学, 2008.

[222] 张其仔. 比较优势的演化与中国产业升级路径的选择 [J]. 中国工业经济, 2008 (9): 58 – 68.

[223] 张庆霖, 苏启林. 代工制造、金融危机与东部地区产业升级 [J]. 经济管理, 2010 (1).

[224] 张少军, 刘志彪. 我国分权治理下产业升级与区域协调发展研究——地方政府的激励不相容与选择偏好的模型分析 [J]. 财经研究, 2010, 36 (12): 83 – 93.

[225] 张彤. 新常态下物流服务推动制造业升级的机理与路径选择 [J]. 商业时代, 2015 (23): 22 – 24.

[226] 张伟. 基于知识视角的西部地区资源型产业链升级研究 [M]. 北京：科学出版社, 2014.

[227] 张伟. 全球价值链与西部地区资源型产业升级 [J]. 特区经济, 2008 (7): 197 – 198.

[228] 张文宣. 全球价值链的利益分配研究 [J]. 太原理工大学学报 (社会科学版), 2007, 25 (3): 10 – 15.

[229] 张向阳, 朱有为. 基于全球价值链视角的产业升级研究 [J]. 外国经济与管理, 2005, 27 (5): 21 – 27.

[230] 张晓东, 池天河. 基于区域资源环境容量的产业结构分析：以北京怀柔县为例 [J]. 地理科学进展, 2010 (4): 31 – 34.

[231] 张晓燕. 能源与环境约束下新疆产业结构优化研究 [D]. 乌鲁木齐：新疆财经大学, 2014.

[232] 张新宇. 面向生态城市建设的产业结构优化研究 [J]. 天津社会科学, 2009 (5): 90 – 93.

[233] 张兴胜. 渐进改革与金融转轨 [M]. 北京：中国金融出版社, 2007.

[234] 张旭波. 公司行为与竞争优势——评迈克尔·波特的价值链理论 [J]. 国际经贸探索, 1997 (3): 34 – 37.

[235] 张学敏, 徐立清. 浙江出口贸易与环境污染互动关系研究 [J]. 资源与产业, 2010 (4): 138 – 143.

[236] 张玉喜. 产业政策的金融支持: 机制、体系与政策 [M]. 北京: 经济科学出版社, 2007.

[237] 张玉霞. 兵团城镇化建设进程中的金融支持研究 [D]. 石河子: 石河子大学, 2013.

[238] 张正. 我国对外直接投资的产业结构优化升级效应研究 [D]. 济南: 山东财经大学, 2016.

[239] 章静. 我国代工企业知识转移、技术创新与功能升级研究——基于全球价值链视角 [D]. 济南: 山东大学, 2013.

[240] 赵春薇, 李丹. 黑龙江省资源型城市经济转型的金融支持 [J]. 黑龙江对外经贸, 2008 (9): 31 – 33.

[241] 赵海霞, 曲福田, 郭忠兴. 环境污染影响因素的经济计量分析——以江苏省为例 [J]. 环境保护, 2006 (2): 43 – 49.

[242] 赵君丽. 全球价值链下中国纺织服装产业升级研究 [D]. 上海: 上海财经大学, 2008.

[243] 赵明月. 新疆对外直接投资与进出口贸易的实证分析 [J]. 对外经贸, 2014 (8): 69 – 71.

[244] 赵萍. 新疆与中亚贸易合作的新机遇、新问题与对策 [J]. 现代经济信息, 2014 (1): 128 – 129.

[245] 赵彤, 丁萍. 区域产业结构转变对生态环境影响的实证分析——以江苏省为例 [J]. 工业技术经济, 2008 (12): 90 – 93.

[246] 赵雪雁. 甘肃省产业空间结构及其生态效应分析 [J]. 干旱区资源与环境, 2007 (6): 17 – 21.

[247] 赵振全, 薛丰慧. 金融发展对经济增长影响的实证分析 [J]. 金融研究, 2004 (8): 94 – 99.

[248] 甄江红. 鄂尔多斯市工业化进程中产业结构的演进分析 [J]. 干旱区资源与环境, 2012 (10): 121 – 127.

[249] 郑逢波，王筱，陈龙. 基于动态偏离——份额空间模型的资源型产业竞争力研究：以云南省为例 [J]. 产业经济评论，2015 (2)：72 - 80.

[250] 郑秀芳. 基于价值链的成本管理模式 [J]. 价值工程，2009，28 (8)：72 - 74.

[251] 中国人民银行郴州市中心支行课题组，张伯一，刘爱龙. 郴州资源型产业转型与金融支持研究 [J]. 金融经济，2012 (2)：63 - 64.

[252] 周建珊. 我国装备制造业转型升级与金融支持研究 [J]. 湖南科技大学学报（社会科学版），2013 (2)：114 - 116.

[253] 周金祥，戴立勋，张灿. 桐庐电力装备制造业转型升级的金融支持研究 [J]. 浙江金融，2011 (11)：77 - 80.

[254] 周立. 中国各地区金融发展与经济增长（1978~2000）[M]. 北京：清华大学出版社，2004.

[255] 周升起. OFDI 与投资国（地区）产业结构调整：文献综述 [J]. 国际贸易问题，2011 (7)：135 - 144.

[256] 周维良. 广东省加工贸易转型的金融支持研究 [D]. 广州：广东外语外贸大学，2008.

[257] 周晓艳，黄永明. 全球价值链下产业升级的微观机理分析——以台湾地区 PC 产业为例 [J]. 中南财经政法大学学报，2008 (2).

[258] 朱俏俏，孙慧，王士轩. 中国资源型产业及制造业碳排放与工业经济发展的关系 [J]. 中国人口·资源与环境，2014 (11)：112 - 119.

[259] 朱芳. 我国 OFDI 对产业结构调整的影响实证研究——基于 VAR 模型及区域分析 [D]. 南京：南京工业大学，2015.

[260] 朱四伟. 新疆金融发展、产业结构优化升级对经济增长的影响研究 [D]. 石河子：石河子大学，2017.

[261] 朱玮玮. 双向 FDI 与中国制造业产业结构升级——基于省级动态面板的实证分析 [J]. 兰州商学院学报，2017 (1)：110 - 117.

二、英文部分

[1] Aandall A. , Resource Economics: an Economic Approach to Natural

Resource and Environmental Policy [M]. Columbus, Ohio: Grid Publishing Inc, 1981.

[2] Alfaro L. , Chanda A. , Kalemli – Ozcan S. , et al. Does Foreign Direct Investment Promote Growth? Exploring the Role of Financial Markets on Linkages [J]. Journal of Development Economics, 2010, 91 (2): 242 – 256.

[3] Alper Aslan. Huseyin relationship: Evidence Kalyoncu. Energy consumption and economic growth from panel data for low and middle income countries [J]. Faculty of Economics and Business, 2009 (12): 68 – 69.

[4] Annegrete Bruvoll. Taxing virgin materials: an approach to waste problems [J]. Resources Conservation and Recycling, 1998 (22): 15 – 29.

[5] Archanun K. Jongwanich J. International Production Networks, Clusters, and Industrial Upgrading: Evidence from Automotive and Hard Disk Drive Industries in Thailand [J]. Review of Policy Research, 2013, 30 (2): 211 – 239.

[6] Asafu – Adjaye J. The Relationship between Energy Consumption, Energy Prices and Economic Growth: Time Series Evidence from Asian Developing Countries [J]. Energy Economics, 2000 (22): 615 – 625.

[7] Ashida M. , Hara J. , Nagai K. Introduction: Globalisation, Value Chains and Development [J]. Ids Bulletin, 2001, 32 (3): 1 – 8.

[8] Bagehot W. Lombard Street, Homewood, IL: Richard D. [J]. Irwin, (1962 Edition), 1873.

[9] Barrios S. , Görg H. , Strobl E. Foreign direct investment, competition and industrial development in the host country [J]. Ssrn Electronic Journal, 2004, 49 (7): 1761 – 1784.

[10] Bell L. C. Establishment of native ecosystems after mining – Australian experience across diverse biogeography zones [J]. Ecological Engineering, 2001 (17): 179 – 186.

[11] Bin X. U. , Jiangyong L. U. Foreign direct investment, processing trade, and the sophistication of China's exports [J]. China Economic Review, 2009, 20 (3): 425 – 439.

[12] Blomström M. , Kokko A. , Globerman S. The determinants of host

country spillovers from foreign direct investment: a review and synthesis of the literature [J]. Sse/efi Working Paper, 1999.

[13] Blomstrom M. , Konan D. E. , Lipsey R. E. FDI in the Restructuring of the Japanese Economy [J]. Social Science Electronic Publishing, 2000.

[14] Borensztein E. How Does Foreign Direct Investment Affect Economic Growth [C]//National Bureau of Economic Research, Inc, 1995.

[15] Borregaard N. , Dufey A. Environmental effects of foreign investment versus domestic investment in the mining sector in Latin – America [C]. Conference on Foreign Direct Investment and the Environment: Lessons to be learned from the Mining Sector, OECD Global Forum on International Investment, Paris, 2002, 7 – 8.

[16] Brookshire, Kelm, Matthias, Evolutionary and New Institutional Economies: Some Implications for Industrial Policy [C]. ESCR Centre for Business Research – Working Papers, 1996.

[17] Brown P. , Soybel V. , Stickney C. Comparing U S and Japanese corporate level operating performance using financial statement data [J]. Strategic Management, 1994.

[18] Carlota Perez. The Double Bubble at Turn of the Century: Technological Roots and Structural Implications [J]. Cambridge Journal of Economics, 2009.

[19] Caves R. E. Multinational Firms, Competition, and Productivity in Host – Country Markets [J]. Economica, 1974, 41 (162): 176 – 193.

[20] Chenery H. B. Foreign Assistance and Economic Development [J]. American Economic Review, 1968, 58 (4): 912 – 916.

[21] Chichilnisky G. What is Sustainable Development? [J]. Land Economics, 1997 (4): 467 – 491.

[22] Chien – Chiang Lee. Energy Consumption and GDP in Developing Countries: A Co-integrated Panel Analysis [J]. Energy Economics, 2005 (27): 75 – 79.

[23] Common M. , and C. Perrings. Towards an Ecological Economics of Sustainability [J]. Ecological Economics, 1992 (6): 7 – 34.

[24] Dowlinga M. , Cheang C. T. Shifting comparative advantage in Asia: new tests of the "flying geese" model [J]. Journal of Asian Economics, 2000, 11 (4): 443 – 463.

[25] Dunning J H. Explaining the international direct investment position of countries: Towards a dynamic or developmental approach [J]. International Capital Movements, 1981, 117 (1): 30 – 64.

[26] D. W. Pearce, R. K. Turner. Economics of Natural Resources and the Environment [M]. Baltimore: The Johns Hopkins University Press, 1990.

[27] Engle R. F. Granger C. W. J. Co-integration and Error-correction: Representation, Estimation, and Testing [J]. Econometrica, 1987, 55 (2): 251 – 276.

[28] Erkman, Suren. Industrial Ecology: A Historical View [J]. Journal of Cleaner Production, 1997 (4): 36 – 42.

[29] Ernst D. Global production networks in East Asia's electronics industry and upgrading prospects in Malaysia [J]. Global production networking and technological change in East Asia, 2004, 476: 89.

[30] Francis B. W. , Moseley L. Energy Consumption and Projected Growth in Selected Caribbean Countries [J]. Energy Economics, 2007 (4): 55 – 59.

[31] Gary Gereffi. International trade and industrial upgrading in the apparel commodity chain [J]. Journal of International Economics, 1999, 48 (1): 37 – 70.

[32] Gereffi G. Shifting Governance Structures in Global Commodity Chains, With Special Reference to the Internet [J]. American Behavioral Scientist, 2001, 44 (10): 1616 – 1637.

[33] Glazyrina I. P. Looking for a path to sustainability in Eastern Siberia [J]. Ecosystem health, 1998 (4): 248 – 255.

[34] Goedegebuure R. V. The Effects of Outward Foreign Direct Investment on Domestic Investment [J]. 2017.

[35] Grossman, G. and A. Krueger, Economic Growth and the Environment [J]. Quarterly Journal of Economics, 1995, 110 (2): 353 – 377.

[36] Grossman G. M. , Helpman E. Innovation and Growth in the Global

Economy [M]//Innovation and growth in the global economy. MIT Press, 1991: 323 – 324.

[37] Gylfason, Thorvaldur. Resourees, Agriculture, and Economic Growth in Economics in Transition [J]. Kyklos. 2000, 53 (4): 545 – 580.

[38] Harris R. , Robinson C. Productivity Impacts and Spillovers From Foreign Ownership in the United Kingdom [J]. National Institute Economic Review, 2004, 187 (187): 58 – 75.

[39] Hausmann R. , Hwang J. , Rodrik D. What you export matters [J]. Journal of Economic Growth, 2007, 12 (1): 1 – 25.

[40] He J. Pollution haven hypothesis and environmental impacts of foreign direct investment: The case of industrial emission of sulfur dioxide in Chinese provinces [J]. Ecological economics, 2006, 60 (1): 228 – 245.

[41] Hicks J. R. A theory of economic history [J]. OUP Catalogue, 1969.

[42] Hond F. Industrial ecology: a review [J]. Reg Environ Change, 2000 (12): 60 – 69.

[43] Huang Y. , Zhang Y. How does outward foreign direct investment enhance firm productivity? A heterogeneous empirical analysis from Chinese manufacturing [J]. China Economic Review, 2017 (44): 1 – 15.

[44] James D. D. Accumulation and Utilization of Internal Technological Capabilities in the Third World [J]. Journal of Economic Issues, 1988, 22 (2): 339 – 353.

[45] John Humphrey, Hubert Schmitz. How does insertion in global value chains affect upgrading in industrial clusters? [J]. Regional Studies, 2010, 36 (9): 1017 – 1027.

[46] Joseph E. M. B. The socio-economic and environmental impacts of tourism development on the Okavango Delta, north-western Botswana [J]. Journal of Arid Environments, 2003 (54): 447 – 467.

[47] Kaplinsky R. , Morris M. , Readman J. The Globalization of Product Markets and Immiserizing Growth: Lessons From the South African Furniture Industry [J]. World Development, 2002, 30 (7): 1159 – 1177.

［48］Kaplinsky R. , Morris M. The Asian drivers and SSA：MFA quota removal and the portents for African industrialisation ［J］. Asian Drivers Programme Institute of Development Studies, 2006.

［49］Kathuria V. Productivity spillovers from technology transfer to Indian manufacturing firms ［J］. Journal of International Development, 2000, 12 （3）：343 – 369.

［50］Kippenberg E. Sectoral linkages of foreign direct investment firms to the Czech economy ［J］. Research in International Business & Finance, 2005, 19 （2）：251 – 265.

［51］Kogut B. , Chang S. J. Technological Capabilities and Japanese Foreign Direct Investment in the United States ［J］. Review of Economics & Statistics, 1991, 73 （3）：401 – 413.

［52］Kojima K. Direct Foreign Investment：A Japanese Model of Multinational Business Operations ［J］. Review of World Economics, 1920, 151 （3）：433 – 460.

［53］Konings J . The Effects of Foreign Direct Investment on Domestic Firms：Evidence from Firm Level Panel Data in Emerging Economies ［J］. Economics of Transition, 2000 （9）：344.

［54］Krugman P. R. Increasing returns, monopolistic competition, and international trade ［J］. Journal of International Economics, 1979, 9 （4）：469 – 479.

［55］Lancaster K. Intra – Industry Trade Under Perfect Monopolistic Competition ［J］. Journal of International Economics, 1980, 10 （2）：151 – 175.

［56］Law J. After method：Mess in social science research ［M］. Routledge, 2004.

［57］Lewis, Arthur W. The theory of economic growth ［M］. The theory of economic growth：Edward Elgar, 1955：137 – 140.

［58］Lewis W. A. The Evolution of the International Economic Order：［M］// The evolution of the international economic order. Princeton University Press, 1978：460 – 461.

［59］Lichtenberg F. Does Foreign Direct Investment Transfer Technology across

Borders? [J]. Review of Economics & Statistics, 2001, 83 (3): 490 –497.

[60] Li J. , Strange R. , Ning L. , et al. Outward foreign direct investment and domestic innovation performance: Evidence from China [J]. International Business Review, 2016, 25 (5): 1010 –1019.

[61] Lipsey R. E. Home and Host Country Effects of FDI [C]//NBER Working Paper 9293, National Bureau of Economic Research, 2002.

[62] Llop M. Economic Structure and Pollution Intensity within the Environmental Input-output Framework [J]. Energy Policy, 2007 (35): 3410 –3417.

[63] Sarr M, Wick K. Resources, conflict and development choices: public good provision in resource rich economies [J]. Economics of Governance, 2010, 11 (2): 183 –205.

[64] Mark Hiley. The dynamics of changing comparative advantage in the Asia – Pacific region [J]. Journal of the Asia Pacific Economy, 1999, 4 (3): 446 –467.

[65] Markusen J. R. , Maskus K. E. General – Equilibrium Approaches to the Multinational Firm: A Review of Theory and Evidence [J]. Social Science Electronic Publishing, 2001.

[66] Markusen J. R. Trade versus investment liberalization [J]. Nber Working Papers, 1997.

[67] Markusen J. R. , Venables A. J. Foreign direct investment as a catalyst for industrial development [J]. Nber Working Papers, 2004, 43 (2): 335 –356.

[68] Meghana, Ayyagari, Asli Demirguc-Kunt, Vojislav Maksimovic. Firm Innovation in Emerging Markets: The Roles of Governance and Finance [J]. World Bank Policy Research Working Paper, 2007: 41 –57.

[69] Mekinnon R. I. Money and Captain Economic Development [M]. Washington DC: The Bookings Institution, 1973.

[70] Meng B. , Yamano N. , Inomata S. , et al. Compilation of a regionally-extended inter-country input-output table and its application to global value chain analysis [J]. Ide Discussion Papers, 2016.

[71] Mikael Skou Andersen. An introductory note on the environmental eco-

nomics of the circular economy. Sustain Sci, 2007 (2): 133 – 140.

[72] Miller, R. E. and P. D. Blair. Input-output analysis: Foundation and Extensions [J]. Englewood Cliffs, 1985: 200 – 227.

[73] Neilson J., Pritchard B., Yeung H. W. Global value chains and global production networks in the changing international political economy: An introduction [J]. Review of International Political Economy, 2015, 21 (1): 1 – 8.

[74] Niels Hermes, Robert Lensink. Financial System Development in Transition Economics [J]. Journal of Banking and Finanee, 2000 (24): 1101 – 1110.

[75] Ocampo J. F. V. Internationalization process of a developing country multinational: the outward foreign direct investment decisions in Bimbo Group [J]. Pensam Gest, 2017 (34): 54 – 68.

[76] Ogawa K., Lee C. H. Returns on capital and outward direct foreign investment: The case of six Japanese industries [J]. Journal of Asian Economics, 1995, 6 (4): 437 – 467.

[77] Ozawa T. International Investment and Industrial Structure: New Theoretical Implications from the Japanese Experience [J]. Oxford Economic Papers, 1979, 31 (1): 72 – 92.

[78] Pack H., Saggi K. Vertical Technology Transfer via International Outsourcing [J]. Journal of Development Economics, 2001, 65 (2): 389 – 415.

[79] Parker P. Canada – Japan Coal Trade: An Alternative Form of the Staple Production [J]. The Canadian Geographer, 1997, 41 (3): 248 – 267.

[80] Perrot G. Analysis of the General Development Trend of the Workforce Market in Our Country after Entering WTO [J]. Population Journal, 2003: 319 – 320.

[81] Peters E., Rosenberg M. W. Labor Force Attachment and Regional Development for Native Peoples: Theoretical and Methodological Issues [J]. Canadian Journal of Regional Science, 1995 (18): 77 – 106.

[82] Petty W. Political Arithmetick [M]. McMaster University Archive for the History of Economic Thought, 1963.

[83] Renuka Mahadevan, John Asafu – Adjaye. Energy consumption, eco-

nomic growth and prices: A reassessment using panel VECM for developed and developing countries [J]. Energy Economics, 2006 (31): 21 - 24.

[84] Reuber G. L. Private foreign investment in development [J]. Canadian Journal of Economics/revue Canadienne D'economique, 1973, 8 (4): 631.

[85] Roberts H. L. American Investment in British Manufacturing Industry [J]. Foreign Affairs, 1959.

[86] Rodrik D. What is so special about China's exports? [J]. China & World Economy, 2006, 14 (5): 1 - 19.

[87] Sasidharan, Subash, Padmaja. Do Financing Constraints Matter for Outward Foreign Direct Investment Decisions [J]. Asian Development Review, 2016.

[88] Shi W. , Sun S. L. , Yan D. , et al. Institutional fragility and outward foreign direct investment from China [J]. Journal of International Business Studies, 2017, 48 (4): 452 - 476.

[89] Shu - Zhong M. A. , Liu M. H. Research on the Third-country Effects of China's Outward Foreign Direct Investment in Countries along "One Belt and One Road": Based on Spatial Econometric Method [J]. Journal of International Trade, 2016.

[90] Slocomb D. S. Resources, People and Places: Resource and Environmental Geography in Canada 1996 - 2000 [J]. Canadian Geographer, 2000, 44 (1): 56 - 66.

[91] Smarzynska B. K. , Wei S. J. Pollution Havens and foreign direct investment: dirty secret or popular myth? [R]. National Bureau of Economic Research, 2001.

[92] Smith A. , Nicholson J. S. An Inquiry Into the Nature and Causes of the Wealth of Nations [M]. T. Nelson and Sons, 1887.

[93] Solow, R. M. Technical Change and the Aggregate Production Function [J]. Review of Economies And Statistics, 1957 (39): 312 - 320.

[94] Stern D. I. the rise and fall of the environmental Kuznets curve [J]. World Development, 2004, 32 (8): 72 - 73.

［95］ Stieglitz. Growth with exhaustible natural resources: the competitive economy ［J］. Review of Economies Studies Symposium on the Economies of Exhaustible Resources, 1974, 41 （2）: 123 – 138.

［96］ Stoian C., Mohr A. Outward foreign direct investment from emerging economies: escaping home country institutional regulative voids ［J］. International Business Review, 2016, 25 （5）: 1124 – 1135.

［97］ Subhas K. Sikdar. Sustainability and recycle-reuse in process systems. Clean Techno Environ Policy, 2007 （9）: 167 – 174.

［98］ Svetlicic M., Rojec M., Trtnik A. The restructuring role of outward foreign direct investment by Central European firms: The case of Slovenia ［J］. Advances in International Marketing, 2001 （10）: 53 – 88.

［99］ Tampakoudis I. A., Subeniotis D. N., Kroustalis I. G., et al. Determinants of Foreign Direct Investment in Middle – Income Countries: New Middle – Income Trap Evidence ［J］. Mediterranean Journal of Social Sciences, 2017, 8.

［100］ Tobin J. A. Proposal for International Monetary Reform ［J］. Eastern Economic Journal, 1978, July – October.

［101］ Toby Harfield. Competition and Cooperation in an Emerging Industry ［J］. Strategic Change, 1999.

［102］ Tuong Anh N. T., Hung D. Q. Chinese Outward Foreign Direct Investment: Is ASEAN a New Destination ［J］. Papers, 2016.

［103］ Vernon R. International Investment and International Trade in the Product Cycle ［J］. International Economics Policies & Their Theoretical Foundations, 1982, 80 （2）: 307 – 324.

［104］ Walker T. R., et al. Anthropogenic metal enrichment of snow and soil in sia ［J］. Environmental Pollution, 2003 （121）: 11 – 21.

［105］ Wang C., Zhao Z. Horizontal and vertical spillover effects of foreign direct investment in Chinese manufacturing ［J］. Journal of Chinese Economic & Foreign Trade Studies, 2008, 1 （1）: 8 – 20.

［106］ Wang X. P. The Relationship Between Outward Foreign Direct Investment （OFDI） and Exports ［J］. Commercial Research, 2007.

［107］ Wang Y. , Cheng L. , Wang H. , et al. Institutional quality, financial development and OFDI ［J］. Pacific Science Review, 2014, 16 (2): 127 –132.

［108］ Wassily Lenotief. Environmental repercussions and the economic structure ［J］. An Input-output Approach, The review of economics and statistics, 1970.

［109］ Weresa M. A. Can foreign direct investment help Poland catch up with the EU? ［J］. Communist and Post – Communist Studies, 2004, 37 (3): 413 –427.

［110］ Yamawaki H. International Competitiveness and the Choice of Entry Mode: Japanese Multinationals in U. S. and European Manufacturing Industries ［J］. Working Paper, 1994.

［111］ Y. Chen. China OFDI: Motivations, Location Choice and Theoretical Application ［J］. Lehavre. inha. ac. kr, 1970.

［112］ Zhang K. H. How does foreign direct investment affect industrial competitiveness? Evidence from China ［J］. China Economic Review, 2014 (30): 530 –539.

［113］ Zhao – Ling H. U. , Song P. An Analysis of the Effects of OFDI on China's Foreign Trade ［J］. Economic Survey, 2012, 1 (3): 65 –69.

［114］ Zhao W. , Liu L. , Zhao T. The contribution of outward direct investment to productivity changes within China, 1991 – 2007 ［J］. Journal of International Management, 2010, 16 (2): 121 –130.

后　记

　　作为供给侧结构性改革的一个关键领域，产业转型升级对新常态下中国走出经济下行压力区间、保持经济中高速增长具有深刻而重大的意义。对新疆而言，在供给侧结构性改革背景下，产业结构和产业链也发生了深刻变化，精准把脉供给侧结构性改革背景下新疆产业升级面临的机遇与挑战，淘汰落后产能、培育新兴产业，充分利用一切优势资源进行产业升级，是实现经济持续健康发展的必然要求。当前是中国经济转型的关键时期，新疆与全国经济趋势基本保持一致。而相比中国内陆地区，新疆特殊的使命、特殊的管理体制、市场机制和发展方式决定了新疆产业转型升级的特殊性，因此新疆在产业转型升级时，既要借鉴内地发达地区产业转型升级的经验，遵循经济运行的客观规律，同时还要考虑其特殊性。在供给侧结构性改革背景下研究新疆产业转型升级面临的"危"与"机"，进而提出应对策略，对新疆构建丝绸之路经济带核心区，打好脱贫攻坚战，推动乡村振兴战略实施，顺利实现全面建成小康社会具有重要意义。作为一个长期关注新疆经济社会发展的新疆学者，很荣幸能为此提供智力支持。希望本研究成果让更多的学者关注供给侧结构性改革背景下新疆产业转型升级问题，从而进一步深化新疆供给侧结构性改革，实现新疆产业转型升级与经济发展相互促进的新局面。

　　本书是我们关注研究供给侧结构性改革背景下新疆产业转型升级问题所取得的阶段性研究成果。在研究过程中，由本人主持并提出研究思路、设计总体研究方案，确定研究框架，带领团队成员进行实地调查研究，并讨论确定各部分写作内容，最后对全书各章节进行调整、补充、修改并定稿。卢豫、许晓莹、王艳协助拟订调研方案，协调课题调研，收集相关资料，参加书稿的写作、整理和修改工作。本书的付梓感谢课题组成员韩美玲、王世英、李龙、张洪振、达月霞、韩俊杰、赵军辉、李永翠的参与。在完成本书写作

过程中，课题组成员深入自治区各地州市进行实地调研。本书的资料收集和
调研得到了新疆维吾尔自治区发改委、新疆生产建设兵团发改委、自治区统
计局、乌鲁木齐海关、中国人民银行乌鲁木齐分行等有关部门和领导的大力
支持和协作。此外，还要感谢为调研提供热情帮助的自治区各地州市领导、
兵团各团场领导、相关企业和有关人员。同时，在本书的写作过程中，我们
参考了大量文献，也向这些文献的作者表示深深的谢意。

　　在供给侧结构性改革背景下研究新疆产业转型升级问题，既是理论界研
究的热点问题，也是新疆经济转型中的现实重大问题。由于产业转型升级涉
及企业、市场与政府以及社会等方方面面，尽管我们为本书的完成做了大量
工作，但不足与缺憾仍在所难免，恳请各位专家、读者批评指正。

龚新蜀